· 教育部人文社科青年项目（19YJC790012）成果
· 北京第二外国语学院2019年“种子孵化”项目（21110009026）成果
· “青年学术拔尖人才（团队）培育计划”成果
· 北京第二外国语学院2021年度“翔宇教学名师培育计划”成果
· 获北京市教育工会支持
· 北京市高精尖学科（旅游管理）建设项目

中经管理

突发事件对城市形象的影响路径及作用机制研究

Research on the Impact Path and Mechanism of Emergency Events on Urban Image

陈 倩／著

中国经济出版社
CHINA ECONOMIC PUBLISHING HOUSE
北 京

图书在版编目（CIP）数据

突发事件对城市形象的影响路径及作用机制研究/陈倩著.--北京：中国经济出版社，2021.11

ISBN 978-7-5136-6702-9

Ⅰ.①突… Ⅱ.①陈… Ⅲ.①突发事件-影响-城市旅游-旅游业-形象-研究-中国 Ⅳ.①F592.3

中国版本图书馆 CIP 数据核字（2021）第 212368 号

责任编辑　叶亲忠
责任印制　马小宾
封面设计　华子图文

出版发行　中国经济出版社
印 刷 者　北京建宏印刷有限公司
经 销 者　各地新华书店
开　　本　710mm×1000mm　1/16
印　　张　15.75
字　　数　220 千字
版　　次　2021 年 11 月第 1 版
印　　次　2021 年 11 月第 1 次
定　　价　88.00 元
广告经营许可证　京西工商广字第 8179 号

中国经济出版社 **网址** www.economyph.com **社址** 北京市东城区安定门外大街 58 号 **邮编** 100011
本版图书如存在印装质量问题，请与本社销售中心联系调换（联系电话：010-57512564）

前言
Preface

伴随着城市建设步伐日益加快，城市间的竞争也日趋激烈，如何更好地提升城市自身的竞争力，如何在吸引投资、吸引人才、吸引游客等方面独拔头筹，是目前世界各国城市都在积极探索和思考的问题。城市形象是一个城市软实力的重要体现，良好城市形象的塑造将成为城市的旅游产业、服务产业乃至整个城市的社会经济实现可持续发展的加速器和催化剂。城市形象的建立并非一劳永逸的，由于其自身的脆弱性和主观性等特点，容易受到外部环境的影响。在风险社会时代，频发的突发事件对当地的城市及国家形象造成了严重破坏，对城市经济、社会的持续稳定发展构成严峻挑战。如何测量、评价突发事件对城市形象的影响，突发事件对城市形象的影响路径和作用大小为何，如何消除突发事件所带来的不利影响，如何修复及重塑城市形象等问题是目前所需关注的热点问题。

本书立足于突发事件的情境，以城市形象为研究对象，对城市形象的影响因素、突发事件与城市形象的关系、城市形象的修复策略展开系统的分析，为城市形象的塑造、提升和修复提供科学的依据和支撑。全书共8章，分为六个部分：

第一部分为引言（第1章）。主要介绍了本书的研究背景、研究意义、研究目的及研究内容，并对本书的研究方法、技术路线以及研究创新点做了简单介绍。

第二部分为文献综述（第2章）。从城市形象和突发事件影响两条主线，梳理了国内外的相关研究，并对前人的研究进行了评述，通过分析现有研究的不足和近期的研究趋势，明确本书的研究重点。

第三部分为城市形象构成要素的剖析及作用大小的探索（第3章、第4章）。从利益相关者的视角总结城市形象的构成要素，构建城市硬环境、城市软环境、城市功能、城市服务四个维度与城市形象的关系的理论模型，揭示城市形象构成要素的作用，并通过实证分析验证作用的大小和方向。

第四部分为突发事件对城市形象的影响及其路径（第5章、第6章）。搭建突发事件对城市形象影响的理论框架，剖析突发事件严重程度—心理风险感知—城市形象的作用路径，探索响应策略在路径中的调节作用，并通过实证分析作用路径中的直接效应、心理风险感知的中介效应和响应策略的调节效应。

第五部分为突发事件情境下城市形象的修复和提升（第7章）。在总结国内外突发事件案例及应对措施的基础上，基于相关理论，提出突发事件背景下基于SCCT的城市形象修复策略模型，为突发事件后城市负面形象的扭转和修复提供相应的理论依据和决策支持。

第六部分为研究结论及展望（第8章）。简要归纳了本书的研究结论，总结了研究的贡献和启示，概括了本书的局限与不足，并对未来有关突发事件对地区形象的影响的研究提出了展望。

在本书的写作过程中，北京第二外国语学院的硕士研究生李晓昕、赵志越、侯玉婷、胡志婷和苏亦楠等参与了部分国内外文献、案例的收集和整理工作，在此表示感谢。本书得到了北京第二外国语学院很多专家、学者、同事和朋友的指导与支持，同时参考了一定数量的国内外相关文献，在此对所有相关人员一并致以衷心的感谢！感谢北京第二外国语学院研究生处给予的经费支持，感谢编辑团队的辛勤付出。

由于笔者水平有限，书中难免存在错误与不妥之处，恳请读者批评指正！

陈　倩

2021年3月于北京

目录

Contents

第1章 引言

1.1 研究背景

在经济全球化的今天，随着全球城市化进程的加快，城市建设步伐日益加速的同时也面临着日趋激烈的竞争，城市和城市群竞争成为区域竞争的重中之重。城市形象是评估城市综合竞争力的核心依据，也是一个国家或地区软实力的重要组成部分（Boon et al.，2005①；Kneesel et al.，2010②；李小军，2012③）。城市形象的好与坏、优与劣对目标受众的重大决策具有深远的影响，如非本市居民的移居或旅游目的地的选择，投资者或公司、企业管理者的投资、建厂选址决策等，本地居民的居住满意度及搬迁意愿等（Avraham，2004）④。城市形象的成功塑造必将成为吸引人才、投资和旅游的关键所在，也将成为城市的旅游产业、服务产业乃至整个城市的社会经济实现可持续发展的加速器和催化剂。

从国际大都市到国内一线省会城市再到三线中小城市，每个城市都积极投身于自身城市形象的建设中，努力探寻发展战略定位、树立独树一帜的城市形象，并以简洁明了的核心概念传达其定位，以期获得无可比拟的

---

① Boon M A，Joseph S M，Dai M. International versus domestic visitors：An examination of destination image perceptions［J］. Journal of Travel Research，2005，43（3）：294-301.

② Kneesel E，Baloglu S，Millar M. Gaming destination images：Implications for branding［J］. Journal of Travel Research，2010，49（1）：68-78.

③ 李小军. 突发舆情与城市形象研究——以“7·24 合肥高架匝道坍塌事件”为例［J］. 新闻世界，2012（4）：160-162.

④ Avraham E. Media strategies for improving an unfavorable city image［J］. Cities，2004，21（6）：471-479.

竞争优势和品牌声誉（Anholt，2010）①。国际上，法国将巴黎打造成为"时尚之都"，使之成为引领世界时尚的标志；新加坡享有"花园城市"的盛名，吸引了大量的游客和投资者，在亚太地区城市品牌中名列前茅。在国内，"动感之都"中国香港树立了"飞龙在天"的城市形象，将香港发展成"亚洲国际都会"；"世界四大闻名古都"之一的西安，积极运用各种城市营销手段，被誉为"中国历史博物馆"。从"东方明珠"到"浪漫大连"、从"黄河名城"到"好客山东"、从"历史古都"到"彩云之南"等，一个个代表城市的特色符号、口号、标语，不断地为人们所熟识。城市形象作为城市的重要无形资产，潜藏着城市及其所在区域的价值观，对外彰显着整个城市甚至整个国家的精神风貌，对城市的经济发展、对外传播具有一定的影响力，是国家文化软实力的核心构成，更是"讲好中国故事"的重要内容②。良好的城市形象有利于提升城市的知名度和美誉度，不断吸引城市外部的游客、投资者和就业者；良好的城市形象有利于资金、技术等资源的聚集；有利于城市的对外交流，更易搭建与其他城市及世界交流和合作的平台。良好的城市形象是城市健康、快速发展的基础（Braun et al.，2014）③，更是促进城市建设可持续发展的有效手段。

然而，城市形象的塑造和建设并不是一蹴而就、一劳永逸的，良好形象的建立可能需要苦心设计，经历长期打造并经过持续不断的更新和完善才能实现。可见，城市形象的打造和维持是一项长期且艰巨的系统工程，绝非一朝一夕之功，任重而道远。但是，城市形象的主观性决定了城市形象的敏感性和脆弱性，城市形象"建难毁易"。与城市形象建立的艰辛和困难相比，苦心塑造的城市形象摧毁起来却容易得多，城市形象的坍塌轻而易举。

随着政治、经济、文化、科技等领域全球一体化进程的不断加快，我

---

① Anholt S. Places：Identity，image and reputation［M］. Houndmills：Palgrave MacMillan，2010.

② 杨国萍，韩瑞．国内城市形象研究趋势与展望［J］. 传媒论坛，2020，3（17）：169-170.

③ Braun E，Eshuis J，Klijn E H. The effectiveness of place brand communication［J］. Cities，2014（41）：64-70.

们进入了全球规模的风险社会时代，任何一个国家、地区、城市都可能发生各种各样的突发事件，如自然灾害、事故灾难、社会安全问题、公共卫生事件等。这些突发事件的发生，可能使精心营造的城市形象突然崩塌，多年建立起来的良好城市形象一落千丈、毁于一旦，负面、消极的城市形象可能成为阻碍城市发展、减弱城市吸引力的一个障碍，甚至可能带来灾难性的后果。国际上的全球金融危机、中东恐怖袭击、"9·11"事件、MH370 事件、韩国沉船事故，这些曾一度占据国内外各大主流媒体和民间论坛的重大突发事件，不仅事发当时给事发地造成了直接的经济损失，即使时过境迁后再次被提及，也依然能够唤起公众心中留存的不安和惶恐，甚至将事发地的城市形象定格于新的负面认知。国内的情况亦是如此，我国台湾地区花莲多次发生小火车翻车事故，为"宝岛台湾"的旅游发展蒙上了一层阴影；云南省丽江频发的导游宰客现象，使"彩云之南"的城市形象大打折扣；SARS 疫情、藏独事件、昆明暴力恐怖袭击、汶川特大地震灾害等突发事件，都不同程度地造成了社会恐慌和经济损失，人们对突发事件的负面印象转移为对城市形象的否定，对城市形象产生的负面影响在人们心中留下长久的烙印。

突发事件对城市形象的消极影响，除突发事件本身可能产生的负面影响外，还与责任主体对突发事件的响应与处理策略密切相关。倘若响应或处理方式不当，有可能放大突发事件的消极作用，甚至给城市形象造成二次伤害。如 2015 年的"青岛天价虾"事件，当地政府以及监管部门在处理时推脱责任的态度不仅影响了政府在公众中的形象，也使一度被奉为经典的"好客山东"城市形象毁于一旦；马来西亚当局对 MH370 事件的一再回避也引发了国际上的一片热议和质疑。这一系列突发事件的发生，不仅对城市旅游产业持续稳定的发展构成严峻挑战，而且使当地的城市形象建设功亏一篑，甚至可能波及整个国家，使国家形象也遭受严重破坏。

综上所述，突发事件对城市形象的冲击和影响是严重的、消极的，因此在城市形象的建设中，突发事件对城市形象的影响是不容忽视的。这主要由以下两个方面决定：

一方面，由于突发事件往往具有突发性和不可预测性，所以在现实生活中是难以规避的。进入21世纪以来，随着政治、经济、文化、科技等领域全球一体化进程的不断加快，自然生态环境持续恶化，政治、经济、社会、自然与人之间的不协调因素日益增多，重大自然灾害、重大公共卫生突发事件、重大社会性突发事件频发，如公共区域发生的爆炸、劫机事件等恐怖袭击，抢劫、偷盗、绑架等犯罪活动，飞机坠毁、沉船等事故，地震、海啸、龙卷风等自然灾害，以及SARS、埃博拉病毒等公共卫生事件（Mansfeld and Pizam，2006①）。在风险社会中，人们在选择生活、工作、旅游、投资环境时愈加谨慎。虽然这些事件都是突然发生的，且无论是发生概率还是影响后果都具有很强的不确定性，但这些事件是无法回避的，对社会、对城市的影响也是不容忽视或不可小觑的。

另一方面，突发事件会对城市产生严重的消极影响，且负面作用是持续性的。如公关专家Englehart（1995）所言，资产价值和形象价值共同构成了组织的总体价值，如果组织陷入某种令公众不悦的境地，那么其形象价值可能在顷刻间荡然无存。城市形象作为城市无形资产的重要组成部分，其与城市的政治、经济、文化和社会等方面密切相关，突发事件的发生除了可能引发直接的经济损失或人员伤亡外，对城市造成的间接损失更是难以估量的。突发事件对城市形象产生巨大冲击，且影响在短期内很难缓解或彻底消除，甚至形成“地名+内容”的事件命名方式②，如三亚宰客门、青岛天价虾、丽江黑导游、雪乡宰客等，将突发事件与城市紧密捆绑在一起，使突发事件对城市形象的负面效应变得持续且长久。

综上，突发事件具有的不可回避性及损害的严重性及持久性，决定了在城市形象塑造和建设的同时，还应高度重视对突发事件的应对和响应。

---

① Mansfeld Y, Pizam A. Tourism, security and safety: From theory to practice [M]. Burlington, MA: Butterworth-Heinemann, 2006.

② 范晨虹，谭宇菲．网络舆情事件对城市形象建构的影响研究［J］．情报杂志，2019，38（12）：114-119.

在突发事件情境中如何测量、评价突发事件对城市形象的影响，如何消除或缓解突发事件对城市形象所带来的不利影响，以及如何修复及重塑城市形象等问题是目前所需关注的热点问题，各个城市在高度重视城市形象塑造和建设的同时，要深入剖析突发事件对城市形象的影响后果和作用路径，积极探索城市形象的修复和提升策略，使突发事件的负面效应降至最低，为恢复城市的美誉度和城市核心竞争力奠定基础。

1.2 研究意义

基于突发事件的背景，研究突发事件对城市形象的影响大小、作用路径，并探讨城市形象的修复、优化策略等问题，具有一定的现实意义和理论意义。

（1）缓解突发事件的不利影响，提升城市的美誉度和城市核心竞争力。

深入探讨突发事件背景下城市形象修复及优化策略，在此基础上提出突发事件后我国政府部门在塑造、修复城市形象时的相关建议，有助于在突发事件背景下，缓解突发事件带来的不利影响，缩短突发事件消极影响的作用周期，带动城市服务业结构的优化和调整，提高城市服务产业质量，使城市形象及早得到修复和重塑，提升城市的核心竞争力。

（2）为政府有关部门采取相应的响应策略提供科学而量化的决策依据。

随着各类媒体的传播渠道和形式日渐丰富，公众对每一个角落的信息都唾手可得。当一个城市或地区有突发事件发生时，由于负面信息的可得性和“光环效应”等原因，这个地区在公众心中的形象可能会陡然下降。若此时政府处理不甚妥当，还可能引发公众的不悦情绪。面对这种现象，厘清突发事件对城市形象的影响是十分必要的。同时，也有必要进一步探索相关责任主体在突发事件的处理过程中可能的影响和作用。在明晰作用机制的基础上，提出积极有效的对策建议，从而有利于降低公众对事件的心理风险感知，进而保护城市形象，对维护城市形象和竞争力具有重要的实践意义。

（3）有助于明晰突发事件对城市形象的影响路径和作用机制。

在学术研究中，虽然关于城市形象构成或影响因素的文献研究已经较多，但较少有学者关注到突发事件对城市形象的影响。本研究意在探究突发事件对城市形象的影响，验证在突发事件影响城市形象的过程中，公众心理风险感知是否具有中介作用，政府修复策略对公众心理风险感知是否具有调节作用。本研究将围绕突发事件对城市形象影响大小和影响路径进行剖析，并在此基础上考察风险感知在突发事件和城市形象之间的中介效应及响应策略的调节效应，这有助于加深对突发事件与城市形象之间关系的认识，探明负面突发事件对城市形象影响的内在路径，为了解突发事件“如何”以及“何时”影响城市形象这一问题提供了新的研究视角。

（4）有助于完善城市形象修复理论的相关研究。

在城市形象的研究中，研究角度多是突发事件对城市形象的影响，少有人将心理风险感知作为中介变量纳入模型之中，更少有人关注到事件发生后政府的策略和态度对心理风险感知的作用。可以说，政府修复策略调节作用的引入，为城市形象的研究开辟了一个新的视角，对政府修复策略的调节作用的初步探索能够预测并解释公众的心理风险感知的强弱变化，丰富了有关城市形象修复和危机管理的研究成果。

1.3 研究内容与技术路线

本研究拟在“突发事件”背景下，以城市形象为研究对象，归纳城市形象的影响要素，搭建城市形象的评价体系，研究突发事件对城市形象的影响，探讨突发事件背景下城市形象的重塑与修复。首先，剖析城市形象的构成要素和影响因素，构建城市形象的测评体系。其次，探讨突发事件对城市形象的作用路径，通过实际调研对突发事件背景下城市形象进行实际测评，挖掘受众对城市形象的感知，探讨受众心理风险感知是否在突发事件与城市形象之间起中介作用。再次，检验在不同的响应策略下，突发事件对城市形象的影响是否会有差异，即响应策略的调节作用是否存在，为突发事件背景下缓解突发事件的负面影响、提升城市形象提供科学依据和支撑。最后，对突发事件背景下城市形象的提升策略进行探索，根据不同的事件情境，寻找恰当的修复策略，降低突发事件对城市形象的损害，为城市形象的修复和重塑提供科学的依据和支撑。

本书具体的研究技术路线如图 1-1 所示。

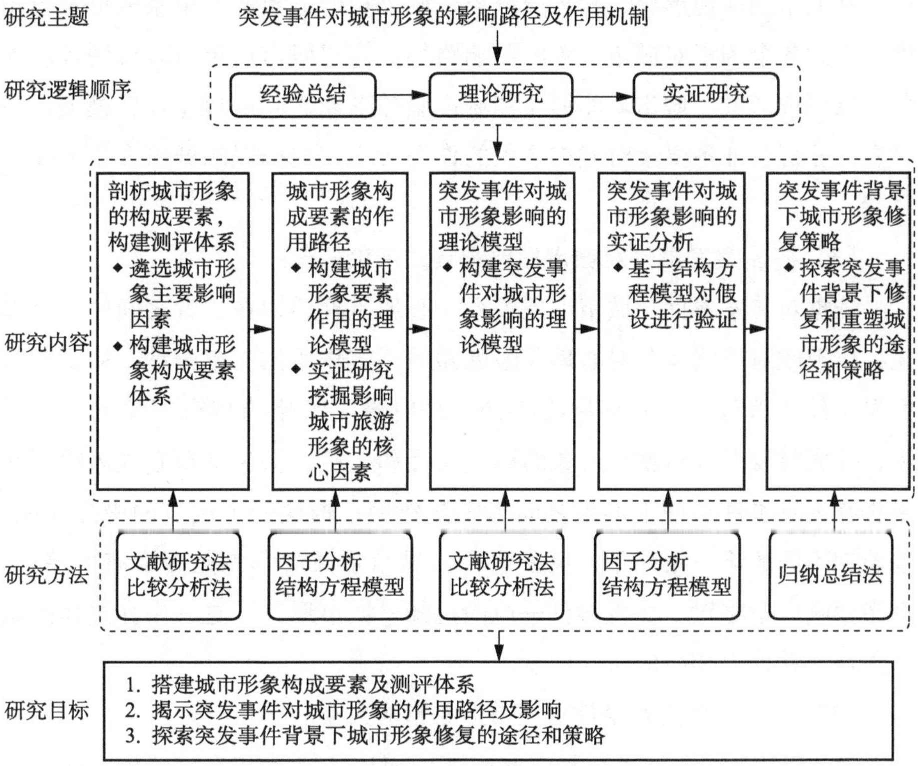

图 1-1　本书的研究技术路线

进一步，本书的内容主要有以下五个方面：

（1）剖析城市形象的构成要素和影响因素。

界定城市形象的概念，概括城市形象的特点，剖析城市形象识别与城市形象的关系。在此基础上，从受众感知的视角总结城市形象的构成要素，采用质化研究与量化研究相结合的方式，从受众感知的角度遴选影响受众认知城市形象的主要因素，如城市的自然景观、人文历史景观、旅游六要素等；用因子分析法，对城市形象影响因素进行降维和归纳，探索城市形象影响因素之间的相互关系和作用，作为项目后续研究分析的基础概念。

（2）揭示城市形象构成要素的作用路径。

从城市硬环境形象、软环境形象、城市功能形象和城市服务形象等角度，探索各个因素对城市形象的影响路径；构建城市形象与城市硬环境形象、软环境形象、城市功能形象和城市服务形象之间的概念逻辑模型；通过实证分析验证各要素对城市形象的作用大小，挖掘影响城市形象的关键要素。

（3）搭建突发事件对城市形象影响的理论框架。

依据对突发事件与城市形象关系、心理风险感知在二者之间的中介作用，以及政府策略调节对心理风险感知的调节作用的文献归纳，初步构建突发事件严重程度、心理风险感知、政府修复策略与城市形象的作用模型，探索突发事件对城市形象的影响路径和机制，探讨受众心理风险感知是否在突发事件与城市形象之间起中介作用；构建一个调节的中介模型，检验在不同的响应策略下，突发事件对城市形象的影响是否会有所差异，即考察响应策略对“突发事件—风险感知—城市形象”这一中介过程的调节作用，并提出相应的研究假设。

（4）实证分析突发事件对城市形象影响大小。

运用 SPSS 软件对问卷调查数据进行描述性统计和方差分析，找出影响变量的样本特征因素，以便在后续研究中加以控制。采用结构方程模型和层次回归的分析方法，构建心理风险感知在突发事件对城市形象影响过程中的中介作用模型，然后运用层次回归分析探索政府修复策略对心理风险感知的调节作用。

（5）探索突发事件背景下城市形象的修复及提升的途径和策略。

结合突发事件背景下城市形象测评结果，总结国内外突发事件的案例及应对措施，概述形象修复理论、情境危机传播理论和地方形象更改多步骤模型等多个形象修复相关理论，提出突发事件背景下基于SCCT的城市形象修复策略。

综上，本书将通过深入分析城市形象的构成要素和影响因素，设计并构建突发事件背景下城市形象的测评模型。采用问卷调查法，以突发事件为背景，对公众感受到的事件严重程度、心理风险感知、政府修复策略以及事件后的城市形象进行测量，并通过因子分析、方差分析、回归分析、结构方程等方法，从定量的角度探索突发事件对城市形象的影响，明确突发事件的作用路径，探讨心理风险感知在两者之间的中介作用，以及政府响应策略的调节作用，为重塑及提升城市形象的途径和策略提供相应的参考和依据。

1.4　研究方法

本书的主要研究方法如下：

（1）文献综述法。广泛收集整理国内外专家学者有关城市形象、区域形象、国家形象、突发事件等相关领域的经典著作和最新文献，进行文献的综合和归纳。同时大量运用互联网（Internet）等现代技术进行网上相关资料的收集，使用CNKI中国知网、万方数据库查询相关的中文研究文献，通过EBSCOhost数据库、JSTOR数据库查询相关的英文研究文献。通过文献的回顾与分析，了解相关研究的最新进展，梳理研究思路，掌握该研究领域的重要学术观点，对城市形象的概念、突发事件对城市形象的作用路径、城市形象的修复等相关概念、研究成果和最新动态进行分析和整理，分析当前的最新研究进展和学术见解，总结城市形象研究的新思想、新趋势、新技术以及存在的主要问题，为后续研究寻找出发点、立足点和突破口。

（2）调查研究法。根据研究问题并结合前人的研究成果，梳理突发事件对城市形象的影响路径，提出本研究的研究概念模型，对各个变量进行定义，通过预调研优化研究模型和假设。在本研究中的实证检验部分，主要是通过调查采用质化研究与量化研究相结合的方式展开，首先通过文献分析和专家访谈、案例分析与网上内容分析，从受众和政府两个方面收集本次研究相关变量的定性资料，明确相关变量的概念、变量之间的关系及具体的假设，并对初步的理论模型做出修正。

（3）问卷调研法。通过设计调查问卷来获取研究数据，首先依据本研究的研究对象，参照已有文献的问卷设计，确定初步的问卷的问题、测量指标和变量，通过对一小部分被调查者的预测试，发现问卷的不足并修正形成最终的问卷。其次便是问卷调查的实施，通过样本的选择，选取具有代表性的被调查对象，以获取更合理、更具代表性的数据。在预调研的基础上整理正式调研的题项，进行线上线下问卷的发放及回收。本研究问卷的主体部分是了解公众对城市形象感知要素的感知和评价。

（4）实证分析法。本研究根据已有的理论提出相关的理论假设并构建待检验的模型，利用 SPSS 和 AMOS 等数据分析软件，对通过调查问卷获取的实际数据进行实证分析。本研究所使用的实证方法以统计学分析方法为主，具体研究方法包括：使用独立样本 T 检验进行情景有效性检验；采用探索性和验证性因子分析检验量表的信度和效度；应用描述性分析、路径分析、中介效应分析等分析变量间的关系；使用相关性分析以及层次回归分析对突发事件、城市形象之间的相关关系进行探索；使用 Bootstrap 方法对研究数据进行重复抽样，从而检验本研究的概念模型中公众风险感知的中介作用；使用条件过程分析法，在中介作用路径中加入政府响应政策为调节变量，从而得到本研究的有调节作用的中介模型，同时结合 Bootstrap 的重复抽样法，检验不同政府响应政策下，公众风险感知的中介作用的大小与方向的变化；采用结构方程模型发掘数据背后深层次的规律，验证本研究提出的假设模型，并对与模型假设不同的地方进行分析探讨，找出原因。最后，得出本书的研究结论并提出相关策略建议。

1.5 研究创新点

本研究是在归纳借鉴前人已有研究成果的基础上，对城市形象的研究领域进行进一步拓展，主要的创新之处体现在以下方面：

（1）在研究选题上，在已有文献中，虽然对目的地形象、城市形象、国家形象的影响因素的研究已经较为成熟，但以突发事件作为研究背景的研究还比较少。在此背景下受众会对城市形象做何评价？影响受众对城市形象感知的因素是什么？突发事件对城市形象的影响路径和传导机制是怎样的？这些问题是本研究所关注的重点问题。本研究在突发事件情境下，构建突发事件对城市形象影响的理论模型并进行实证分析。

（2）在研究内容上，本研究以突发事件、受众心理风险感知、政府修复策略和城市形象之间的关系为核心展开研究，构建了城市形象的评价体系，并尝试探索突发事件对城市形象的影响路径和作用机制，探讨受众心理风险感知在影响路径中的中介作用，并考量不同的政府修复策略下，中介作用的大小与方向的变化，既探究突发事件对城市形象的直接影响路径，又尝试挖掘其间接路径，以及受调节变量的影响大小，最后探索突发事件情境下的城市形象修复的策略和路径。

（3）研究方法上，区别于以往的IPA分析、文本分析等方法，本研究通过结构方程模型验证心理风险感知在突发事件影响城市形象过程中的中介作用，并通过条件过程分析法验证政府修复策略对影响路径的调节作用，从而构建了一个有调节作用的中介模型。

（4）在研究结论上，首先，对城市形象修复策略进行了总结，基于SCCT的研究框架，将突发事件划分为不同的类型；其次，对SCCT策略中的主要策略和补充策略进行更新和完善，并探索了不同类型突发事件与策略的对应和匹配关系，在突发事件情境下构建了基于SCCT的城市形象修复策略模型。

第2章

国内外研究现状及评述

近年来，以目的地形象、区域形象、城市形象、国家形象为主题的研究如火如荼。本章主要探讨突发事件与城市形象的关系、作用路径和影响大小等问题，从城市形象、突发事件的影响两条主线出发，对相关研究进行梳理。

2.1 城市形象的相关研究

近年来，随着城市管理者越发认识到城市形象的重要性，城市形象的理论研究逐渐得到广泛的关注，并成为城市科学和城市规划领域探讨的热点问题，研究结果日趋丰富。研究主题主要包括城市形象的概念、城市形象的构成、城市形象的影响因素、城市形象的测量等多个方面。

2.1.1 城市形象的概念

"image" 一词的中文含义是"形象、概念或意象"，被理解为"人或事物的形象和外观"。[①] 形象一词具有两层含义，一方面，它用来表示人们能看到、观察和感知到的客观事物的样子；另一方面，形象指通过感官系统刺激引起人的思想或感情活动的具体形态或姿态，以及个体或群体形成的认知和感受。随着城市的诞生，人们使用"城市形象"这个词，表达他们对某地区的感受和评价，从而揭示该地区的特征，即"城市形象"是

① Wu J. Research on the influence of public art on city image [J]. Journal of Building Construction and Planning Research, 2016, 4 (4): 219-224.

“城市”和“形象”两个概念的结合，是“形象”在“城市”中的具体化。[①] 它既是一种客观的物质形态，又是一种主观的感受，[②] 是一个内涵丰富且多元的概念。

早期的城市形象多集中于第一种客观的物质形态的探讨，即城市的具体化形象，主要以建设和规划城市形象研究为主，涵盖城市布局、城市规划、城市设计等主题。20 世纪 60 年代，城市形象研究理论体系形成，美国的城市学专家 Lynch（1960）出版的著作 *City Image*（被翻译为《城市形象》或《城市意象》），被视为城市形象研究中具有里程碑意义且最具影响力的著作。书中以宏大的视野，剖析了在城市的建设中，营造城市形象的重要性，并指出虽然城市形象并不是城市特色的唯一指标，但其是非常重要的因素之一，通过城市形象的差异化分析，可以为城市的发展和建设提出建议。Lynch 概述了三个必要的主张：①任何一个城市都会给公众留下一种特有的印象，城市形象并非单一化的，而是多元和多样的，每种形象综合和概括了一定数量规模下市民所共有的感知和评价，城市形象可以概括为由许多个人印象经过叠加、综合后形成的公众印象；②Lynch 通过画图与文字描述两种方法，对美国的波士顿、洛杉矶和泽西城这三个城市的城市形象进行调查和分析，通过对比和归纳，Lynch 认为城市形象的构成可以归纳为道路、边界、区域、节点和标志物等五大元素；③物质城市形态具有唤起精神情感的能力，良好的城市形象能为公众提供较强的情感安全和体验感知。Strauss（1961）通过调查洛杉矶居民对所生活城市的感知和评价，将城市形象解释为城市的街道、区域以及名胜遗迹等。[③] 由上可知，虽然这些研究中强调城市形象是个人根据其所见、所闻、所触后形

---

① 王溥，陈宁睿．公共卫生危机下的城市形象修复路径研究——兼论嵌套式形象修复理论的建构［J］．学习与实践，2020（12）：93-101.

② 吴格奇．话语分析视角下的城市形象研究——以杭州为例［M］．南京：东南大学出版社，2019.

③ Strauss A. The image of the city lynch K［J］. American Journal of Sociology，1961，4（66）：426-427.

成的综合感受，但 Lynch 等的研究主要着眼于城市形象的设计，因此探讨更多的是城市的外在实物形象，即城市形象的物质形态，也称为城市的视觉形象（Visual Image，VI）。

虽然在城市形象研究理论体系提出后，Lynch 的理论得到了广泛的应用，不少研究都从 Lynch 提出的城市形象五大元素——道路、边界、区域、节点和标志物对城市形象进行了探索和挖掘，但有学者指出，Lynch 的理论没有得到很大程度的检验，大量的后续研究只是把 Lynch 的说法作为一个给定的事实，城市形象理论的科学严谨性存在争议（Marshall，2012）。① 随着城市化建设的深入，在城市形象构建的研究中，越来越多的研究者认为城市形象不仅是一个城市所拥有的道路、建筑、风景和环境等客观外在形态的具体表现，还应包括受众对城市客观存在的认识、概括和理解。

随着学术界对城市形象研究探讨的不断深入，国内外学者进一步丰富了“城市形象”的概念。很多学者从受众心理活动对城市形象重新进行了定义和解释，城市形象被理解为人们对该城市的总体信念、观念与印象（Ashworth and Voogd，1988），② 对有关区域的联想和信息的缩影（Kotler and Gertner，2002），③ 是人们对城市大量原始数据进行加工和提炼后的主观感受。除此以外，大量研究还从多个角度给出了对其的理解和定义，如营销理论（Kavaratzis，2005）、④ 公共关系（Szondi，2010⑤；徐根兴，

① Marshall S. Science，pseudo-science and urban design [J]. Urban Design International，2012，17 (4)：257-271.

② Ashworth G J，Voogd H. Marketing the city：Concepts，processes and dutch applications [J]. Town Planning Review，1988 (1)：65-79.

③ Kotler P，Gertner D. Country as brand product，and beyond：A place marketing and brand management [J]. Journal of Brand Management，2002，19 (4)：249-261.

④ Kavaratzis M. Place branding：A review of trends and conceptual models [J]. The Marketing Review，2005，5 (4)：329-342.

⑤ Szondi G. From image management to relationship building：A public relations approach to nation branding [J]. Place Branding and Public Diplomacy，2010，6 (4)：333-343.

1995[①])、国际关系（Potter，2009[②]；Van Ham，2001[③]）、公共管理（Eshuis et al.，2013[④]）、公共外交（Gilboa，2008[⑤]；Szondi，2008[⑥]）、沟通（Kaneva，2011[⑦]；Sevin，2001[⑧]）以及地理（Boisen et al.，2011[⑨]）。这些研究可以概括为以下四个视角：

（1）政治学或外交关系视角。这个角度的研究更关注城市形象的外交作用。城市形象被理解为通过大众传媒所展示和传播的、公众认知的对象，它直接或间接地影响公众对政府的社会评价和心理认同（孙伟和陈晓雷，2017[⑩]；徐和建，2020[⑪]）。

（2）传播学视角。随着社会信息化步伐的加快，在互联网时代，人人都是城市形象的塑造者及传播参与者。从信息传播的角度，城市形象的概念被理解为贯穿人类文明演变的基点，重建传播与人之关系的传播学研究创新范式，以"可沟通城市"为核心概念，将城市理解为一种关系性空

---

① 徐根兴．论城市公关与城市形象［J］．兰州大学学报（社会科学版），1995（2）：80-83.

② Potter E. Branding Canada projecting Canada's soft power through public diplomacy［M］. Montreal：McGill-Queen's University Press，2009.

③ Van Ham P. The rise of the brand state［J］. Foreign Affairs，2001，80（5）：2-8.

④ Eshuis J，Braun E，Klijn E H. Place marketing as governance strategy：An assessment of obstacles in place marketing and their effects on attracting target groups［J］. Public Administration Review，2013，73（3）：507-516.

⑤ Gilboa，E. Searching for a theory of public diplomacy［J］. The ANNALS of the American Academy of Political and Social Science，2008，616（1）：55-77.

⑥ Szondi G. Public diplomacy and nation branding：Conceptual similarities and differences［M］. United Kingdom：Palgrave Macmillan，2008.

⑦ Kaneva N. Nation branding：Toward an agenda for critical research［J］. International Journal of Communication，2011（5）：117-141.

⑧ Sevin E. Controlling the message：A strategic approach to nation branding［M］. Saarbrucken：LAP Lambert Academic Publishing，2001.

⑨ Boisen M，Terlouw K，van Gorp，B. The selective nature of place branding and the layering of spatial identities［J］. Journal of Place Management and Development，2011，4（2）：135-147.

⑩ 孙伟，陈晓雷．城市外交视角下长春市城市形象定位——如何将城市外交嵌入城市研究［J］．公共外交季刊，2017（2）：133-138+181-182.

⑪ 徐和建．国际传播建构北京城市形象的思考［J］．对外传播，2020（2）：68-70.

间[①]。城市形象包含了城市实体的物质形态和通过媒介传播的象征再现，且建筑物、物质空间、传播媒介、社会实践共同构筑了现代社会生活的传播、交往、沟通的过程，形成受众对一座城市形象的整体印象[②]。Avraham（2004）将城市形象定义为与一个地方相关的众多联系和信息。[③] 程曼丽（2007）认为在形象传播中，首先是要确定形象的基本内涵，以此聚合民心，形成内部共识，然后借助适当的表现形式向外传播，使内容与形式完美地结合起来。

（3）管理学或营销学视角。基于管理学的视角，一个国家、一个地区或一个城市形象的塑造是为了满足地方营销、城市营销的需要。随着城市间的竞争日益加剧，Kotler 和 Haider（1993）在 *Marketing Places*（《地方营销》）一书中，创造性地将城市商品化，提出了城市营销的概念，[④] 把城市形象的塑造和提升看作增强城市竞争力的有效途径，将城市营销和城市形象紧密地联系在一起。从管理和营销的视角，城市形象被理解为城市的内在特质，是城市经济发展的动力来源，是城市同公众进行信息交流、思想联络的工具。城市形象被视作城市的一种无形资产（李成勋，2003），[⑤] 是城市核心竞争力的主体要素。城市形象的力量能让人们了解和知道某一区域，并将某种形象和联想与这个城市的存在自然联系在一起，成为城市的无形资产，也对城市发展具有不可忽视的影响力。

（4）心理认知的视角。从认知心理学的角度来认识城市形象，这是目前在研究中应用最为广泛的视角。20 世纪 70 年代，美国著名社会学家

---

① 谢静．可沟通城市指标体系建构：基于上海的研究（上）［J］．新闻与传播研究，2015（7）：5+126.

② 杜丹．镜像苏州：市民参与和话语重构——对 UGC 视频和网友评论的文本分析［J］．新闻与传播研究，2016（8）：88-108.

③ Avraham E. Media strategies for improving an unfavorable city image［J］. Cities，2004，21（6）：471-479.

④ Kotler P，Haider I D. Marketing places：Attracting investment，industry，cities，states，nations［M］. New York：Free Press，1993.

⑤ 李成勋．城市品牌定位初探［J］．市场经济研究，2003（6）：8-11.

Mumford（1968）[①] 结合其多年的研究成果，在其著作 *The City in History*（《城市发展史》）中从认知的角度概括了城市形象的定义：城市形象是人们对一座城市的主观印象，是由主流媒体、环境和个人阅历共同结合形成的情感态度。陈映（2009）认为城市形象是指公众对一个城市的内在综合实力、外显表象活力和未来发展前景的具体感知、总体看法和综合评价，反映了城市总体的特征和风格。[②] 徐剑和沈郊（2018）认为城市形象是指一座城市给予人们的印象和感受，是一座城市从内到外全方位的综合性表现；既有城市内在的历史文化底蕴，又有城市的物质特征，体现着城市的整体风貌。[③] 刘颖（2020）认为城市形象是城市以其自然环境、政府支持、经济水平、社会状况、公共设施、历史文化以及市民表现的价值观念、行为方式和生活质量等要素作用于社会公众，综合形成对城市认知的印象总和。[④] 站在游客的角度，Baloglu 和 McCleary（1999）认为形象是一种表示旅游者个人态度的概念，是个体对旅游目的地的认识、情感和印象。[⑤] 郝胜宇和白长虹（2008）[⑥]、高静（2009）[⑦]、汪芳等（2012）[⑧] 认为目的地形象在于城市利益相关者的内心，是"消费者"对目的地的体验和评价，以及旅游目的地所能带给城市消费者的整体印象和联想的总和。周金泉（2020）指出城市形象是游客对城市的一种态度，会影响他们旅游前的决

---

① Mumford L. The city in history: Its origins, its transformations, and its prospects [M]. New York: Harcourt, 1968.

② 陈映．城市形象的媒体建构——概念分析与理论框架［J］. 新闻界，2009（5）：103-104.

③ 徐剑，沈郊．城市形象的媒体识别——中国城市形象发展 40 年［M］. 上海：上海交通大学出版社，2018.

④ 刘颖．全民全运与城市形象——基于情感与认同的多重中介［J］. 天津体育学院学报，2020，35（1）：23-28.

⑤ Baloglu S, McCleary K W. A model of destination image formation [J]. Annals of Tourism Research, 1999, 26 (4): 868-897.

⑥ 郝胜宇，白长虹．基于顾客感知的城市品牌建设［J］. 开放导报，2008，2（1）：62-65.

⑦ 高静．旅游目的地形象、定位及品牌化：概念辨析与关系模型［J］. 旅游学刊，2009，24（2）：25-29.

⑧ 汪芳，严琳，熊忻恺，吴必虎．基于游客认知的历史地段城市记忆研究——以北京南锣鼓巷历史地段为例［J］. 地理学报，2012，67（4）：545-556.

策与选择的过程，会成为他们心中评价事物的一个标准。① 这些角度的定义从认知心理学角度强调城市形象实质上是人们对城市基于知觉的认知，是一种受众产生的心智产品，将城市形象解释为受众对城市（地区）的总体感知和综合印象，是人们对该城市（地区）的联想和信息的缩影（Kotler and Gertner，2002）。②

从上述研究中可以看出，城市形象的概念是多样的，伴随城市的发展，城市形象的概念和内涵也得到进一步的丰富和拓展。

2.1.2 城市形象的构成

城市形象的构成也是学界研究的一个热点，研究文献层出不穷。早期研究视角局限于物质形象，城市形象多指城市中能看得到的实物。如 Lynch（1960）提出城市形象包含道路、边界、区域、节点和标志物等五大元素，其中，道路是城市形象感知的主体要素，边界是道路以外的线性要素，区域是观察者能够想象进入的更大一些的城市范围，节点是城市结构空间及主要要素的联结点，标志物是城市形象的点状参照物。③

随着研究的丰富和深入，城市形象的范围得到拓展和延伸，除了延续 Lynch 等开创的城市形象实体要素，后续的研究开始关注形象构成中的非实体元素，从更综合和全面的角度来解读城市形象。Stern 和 Krakover（1993）通过文献分析，提出了一个包含 7 个基本要素的城市形象的结构模型，④ 其中 7 个基本要素包括一个主观因素（居住吸引力），六个客观因素（城市美学、城市距离、人口规模、活动水准、人口特征和城市气候），

---

① 周金泉．异地展览会推广对城市形象与旅游意愿的影响——以活力澳门推广周为例［J］．世界地理研究，2020，29（2）：428-438.

② Kotler P，Gertner D. Country as brand product，and beyond：A place marketing and brand management［J］. Journal of Brand Management，2002，19（4）：249-261.

③ Lynch K. The image of city［M］. Cambridge：MIT Press，1960.

④ Stern E，Krakover S. The formation of a composite urban image［J］. Geographical Analysis，1993，25（2）：130-146.

如图 2-1 所示。Laaksonen 等（2006）通过视觉拼贴技术和焦点访谈的方法对芬兰瓦萨市的城市形象进行了研究，结果表明，可以从观察层面、评价层面和氛围层面三个视角来评价瓦萨市的城市形象，具体包含四个方面，即自然属性、建筑环境、文化和产业。①

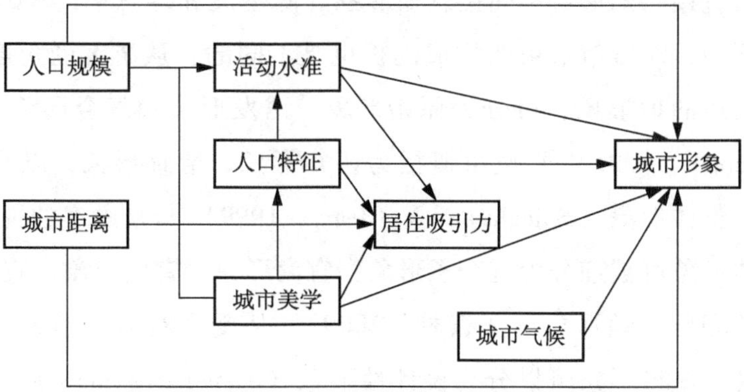

图 2-1 城市形象构成元素

资料来源：Stern E，Krakover S. The formation of a composite urban image [J]. Geographical Analysis，1993，25（2）：130-146.

从可视化的角度，城市形象可概括为视觉形象（有形形象、实物形象、硬件形象）和感知形象（无形形象、虚拟形象、感知形象、精神形象、软形象）（查振华，2009②；王莉，2011③；王莉，2012④；王宝璐，2016⑤）。视觉形象即城市的物象特征，具有直观性，如城市布局、街道、建筑物，各类装饰、标识，交通、环境、基础设施、居民住宅、商业区等都是城市的外形，是城市形象的重要组成部分；感知形象是城市的内涵和特质，需要体验和经历，如社会秩序、经济环境、公共关系、城市文化，

① Laaksonen P，Laaksonen M，Borisov P，Halkoaho J. Measuring image of a city：A qualitative approach with case example [J]. Place Branding，2006，2（3）：210-219.

② 查振华．论城市形象的构成 [J]．城市发展研究，2009（5）：90-93.

③ 王莉．论城市形象的内涵及构成 [J]．长沙大学学报，2011（6）：44-45.

④ 王莉．我国城市形象管理研究述评 [J]．城市发展研究，2012，19（7）：139-141.

⑤ 王宝璐．形象修复理论在城市形象危机传播中的运用——以青岛“天价虾”事件为例 [J]．青年记者，2016（3）：76-77.

人的精神面貌、文化素养、服务水平、职业道德，市民生活水平、生活习惯，城市特色等（夏学英，2002）。①

从受众的角度出发，城市形象概念的核心是社会公众对一个城市的信息处理过程和结果。信息包括直接信息和间接信息，所以城市形象又可以分为直接感知形象和间接感知形象（陈澄波和寿思华，2001）。② 受众群体不同，对城市形象的构成剖析也是不同的。从游客的角度，城市形象即为目的地形象，可分为原始形象、诱发形象和复合形象（Fakeye and Crompton，1991），③ 也可概括为认知形象、情感形象，以及二者共同构成的整体形象（Baloglu and McCleary，1999）。④ 从顾客的视角出发，城市整体形象可被细分为五个子形象：宜商形象、宜居形象、宜业形象、宜游形象和原产地形象（庄德林，2009）。从受众对城市形象的认知和评价角度，城市形象可以分为设计性形象（designative image）和评价性形象（appraised image）（Cox and Zannaras，1973）。⑤

可以看到，随着研究成果日益增多，城市形象的含义得到不断的丰富和完善，城市形象被看作综合了城市的地理、政治、社会、经济和文化等特征的集合概念，是城市的总体形象，而不是单一的外表形象，可能包含若干子形象，如政府形象、经济形象、文化形象、市容形象、环境形象、交通形象、景观形象、当地居民形象及城市的称号等（杨洸和陈怀林，

---

① 夏学英．论城市形象的旅游导向性［J］．经济地理，2002，22（5）：620-623.

② 陈澄波，寿思华．论城市形象与促进经济发展［M］．大连：东北财经大学出版社，2001：129-135.

③ Fakeye P C，Crompton J L. Image differences between prospective，fist-time and repeat visitors to the Lower Rio Grande Valley［J］. Journal of Travel Research，1991，30（2）：10-16.

④ Baloglu S，McCleary K W. A model of destination image formation［J］. Annals of Tourism Research，1999，26（4）：868-897.

⑤ Cox B，Zannaras G. Designative perceptions of macro-spaces：Concepts，a methodology and applications［J］. Image & Environment，1973（2）：118-130.

2005[①]；庄德林和陈信康，2009[②]；陶玉国等，2010[③]，陈柳钦，2011[④]）。此外，还能从外延和内涵两个方面理解城市形象，城市形象是城市的性质、名称、历史、声誉以及承诺的无形总和，具有不可替代的经济文化内涵和不可交易的专有功能，既是区别于竞争对手的标识，也是城市个性化的表现（庄鹏涛和周路平，2010）。[⑤] 城市形象不仅包括人工环境与自然风光，更是一种对无形资产的共识，在城市视域下，政府是城市形象战略的制定者和实施者，社会形象是城市形象的直接和综合表现，市民是城市形象的承载者、塑造者与受益者，因此，城市形象由政府形象、社会形象和市民形象共同构成（刘颖，2020）。[⑥] 以上观点可总结见表 2-1。

表 2-1 城市形象的构成及解释

文献作者（年份）	构成分类	具体解释
Cox 和 Zannaras（1973）	设计性形象	城市的位置、社会结构、气候、地形条件等特征的直接印象
	评价性形象	人们通过不同体验对城市的主观判断
Gunn（1972）	原生形象	没有经过营销导向所形成的
	诱导形象	针对城市开展有意识的活动、宣传后所形成的
杨洸和陈怀林（2005）；陶玉国等（2010）	具体形象	市容形象、市民形象、公务员形象
	总体形象	城市总体形象、政府形象和城市称号认同感

① 杨洸，陈怀林．传媒接触对本地城市形象的影响——珠海受众调查结果分析［J］．新闻与传播研究，2005（3）：66-75+95.

② 庄德林，陈信康．基于顾客视角的城市形象细分［J］．城市问题，2009（10）：11-16.

③ 陶玉国，赵会勇，李永乐．基于结构方程模型的城市旅游形象影响因素测评［J］．人文地理，2010，25（6）：125-130.

④ 陈柳钦．城市形象的内涵、定位及其有效传播［J］．湖南城市学院学报，2011，32（1）：62-66.

⑤ 庄鹏涛，周路平．北京城市品牌构建的镜鉴与策略分析［J］．北京联合大学学报（人文社会科学版），2010，8（2）：74-79.

⑥ 刘颖．全民全运与城市形象——基于情感与认同的多重中介［J］．天津体育学院学报，2020，35（1）：23-28.

续表

文献作者（年份）	构成分类	具体解释
查振华（2009）；王莉（2011）；王莉（2012）；夏学英（2002）；王宝璐（2016）	硬件形象（实体形象、视觉形象、物质形象）	看得见的外在的城市景观等，主要靠城市本身的建筑来体现，如城市布局、街道、建筑物，各类装饰、标识，交通、环境、基础设施、居民住宅、商业区
	软形象（虚拟形象、感知形象、精神形象）	内在的文化精神和无形资产，如城市文化、市民素质、社会秩序、经济环境、公共关系，人的精神面貌、文化素养、服务水平、职业道德，市民生活水平、生活习惯，城市特色
庄德林和陈信康（2009）	宜商形象	主要是为了满足投资者的需求，在投资环境方面应着力塑造的城市形象，如市场状况、商业环境、税收与法规、政府施政等
	宜居形象	是城市居民或是潜在居民对城市是否适宜居住、生活而持有的印象、观念和看法，如生活的安全性、方便性等
	宜业形象	满足就业与创业方面需求的形象，如金融支持、教育和培训等
	宜游形象	旅游目的地形象，如自然资源、旅游基础设施等
	原产地形象	为了促进本地产品的外销而应该塑造的形象，如技术技能水平、科技研发水平等
徐根兴（1995）；刘颖（2020）	政府形象	城市形象战略的制定者和实施者
	社会形象	城市形象的直接和综合表现
	居民形象	城市形象的承载者、塑造者与受益者

站在公众感知的角度，根据公众对城市形象评价的好坏、感受的强弱程度，城市形象可以划分为：正面的、负面的、薄弱的、混合的或矛盾的（Kotler，2002）；按城市形象的独特性可以分为普通的或独特的（Echtner and Ritchie，1993）；[①] 按信息来源的多寡程度，公众对城市形象的感知和评价可以分为丰富的或单薄的（Elizur，1987）；从媒体对城市形象报道的情境，可以划分为正面情境和负面情境两类（Manheim and Albritton，

① Echtner C M，Ritchie J R B. The measurement of destination image：An empirical assessment [J]. Journal of Travel Research，1993，31（3）：3-13.

1984)。[①] 具体见表 2-2。

表 2-2　城市形象评价分类

文献作者（年份）	分类依据	评价维度	解释
Kotler（2002）	评价的好坏、感受的强弱程度	正面的	积极的、吸引人的
		负面的	消极的、抵制或厌恶的
		薄弱的	不为公众所熟悉
		混合的	正面形象和负面形象兼有
		矛盾的	在一部分公众中是正面评价，在另一部分公众中是负面评价
Echtner 和 Ritchie（1991）	形象的独特性	普通的	城市所共有的，普遍的、常见的
		独特的	城市所特有，别具特色的
Elizur（1987）	信息来源的多少	丰富的	公众对城市了解较多，具有多重信源
		单薄的	公众对城市了解不多，形成单一信源
Manheim 等（1984）	媒体报道情境	负面情境	报道中城市处于负面情境中，如犯罪、社会问题、自然灾害等
		正面情境	文化活动、旅游或投资

受众是城市形象感知的主体，也是城市形象传播的目标对象。在城市形象的受众上，大部分学者以旅游者的视角来分析城市在游客心中的形象，此时的城市形象又称为城市旅游形象或目的地形象。Shaked 等（2015）认为除了游客以外，城市形象的感知还应该考虑当地居民，并探讨了游客和居民在城市形象评价上的差异性。[②] 除此以外，城市形象的感知也可能来自本地居民，或投资者（杨洸和陈怀林）。受众主体不同，其对城市形象的关注点是显著不同的，后续的研究对受众的分析更为完整和全面。倪鹏飞（2003）认为受众主要有旅游者、居民和投资者三个类别；[③] 郝胜宇和白长虹（2008）归纳出城市面对的主要受众分别是本市居民、游

① Manheim B J, Albritton B R. Changing national images: International public relations and media agenda setting [J]. American Political Science Review, 1984, 78 (3): 641-657.

② Shaked G, Eugene D, Jaffe A, Donata V, Alberto P, Ram H. A summated rating scale for measuring city image [J]. Cities, 2015 (44): 50-59.

③ 倪鹏飞. 中国城市竞争力报告——推销：让中国城市沸腾 [M]. 北京：社会科学文献出版社，2003：178-194.

客、投资者和商旅人士等四类人群。[①] 庄德林和陈信康（2009）从顾客需求的视角提出了城市形象受众的“五分法”，即将受众分为投资者、旅游者、居民、就业者与创业者以及城市外销产品的购买者等五个类别。[②]

有学者进一步将城市形象的受众归纳为内部受众与外部受众两类，内部受众包括城市的居民、政府机构的人员、内部投资者等，他们是城市形象的有效传播者，取得他们的信任、支持和配合，可以使城市具有内聚力和吸引力；外部受众指所有潜在的消费者，包括来访者、未来访者，即除内部受众外的其他广大社会公众。Shaked（2015）分别从居民和游客的角度比较了耶路撒冷、罗马和的里雅斯特三个城市影响因素的差异性，结果表明，居民和游客对同一个城市的形象感知存在着差异性，影响居民对城市形象评价的要素主要有四个，分别是市政设施、休闲、安全和公共服务；而影响游客对城市形象感知的要素主要是关怀、旅游娱乐、安全、公共服务和休闲娱乐等五个要素。

可以看出，对城市形象的内涵与构成，国内外学者已经开展了大量研究，取得了丰硕的成果。城市形象的含义和范围是丰富的、多元的。城市形象的建构是个心理过程，可以通过个体感知直接产生认知印象，也可以通过媒介感知间接生成认知印象。但无论通过哪种方式生成的城市认知印象都是对客观世界的反映。[③] 城市形象的研究领域分布也较为广泛，管理学、经济学、社会学、建筑规划、环境科学、新闻学、传播学等不同学科理论视域下都有所涵盖，研究成果呈现百花齐放、欣欣向荣的态势。但也可以看出，目前对城市形象的研究视角庞杂，研究不够聚焦，在一定程度上弱化了研究的深度和影响力。

2.1.3 城市形象的影响因素

城市形象是一个地区在公众头脑中留下的印象，是社会公众对一个城

① 郝胜宇，白长虹．从顾客视角建设城市品牌［J］．城市发展研究，2008（1）：60-67.
② 庄德林，陈信康．基于顾客视角的城市形象细分［J］．城市问题，2009（10）：11-16.
③ 杨国萍，韩瑞．国内城市形象研究趋势与展望［J］．传媒论坛，2020，3（17）：169-170.

市的认知、态度、评价以及情感的反映，因此，形象并不是与生俱来的，而是经由后天形塑的。Stabler（1988）从需求与供给的角度出发，总结了游客对城市形象感知的影响因素，具体包括游客的受教育程度、社会经济背景特征、游览动机、感知、心理特征、旅游经验、他人口碑、营销宣传信息和媒体等 9 个因素，① 如图 2-2 所示。

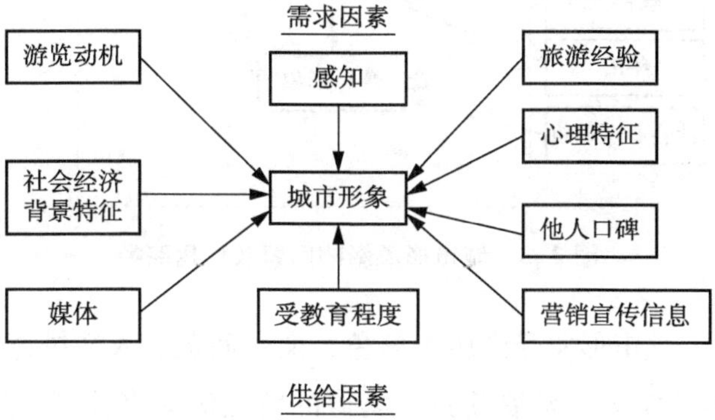

图 2-2　城市形象形成的影响因素

城市形象的形成是公众对城市相关信息处理的过程和结果。根据信息认知过程的模式，城市形象的形成依赖于受众对城市形象资源及其信息的直接或间接接触，并受到接触过程中相关因素的影响。无论是受众主体的自身特点（年龄、受教育程度、心理动机），还是信息来源、信息传导过程，都可能影响到最后所塑造的城市形象。Baloglu 和 McCleary（1999）的研究也认为信息来源的数量和类型，受众的年龄、受教育程度以及社会心理动机会对城市形象产生影响，在其研究中各影响因素的作用路径变得更为复杂，每个影响因素不仅直接影响到城市总体形象，还会影响受众对城市的认知形象和情感形象，② 具体影响路径如图 2-3 所示。

我国学者也对城市形象的影响因素开展了大量的研究。李成勋

① Stabler M J. The image of destination regions：Theoretical and empirical aspects ［A］// Marketing in the tourism industry ［M］. NewYork：Croom Helm，1988.

② Baloglu S，McCleary K W. A model of destination images formation ［J］. Annals of Tourism Research，1999，26（4）：868-897.

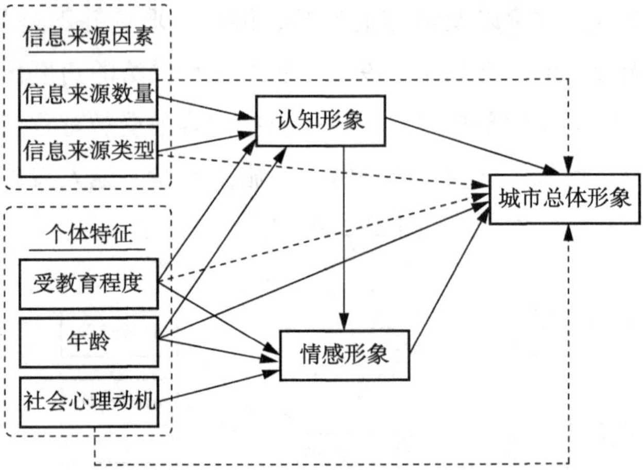

图 2-3　城市形象影响因素及作用路径

(2003) 认为，城市形象受到历史角色、文化底蕴、人文风情、地理特征、产业优势、经济实力、发展前景、类似的特征等诸多要素的影响。① 蒋廉雄等（2006）认为区域形象的认知来源实际上就是作为消费者认知对象的区域形象资源，形成过程中的相关影响因素则包括营销主体活动因素和公众影响因素。② 张燚和张锐（2006）把影响城市形象的因素划分为“主体、客体”两个方面，其中“主体”因素包括城市的经济环境、科教环境、政治法律环境、城市规划与自然环境等；而“客体”因素则是指城市形象塑造的受众因素，包括内部利益相关者和外部观者。③ 程金龙和王发曾(2009) 通过对文献进行回顾和梳理，总结出目的地形象影响因素包括旅游者自身、旅游地、信息和外力四个方面。④ 吴小根和杜莹莹（2011）将目的地感知形象影响因素归为三类：游客个体因素、旅游目的地情境因素

① 李成勋．城市品牌定位初探［J］．市场经济研究，2003（6）：8-11.

② 蒋廉雄，朱辉煌，卢泰宏．区域形象的概念分析及其营销框架［J］．中山大学学报（社会科学版），2006（5）：111-116+143.

③ 张燚，张锐．城市品牌论［J］．管理学报，2006，3（4）：468-476.

④ 程金龙，王发曾．旅游形象的影响因素与塑造策略［J］．经济地理，2009，29（10）：1753-1758.

以及感知刺激因素。[①] 在形象塑造过程中，主体经历的直接经验和间接经验都扮演着重要的角色（陈映，2009）。[②] 由于人的感官经验非常有限，因此，来自人际交流和资讯传播的间接经验以及主体的价值信念、期望、需求等因素便成为形塑城市形象的重要因素（葛岩等，2015）。[③]

本研究按 Stern 和 Krakover（1993）[④] 的做法，将影响城市形象形成或改变的各类因素划分为：诱导性因素（信息源、过往经历）和个体因素（心理特征、人口统计变量）两大类。

（1）诱导性因素。诱导性因素包括个体接收外部信息源的信息渠道、信息内容、种类和数量，以及个体的过往经历等。

①信息源。信息渠道方面，邹红霞等（2010）认为，互联网的出现造成了公众的信息超载，若公众的互联网体验欠佳，反而会对地区形象造成负面影响。[⑤] 谢彦君等（2014）通过定量和定性相结合的方法探究了媒介对目的地形象的影响，研究表明，宣传片、在线评论和游记对目的地形象均有显著影响。积极的在线评论和游记能够促进正向情感形象的树立，并加强前往意向。传播方式、传播内容、信息源是否可信以及受众的个人因素影响其对目的地形象的改变程度。[⑥] Cherfi 等（2014）着重研究了信息渠道对游客行前形象形成的影响。[⑦] 在未到访过目的地的游客接触的信息来源中，电影和教育对其形象感知的影响比较大，因为人们认为这两个渠

① 吴小根，杜莹莹．旅游目的地游客感知形象形成机理实证研究——以江苏省南通市为例［J］．地理研究，2011，30（9）：1554-1563.

② 陈映．城市形象的媒体建构——概念分析与理论框架［J］．新闻界，2009（5）：103-104.

③ 葛岩，赵海，秦裕林，陈长阁，何俊涛，徐剑，卢嘉杰，李晓静．国家、地区媒体形象的数据挖掘——基于认知心理学与计算机自然语言处理技术的视角［J］．学术月刊，2015，47（7）：163-170.

④ Stern E，Krakover S. The formation of a composite urban image［J］. Geographical Analysis，1993（25）：130-146.

⑤ 邹红霞，罗芬，向晶．信息涉入差异对旅游目的地行前形象影响分析［J］．经济地理，2010，30（8）：1395-1399.

⑥ 谢彦君，马天，卫银栋．宣传片、在线评论和游记对目的地形象改变的实证研究——以大学生对台湾旅游形象认知变化为例［J］．北京第二外国语学院学报，2014（1）：77-84.

⑦ Cherfi B，Smith A，Maitland M，Stevenson N. Destination images of non-visitors［J］. Annals of Tourism Research，2014（49）：190-202.

道更加可信。吕兴洋等（2015）以天津市为例，通过实验得出不同信息渠道对城市形象信息的传播差异明显的结论，互联网的出现显著影响了目的地引致形象的形成。①

信息内容方面，江红艳等（2015）选择美国、德国、法国和韩国作为研究对象，得出消费者心中的企业形象会正向影响原产国形象的结论。②张春晖等（2013）从入境游客视角出发提出了目的地形象代言互动传播模型，无论真实人物还是虚构人物都会对目的地形象产生影响。代言形象是建立目的地形象与旅游者自身形象之间一致性认知的桥梁，旅游目的地的知名度在这中间发挥调节作用。③ Hao 和 Chris（2013）通过对《芙蓉镇》进行分析讨论了电影的语言翻译对目的地形象的影响。④ 刘力（2013）以高校大学生为调查对象，研究了大学生对韩国影视剧的观看频率和喜欢程度对韩国城市（国家）形象的影响，结果表明，影视剧既能够正向影响目的地的认知形象，也能显著影响情感形象。⑤

②消费者自身的经历和感知。关新华等（2015）⑥、Tosun 等（2015）⑦通过调查得出，游客感知到的旅游公共服务质量会正向影响游客对政府的信任，进而影响目的地形象，尤其是情感形象。朱翠兰和侯志强

① 吕兴洋，沈雪瑞，梁佳．在线信息搜索对目的地感知形象演化影响研究［J］．旅游学刊，2015，30（10）：70-79.

② 江红艳，吉峰，孙配贞，周昆．企业形象对国家形象的溢出效应——基于有调节的中介模型［J］．软科学，2015，29（7）：94-97.

③ 张春晖，白凯，马耀峰，宋炳华．入境游客视角下中国旅游形象的景区代言［J］．地理研究，2013，32（5）：921-941.

④ Hao X F，Chris Ryan. Interpretation，film language and tourist destinations：A case study of Hibiscus Town，China［J］. Annals of Tourism Research，2013（42）：334-358.

⑤ 刘力．旅游目的地形象感知与游客旅游意向——基于影视旅游视角的综合研究［J］．旅游学刊，2013，28（9）：61-72.

⑥ 关新华，李健仪，谢礼珊．旅游公共服务质量对旅游目的地形象的影响［J］．旅游科学，2015，29（5）：27-38.

⑦ Tosun C，Dedeoglu B B，Fyall A. Destination services quality，affective image and revisit intention：The moderating role of past experience［J］. Journal of Destination Marketing & Management，2015（4）：222-234.

(2013)[①]、Nisco等（2015）[②] 认为游客满意度会同时正向影响一个地区的认知形象和情感形象。而徐小波等（2015）指出认可度而非感知度是影响目的地形象的主要因素，通过网络文本分析等多种方法建立了中国旅游城市形象感知的总体结构，包括目的地景观风貌、餐饮、资源型吸引物、居民友好感、住宿、社会风情、气候与天气、城市化水平、购物与商业服务、市内交通、价格等。[③] 周常春和戴光全（2005）[④]、李祇辉（2011）[⑤] 认为，从长远来看，体育赛事举办地的口碑效应有助于形成较高的形象认同度。针对近几年的雾霾天气，程励（2012）通过调查得出，公众对雾霾天气危害的认知会负向显著影响到对城市形象的感知。[⑥] 另外，潜在游客也会通过过往旅游经历对其他城市进行感知。[⑦]

（2）个体因素。个体自身因素对地区形象的形成同样具有不可避免的影响，如人口统计变量、心理动机、价值观、文化背景、期望等(Beerli and McCleary，1999)。[⑧] 国内外研究者都将社会人口统计变量看作是城市形象的重要影响因素。冯婕蕴（2011）以对中西旅游者的博客文本分析为切入点，讨论中西方游客对北京形象感知的异同，并提出其间差异是受到了游客需求、文化背景、政治意识形态和消费水平等因素

---

① 朱翠兰，侯志强．基于网络口碑的旅游目的地形象感知——以厦门市为例［J］．热带地理，2013，33（4）：489-495.

② Nisco A D，Mainolfi G，Marino V，Napolitano M R. Tourism satisfaction effect on general country image，destination image，and post-visit intentions［J］. Journal of Vacation Marketing，2015，21（4）：305-317.

③ 徐小波，赵磊，刘滨谊，吴必虎，钟栎娜．中国旅游城市形象感知特征与分异［J］．地理研究，2015，34（7）：1367-1379.

④ 周常春，戴光全．大型活动的形象影响研究——以99昆明世博会为例［J］．人文地理，2005，20（2）：38-42.

⑤ 李祇辉．大型节事活动对旅游目的地形象影响的实证研究［J］．地域研究与开发，2011，30（2）：110-118.

⑥ 程励．非常规突发事件影响下遗产旅游研究的“后危机”聚焦［J］．旅游学刊，2012，27（6）：3-4.

⑦ Cherfi B，Smith A，Maitland R，Stevenson N. Destination images of non-visitors［J］. Annals of Tourism Research，2014（49）：190-202.

⑧ Beerli A，McCleary K W. A model of destination image formation［J］. Annals of Tourism Research，1999，26（4）：868-897.

的影响。① 但陈奕滨等（2012）的研究指出文化差异对目的地形象的影响十分微弱。②

近几年，许多学者将公众对某地区的熟悉度或涉入度作为研究对象（Fu et al.，2016③；马明，2011④；张宏梅和陆林，2010⑤；邹红霞等，2010⑥）。张静儒等（2015）通过熟悉度，将目的地形象与国家形象相关联，认为熟悉度可以通过国家形象正向影响目的地形象。⑦ Tan 和 Wu（2016）认为，在熟悉度对城市形象影响的过程中，旅游者的旅游经历起到调节作用。⑧ 但不同学者对熟悉度的概念和维度均有不同见解，目前尚未形成统一的认识。

2.1.4 城市形象的测量

在对城市形象进行研究的过程中，城市形象、地区形象的测量是学者们持续探讨的焦点和重点。本研究通过回顾和梳理国内外文献，对现有的测量方法做出归纳和总结。地区形象测量的方法十分多样，例如形象感知定量调查法（Anholt，2006）、⑨ 定性访谈法（Laaksonen et al.，2006）、⑩

---

① 冯捷蕴．北京旅游目的地形象的感知——中西方旅游者博客的多维话语分析［J］．旅游学刊，2011，26（9）：19-28.

② 陈奕滨，胡璟，黄嗷晓．不确定性规避对游客旅游目的地形象感知的影响研究：以张家界为例［J］．旅游科学，2012，26（3）：42-53.

③ Fu H，Ye H B，Xiang J Z. Reality TV，audience travel intentions，and destinations image［J］. Tourism Management，2016（55）：37-48.

④ 马明．熟悉度对旅游目的地形象影响研究——以泰山为例［J］．旅游科学，2011，25（2）：30-38.

⑤ 张宏梅，陆林．游客涉入对旅游目的地形象感知的影响——盎格鲁入境旅游者与国内旅游者的比较［J］．地理学报，2010，65（12）：1613-1623.

⑥ 邹红霞，罗芬，向晶．信息涉入差异对旅游目的地行前形象影响分析［J］．经济地理，2010，30（8）：1395-1399.

⑦ 张静儒，陈映臻，曾祺，吴必虎，Alastair M Morrison. 国家视角下的目的地形象模型——基于来华国际游客的实证研究［J］．旅游学刊，2015，30（3）：13-22.

⑧ Tan W K，Wu C E. An investigation of the relationships among destination familiarity destination image and future visit intention［J］. Journal of Destination Marketing & Management，2016（5）：214-236.

⑨ Anholt S. The Anholt-GMI city brands index：How the world sees the world's cities［J］. Place Branding，2006，2（1）：18-31.

⑩ Laaksonen P，Laaksonen M，Borisov P，Halkoaho J. Measuring image of a city：A qualitative approach with case example［J］. Place Branding，2006，2（3）：210-219.

概念图（Brandt and de Mortanges，2011）、[①] 网格分析法（Hankinson，2004）[②] 和IPA法（重要性—满意度分析）（Insch and Florek，2008）[③] 等。上述方法可以进一步概括为三种类型：结构化测量方法、非结构化测量方法以及将两者结合起来的综合测量方法。

结构化测量方法的基本思路是选取一系列评价指标或属性，运用标准工具获取定量评价标准，并通过数理统计得到某地形象的量化数据。用量化的方法对城市形象进行测量评价时，不仅能够发现城市形象的构成因素，还可以从中挖掘关键因素，开展因果性研究、解释性研究和预测性研究，[④] 为今后形象的提升提供依据，这也是很多学者选择的方法。国内外学者在研究中开发了各种评价体系，Anholt（2010）创建了国家品牌指数，[⑤] Xue 等（2015）运用层次分析法建立了国家形象测评指标体系，[⑥] Gilboa 等（2015）建立了城市形象测量指标。[⑦] 众多中外学者在自己的研究中均是采用经过验证的成熟量表或在对前人的量表加以归纳整理的基础上，来对城市形象或国家形象进行测量和探讨的。张春晖等（2013）通过多元对应分析研究了来自28个国家的入境游客对遗产类景区代言中国旅游形象的认同度，以及文化类别对其的影响。[⑧] 辜应康和杨杰（2015）通过

① Brandt C，de Mortanges C P. City branding：A brand concept map analysis of a university town [J]. Place Branding and Public Diplomacy，2011，7（1）：50-63.

② Hankinson G. Repertory grid analysis：An application to the measurement of destination images [J]. International Journal of Nonprofit and Voluntary Sector Marketing，2004，9（2）：145-153.

③ Insch A，Florek M. A great place to live，work and play：Conceptualising place satisfaction in the case of a city's residents [J]. Journal of Place Management and Development，2008，1（2）：138-149.

④ 刘国华，王国红．旅游目的地形象测量：基于国外文献的研究［J］．旅游学刊，2010，25（6）：83-87.

⑤ Anholt S. Definitions of place branding：Working towards a resolution [J]. Place Branding and Public Diplomacy，2010，6（1）：1-10.

⑥ Xue K，Deng Y B，Wang S Y. What factors influence national image in disaster reports? Evidence from China [J]. Qual Quant，2015（49）：1257-1265.

⑦ Gilboa S，Jaffe E D，Vianelli D，Pastore A，Herstein R. A summated rating scale for measuring city image [J]. Cities，2015（44）：50-59.

⑧ 张春晖，白凯，马耀峰，宋炳华．入境游客视角下中国旅游形象的景区代言［J］．地理研究，2013，32（5）：921-941.

实验法让调查对象完成问卷量表，探测出调查者对中国香港和韩国的外显目的地形象的感知不存在显著差异，而潜在目的地形象感知更加偏好中国香港。[①] Shaked 等（2015）对前人的量表进行了归纳总结和补充，分别开发了针对旅游者和居民的城市形象综合量表，并对耶路撒冷、罗马和的里雅斯特三个城市的城市形象的测量进行了验证和修订。[②] Sevin（2011）对比了 Anholt-Gfk Roper 城市品牌指数（Anholt-Gfk Roper City Brand Index，ACBI）、[③] FutureBrand 国家品牌指数（FutureBrand Country Brand Index，FCBI）、East-West 国家品牌感知指数（East-West Nation Brand Perception Index，NBPI）三者之间的优劣和异同，并在"定义—测量—可视化"（Define-Measure-Visualize，DMV）模型的基础上，引入社会网络分析和语义分析等方法，完善了 DMY 模型，并总结了 DMV 模型在城市形象测量中的四个局限。[④]

由于结构化的测量方法具有其不可避免的局限性，一味地使用结构化研究方法难以评测受众所感知到的目的地的独特性，因此，一些学者采取非结构化的研究方法来弥补这一遗憾，如文本分析法、访谈法等，其中，内容分析法是学者们最常用的质化方法。肖亮和赵黎明（2009）通过爬虫技术对地方官方网站、第三方网站、知名搜索引擎中发布的文字进行抓取，从而对基于互联网平台传播的中国台湾目的地形象进行解读和分析，并与大陆地区官方网站进行比较得出其中异同。[⑤] 沈体雁等（2015）通过大数据方法对 205 个互联网平台进行内容分析，构建出基于网络平台的中

---

① 辜应康，杨杰．基于内隐联结测验的旅游目的地形象偏好测量研究［J］．人文地理，2015，30（1）：117-121.

② Shaked G，Eugene D，Jaffe A，Donata V，Alberto P，Ram H. A summated rating scale for measuring city image［J］. Cities，2015（44）：50-59.

③ Anholt S. Beyond the nation brand：The role of image and identity in international relations［A］//Brands and branding geographies［M］. Northampton，MA：Edward Elgar Publishing，2011.

④ Sevin H E. Understanding cities through city brands：City branding as a social and semantic network［J］. Cities，2014（38）：47-56.

⑤ 肖亮，赵黎明．互联网传播的台湾旅游目的地形象——基于两岸相关网站的内容分析［J］．旅游学刊，2009，24（3）：75-81.

国景区形象指数。① 而张高军等（2011）②、冯捷蕴（2011）③、赵鹏宇等（2015）④、吕兴洋等（2015）⑤ 则是从游客发布的文字着手，挖掘受众感知到的目的地形象。

随着研究的不断深入，学者们意识到城市形象的形成十分复杂，受到多层次多因素的综合影响，越来越多的研究选择采取结构化与非结构化相结合的研究方法，从而更准确地捕捉公众感知的目的地形象，通过非结构化方法探究目的地形象的独特性，再通过结构化的研究方法测量不同因素对形象的影响方向和强度。Nieves 和 Jose（2015）⑥、Koubaa 等（2015）⑦ 等在研究国家形象与产品形象间的联系时，均先对领域专家或民众实行小样本深度访谈，以便进一步确定研究内容、研究对象以及相关变量，再针对目标人群大量抽样进行调查。Cherfi 等（2014）⑧、徐文海等（2014）⑨、马向阳等（2015）⑩ 将德尔菲专家访谈与调查问卷测量法相结合，运用德尔菲专家法开发了基于竞争力评价的旅游目的地形象体系，如硬件设施形象、自然风光形象、政府治理形象、特色文化形象、社会文明形象、品牌

---

① 沈体雁，黄宁，彭长江，徐海涛．中国景区网络形象指数研究——基于互联网内容分析方法［J］．旅游学刊，2015，30（6）：80-90.

② 张高军，李君轶，张柳．华山风景区旅游形象感知研究——基于游客网络日志的文本分析［J］．旅游科学，2011，25（4）：87-94.

③ 冯捷蕴．北京旅游目的地形象的感知——中西方旅游者博客的多维话语分析［J］．旅游学刊，2011，26（9）：19-28.

④ 赵鹏宇，冯文勇，张慧，王选娃．世界文化景观遗产型旅游目的地形象感知研究——以五台山为例［J］．中南林业科技大学学报（社会科学版），2015，9（4）：44-49.

⑤ 吕兴洋，沈雪瑞，梁佳．在线信息搜索对目的地感知形象演化影响研究［J］．旅游学刊，2015，30（10）：70-79.

⑥ Nieves G F，Jose M O. An integrative model of consumers' reluctance to buy foreign products：Do social and environment country images play a role?［J］. Journal of Macromarketing，2015，35（2）：167-186.

⑦ Koubaa Y，Methamem R B，Fort F. Multidimensional structures of brand and country images and their effects on product evaluation［J］. International Journal of Market Research，2015，57（1）：95-124.

⑧ Cherfi B，Smith A，Maitland R，Stevenson N. Destination images of non-visitors［J］. Annals of Tourism Research，2014（49）：190-202.

⑨ 徐文海，邓颖颖，皮君．基于竞争力评价的旅游目的地形象提升研究——以海南国际旅游岛为例［J］．中南财经政法大学学报，2014（3）：59-65.

⑩ 马向阳，杨颂，汪波．大陆游客涉入度与文化认同对台湾旅游目的地形象的影响［J］．资源科学，2015，37（12）：2394-2402.

促销形象及其他形象组合等，再通过向游客或潜在游客开展问卷调查，来测量某一特定目的地的形象。徐小波等（2015）借助数据挖掘技术并采用文本分析研究了游客对中国旅游城市的形象感知，剖析城市形象的特征，并借助量化分析的结果，进一步总结了城市形象感知的特征及存在的地区差异等问题。①

随着社交媒体的兴起，数字化技术为城市形象的感知和测量提供了更好的支持，一些研究将“大数据”分析技术应用到城市形象的感知测量中。如 Liu 等（2016）利用 26 个城市的地理标记全景照片，研究了公众对城市图像的感知；研究结果部分证实了 Lynch 的理论，也揭示了主观感知与传统城市指标之间是存在差距的。② Jiao 等（2018）研究了在美国举行橄榄球超级杯赛事期间，Twitter 用户搜索的单词和短语中经常提到“地区”和“地标”等林奇元素，而“边缘”几乎不存在。③ Huang 等（2021）在研究中将“大数据”和“小数据”结合起来，运用三种方法探索公众对 Northen Poland 城市形象的感知④：①社交媒体分析法，通过文本挖掘技术、聚类分析、核密度估计和敏感性分析等，挖掘城市形象感知的影响因素；②基于 GIS 数据库的分析；③问卷调查法，先向城市居民介绍 Lynch 的相关理论，然后向城市居民发放调查问卷，询问居民对城市形象的感知和评价，例如请居民列举该区域 5 个最重要的地标建筑物，以刻画城市形象具有的“确切性”和“显著性”，列举 5 个最著名的名胜古迹，以映衬城市形象的“一致性”和“清晰性”，列举该城市 5 个最宜人的地方，以刻画与“受众体验的深度与强度”相关的评价。

---

① 徐小波，赵磊，刘滨谊，吴必虎，钟栎娜．中国旅游城市形象感知特征与分异［J］．地理研究，2015，34（7）：1367-1379.

② Liu L，Zhou B，Zhao J. C-IMAGE：City cognitive mapping through geo-tagged photos［J］. Geo Journal，2016（81），817-861.

③ Jiao J，Holmes M，Griffin G P. Revisiting image of the city in cyberspace：Analysis of spatial Twitter messages during a special event［J］. Journal of Urban Technology Taylor & Francis，2018（3）：65-82.

④ Huang J，Obracht P A，Kamrowska Z D，Sun Y，Li L. The image of the city on social media：A comparative study using “big data” and “small data” methods in the Tri-City region in Poland［J］. Landscape and Urban Planning，2021（206）.

2.1.5　研究趋势

在对以往国内外文献梳理和归纳总结的过程中可以发现，与城市形象相关的研究文献层出不穷，研究成果丰硕。近几年研究的趋势具体表现在以下三个方面：

（1）以突发事件、危机事件为研究背景。近几年国内外学者不再单单研究地区形象的形成和提升，而是开始关注在地区形象遭到破坏时如何对其进行保护和修复。各种各样的政治、宗教、气候等动荡因素造成不同类型不同影响范围的突发事件频出，为学者提供了诸多研究案例。王苑苑等（2014）[①]、Avraham（2015[②]，2016[③]）等对国家形象的重要性进行了阐述，并以单一事件为例，对负面事件情境下如何进行地区营销加以讨论。袁军和冯尚钺（2013）[④]、雷晓艳和张昆（2014）[⑤] 等分析指出政府在公共突发事件危机公关中的策略的不当之处。

（2）以综合视角评价地区形象。在现有的文献中，目前基于旅游者的视角，对旅游目的地形象的内涵、形成和影响因素等内容进行探讨居于主流（Herstein R. et al.，2008），[⑥] 研究中将评价指标集中在传统旅游六要素上（Beerli and Martin，2004[⑦]；张宏梅等，2006[⑧]；杨杰，2008[⑨]；Kim

---

① 王苑苑，党芳莉，孙旭．国际体育赛事中的危机公关与国家形象构建——以伦敦奥运会叶诗文和中国羽球女双事件为例［J］．武汉体育学院学报，2014，48（2）：11-16.

② Avraham E. Destination image repair during crisis：Attracting tourism during the Arab Spring uprisings［J］．Tourism Management，2015（47）：224-232.

③ Avraham E. Destination marketing and image repair during tourism crises：The case of Egypt［J］．Journal of Hospitality and Tourism Management，2016（4）：1-8.

④ 袁军，冯尚钺．突发性公共事件与政府形象修复策略研究［J］．现代传播，2013（10）：31-51.

⑤ 雷晓艳，张昆．社会化媒体背景下政府形象危机的情境及其修复——以上海“黄浦江死猪”事件为例［J］．湖南师范大学社会科学学报，2014（3）：154-161.

⑥ Herstein R，Jaffe E D，Berger R. The children's city—The transition from a negative to a positive city image［J］．Place Branding and Public Diplomacy，2008，4（1）：76-84.

⑦ Beerli A，Martin J D. Tourist's characteristics and the perceived image of tourist destinations：A quantitative analysis—A case study of Lanzarote，Spain［J］．Tourism Management，2004，25（5）：623-636.

⑧ 张宏梅，陆林，章锦河．感知距离对旅游目的地之形象影响的分析——以五大旅游客源城市游客对苏州周庄旅游形象的感知为例［J］．人文地理，2006，21（5）：25-30.

⑨ 杨杰．旅游形象感知行为模型研究——以重庆市民对上海旅游形象感知为例［J］．旅游论坛，2008，1（2）：190-194.

et al., 2009①；贾跃千等，2009②）。对城市形象的评价和感知应该从更综合全面的角度来开展，学者们在研究中也逐渐从综合视角将评价要素纳入城市形象指标体系当中（陶玉国等，2010③；陈倩，2014④），使评价体系更加科学、全面。

（3）以不同国籍消费者共同作为调研对象。在地球村的背景下，许多具有独特资源的地区将潜在旅游者市场定位在全球，地理上的距离早已不再是管理者、旅游者等考虑的主要因素。与此同时，文化的差异和冲突也逐渐显现。因此跨文化差异的研究成为焦点，在越来越多的研究中，调查对象不再局限在同一国家或地区，样本的构成越来越多元化，许多研究涉及的调查对象均是由来自不同国家、不同地区的受访者共同构成的（张宏梅和陆林，2010⑤；陈奕滨等，2012⑥；田祥利和白凯，2013⑦；胡宪洋和白凯，2013⑧；吴剑等，2014⑨；张静儒等，2015⑩）。

---

① Kim S S, Mckercher B, Lee H. Tracking tourism destination image perception [J]. Annals of Tourism Research, 2009, 36 (4): 715-718.

② 贾跃千，宝贡敏，路文静．基于国籍差异的杭州市入境旅游市场目的地感知形象研究[J]. 经济地理，2009，29（3）：510-515.

③ 陶玉国，赵会勇，李永乐．基于结构方程模型的城市旅游形象影响因素测评 [J]. 人文地理，2010，25（6）：125-130.

④ 陈倩．基于受众感知的旅游目的地形象构成要素分析——以北京为例 [J]. 特区经济，2014（1）：157-161.

⑤ 张宏梅，陆林．游客涉入对旅游目的地形象感知的影响——盎格鲁入境旅游者与国内旅游者的比较 [J]. 地理学报，2010，65（12）：1613-1623.

⑥ 陈奕滨，胡璟，黄暾晓．不确定性规避对游客旅游目的地形象感知的影响研究：以张家界为例 [J]. 旅游科学，2012，26（3）：42-53.

⑦ 田祥利，白凯．旅游目的地突发事件对西藏入境旅游市场规模影响与政策响应 [J]. 旅游学刊，2013，28（3）：38-46.

⑧ 胡宪洋，白凯．旅游目的地形象修复方式量表探讨：中外游客整合对比的视角 [J]. 旅游学刊，2013，28（9）：73-83.

⑨ 吴剑，吴晋峰，吴姗姗，王云弟．初访客与回头客的中国旅游感知形象对比 [J]. 经济地理，2014，34（7）：157-164.

⑩ 张静儒，陈映臻，曾祺，吴必虎，Alastair M Morrison. 国家视角下的目的地形象模型——基于来华国际游客的实证研究 [J]. 旅游学刊，2015，30（3）：13-22.

2.2　突发事件影响的相关研究

2.2.1　突发事件对受众个体的影响

突发事件的发生会对城市（地区）形象及经济产生一定的影响已是不争的事实，但这一影响结果是通过突发事件对游客、居民、投资者的影响传导的，事件的发生改变了人们的心理认知和行为模式，从而进一步改变受众对城市（地区）形象的感知和评价。赵来军和程晶晶（2010）将突发事件下影响个体行为状态的因素划分为物质环境、社会环境、个体属性，并对重大自然灾害、公共卫生事件、社会安全事件和事故灾难四类突发事件对个体行为的影响程度进行了实证，结果表明，前两种事件对个人行为影响程度最大，社会安全事件其次，事故灾难对个体行为影响最小。[①] 刘嘉和谢科范（2013）通过对前人文献的归纳和分析，提出非常规突发事件中个体决策行为的影响因素包括多方关注、连续决策、严重后果、信息稀缺和事态负责五种外部因素和适应能力、时间压力、经验缺失、风险偏好、消极情绪和坚韧人格六种内部因素，这些因素不仅会影响决策行为，它们之间也会相互影响，基于此，构建了基于系统动力学的非常规突发事件个体决策行为影响模型。[②]

就具体情境而言，李飞等（2010）研究了突发事件对消费者购买百货用品行为的影响，结果表明，突发事件的事件影响力、突发程度、持续时间、效应性质预期、事件类别和影响方式对消费者消费金额和消费时机都会产生影响。[③] 罗叶等（2011）通过对四川省 21 个大中型城市的消费者进

---

① 赵来军，程晶晶．基于突变理论的非常规突发事件下个体行为状态研究［J］．中国安全科学学报，2010，20（12）：14-19.

② 刘嘉，谢科范．非常规突发事件个体决策行为影响因素研究［J］．软科学，2013，27（3）：50-54.

③ 李飞，马宝龙，林健．突发事件对零售企业顾客购买行为的影响研究［J］．南开管理评论，2010，13（3）：4-11.

行问卷调查，总结出突发事件背景下年龄、家庭收入水平和粮食购买数量对其进行粮食抢购的意愿有显著影响。① 李游等（2012）通过对面向突发事件的知识共享影响因素结构方程模型进行验证得出，突发事件发生的早期知识共享的质量和数量都较高，且虚拟社区成员对感兴趣的某类突发事件持有较高的知识共享热情。②

突发事件不但会在发生时威胁到人的生命，更会对人的心理造成冲击，而且这种心理伤害往往是持久而长远的，尤其是对于灾害当中的亲历者。董慧娟等（2006）对 2004 年印度洋地震海啸中的受灾者和间接受灾者进行了应付方式问卷调查，结果表明，灾难给受灾者带来了不同程度的心理伤害和创伤，成熟的应付方式（解决问题或求助）可以缓解心理压力。③ 马庆国和王小毅（2009）在界定了非常规突发事件的概念和类型的基础上，分析了事件中个体的情绪、心理和行为受到周围物质条件巨变、周围人群的情绪和行为以及主导信息三大类因素影响，并进一步分析了主导信息与其他因素的交互作用。④

除此以外，突发事件的发生对非亲身经历者的影响也是不可忽视的。虽然突发事件发生时，利益相关者并不处于事发地，但在网络时代的今天，突发事件一旦发生，该事件的新闻就会在极短的时间内传遍全世界，非亲身经历者也会因为负面新闻立即对事发地产生负面的感知和评价（Huang et al.，2013）。⑤ 王鹏等（2009）针对三聚氰胺事件进行了实证研

① 罗叶，鲜文铎，孙丽颖．突发事件下粮食抢购的特征与影响因素分析——基于四川省 21 个大中城市消费者的问卷调查［J］. 中国农村经济，2011（5）：45-56.

② 李游，闪四清，李红．面向突发事件的虚拟社区知识共享实证研究［J］. 管理评论，2012，24（11）：87-96.

③ 董慧娟，顾建华，邹其嘉，杨彦波．论重大突发事件的心理影响及本体应付——以印度洋地震海啸为例［J］. 自然灾害学报，2006，15（4）：88-91.

④ 马庆国，王小毅．非常规突发事件中影响当事人状态的要素分析与数理描述［J］. 管理工程学报，2009，23（3）：126-130.

⑤ Huang Y C，Tseng Y P，Yiap L C. Image recovery of the resurrected seashore city—New Orleans，Louisiana［J］. Journal of Coastal Research，2013，29（2）：430-437.

究，验证了这一公共卫生事件对国家形象感知和本土品牌偏好的负向影响。① 唐弘久和张捷（2013）基于汶川地震前后两个时间段，分别对九寨沟景区游客进行了两次问卷调研，结果显示：游客对 2008 年地震前的可进入性感知要好于地震后的 2011 年；游客游前可进入性感知好于游后；2008 年游客对“人身安全”最为担忧，事件后的 2011 年游客对“交通通畅”最为担忧；地震造成游客可进入性感知显著下降，对当地旅游业造成了消极影响。②

在研究突发事件对人的心理和行为的影响时，很多学者将风险感知视为引起行为变化的中介变量，并对其进行了验证（李华强等，2009③；李敏等，2011④）。由于突发事件的不可预测以及社会科学调研中的伦理道德问题，一些学者选择使用仿真方式进行研究。李乃文等（2014）根据前景理论，基于系统动力学原理，仿真在不确定且不可预测的前景下，各因素对风险直觉偏差影响的演化过程，结果显示，在非常规突发事件下，个人相关知识丰富能够抑制风险直觉偏差。当风险感知程度提高时，个人信息处理能力、安全感、心理健康水平和适应能力都逐渐降低，导致风险知觉偏差的增大。⑤

2.2.2　突发事件对城市（地区）的影响

突发事件的发生不仅影响到受众的旅游热情和投资意愿，当突发事件发生后，它还会给当地的城市形象带来负面影响，并对当地的服务业产生消极的阻碍作用。城市服务业的发展是很脆弱且敏感的，突发事件的发生

---

① 王鹏，庄贵军，张涛．三聚氰胺事件对中国消费者国家形象感知及本土品牌偏好影响的研究［J］．软科学，2009，23（11）：69-72.

② 唐弘久，张捷．突发危机事件对游客感知可进入性的影响特征——以汶川“5·12”大地震前后九寨沟景区游客为例［J］．地理科学进展，2013，32（2）：251-261.

③ 李华强，范春梅，贾建民．突发性灾害中的公众风险感知与应急管理——以 5·12 汶川地震为例［J］．管理世界，2009（6）：52-60.

④ 李敏，张捷，董雪旺，等．目的地特殊自然灾害后游客的认知研究——以“5·12”汶川地震后的九寨沟为例［J］．地理学报，2011，66（12）：1695-1706.

⑤ 李乃文，刘祎，黄敏．非常规突发事件中个体风险直觉偏差影响因素仿真研究［J］．中国安全科学学报，2014，24（5）：9-14.

所带来的政治环境、社会经济或自然环境的变化都会对其产生巨大的影响（Dimanche and Lepetic，1999），[①] 相关的研究也进一步探索了突发事件对事发地的经济、产业、城市（地区）形象的影响。

早期对该主题的研究十分有限，2000 年后，国外对城市危机管理的研究日益兴起，金融危机、“9·11”恐怖袭击、重大自然灾害等突发事件给城市造成的影响广受关注（Faulkner and Vikulov，2001[②]；Goodrich，2002[③]；Frisby，2002[④]；Sausmarez，2003[⑤]；Mazzocchia and Montini，2008[⑥]）。国内学者对突发事件的关注始于 2003 年 SARS，并在 2008 年汶川地震后再次涌现大量研究成果。魏小安和付磊（2003）[⑦]、曾本祥等（2005）[⑧] 使用相邻年比较法计算 SARS 疫情、汶川地震等灾害造成的损失。吴军（2006）[⑨] 运用主成分分析法，对 2003 年 SARS 影响下的山东省 17 市的区域旅游竞争力进行探讨。

在突发事件影响后果变量的选择上，很多研究关注事件对经济的影响，是从经济损失、旅游收入、旅游人次等指标入手的，且随着研究的不

① Dimanche F，Lepetic A. New Orleans tourism and crime：A case study [J]. Journal of Travel Research，1999，38（1）：19.

② Faulkner B，Vikulov S. Katherine，washed out one day，back on track the next：A post-mortem of a tourism disaster [J]. Tourism Management，2001，22（4）：331-344.

③ Goodrich J N. September 11，2001 attack on America：A record of the immediate impacts and reactions in the USA travel and tourism industry [J]. Tourism Management，2002（23）：573-580.

④ Frisby E. Communicating in a crisis：The British Tourist Authority's response to the foot-and-mouth outbreak and 11th September，2001 [J]. Journal of Vocation Marketing，2002，9（1）：89-100.

⑤ Sausmarez C. Malaysia's Response on the Asian financial crisis：Implications for tourism and sectoral crisis management [J]. Journal of Travel & Tourism Marketing，2003，15（4）：217-231.

⑥ Mazzocchia M，Montini A. Earthquake effects on tourism in central Italy [J]. Annals of Tourism Research，2008，28（4）：1031-2046.

⑦ 魏小安，付磊. 旅游业受“非典”影响情况分析及对几个相关问题的解析 [J]. 旅游学刊，2003，18（4）：14-23.

⑧ 曾本祥，R. W.（Bill）Carter，T. De Lacy. 短期事件对旅游的影响：以中国 SARS 危机为例 [J]. 桂林旅游高等专科学校学报，2005（2）：30-39.

⑨ 吴军. 突发事件影响下的区域旅游竞争力——以山东省为例 [J]. 经济地理，2006，26（12）：38-43.

断深入，研究方法也日益丰富。孙根年等（2008[①]，2010[②]，2011[③]）、李锋（2010）[④]、王兆峰和刘红（2012）[⑤]、成观雄和喻晓玲（2015）[⑥] 等在文章中分析了相邻年比较法的不足，提出了基于本底趋势线的旅游危机评价理论，建立了入境旅游、国内旅游和旅游收入等本底趋势线，先后对1989年北京“六四事件”，1998年亚洲金融危机，2003年SARS疫情，2008年相继发生的南方雪灾、藏独事件、汶川地震、北京奥运会、全球金融危机和新疆“七五事件”等进行了分析。朱迎波等（2003）[⑦]、孙玉环（2006）[⑧] 分别使用ARIMA（Autoregressive Integrated Moving Average，差分自回归移动平均）、SARIMA（Seasonal Autoregressive Integrated Moving Averag，季节性差分自回归移动平均）模型研究了SARS对我国入境旅游人次的影响。Blake和Thea（2003）[⑨]、Meng等（2015）[⑩] 应用可计算的一般均衡（Computable General Equilibrium，CGE）模型对突发事件中政府采取的措施效果进行评估。田祥利和白凯（2013）通过构建入境旅游人数BP神经网络模型，利用西藏地区2005—2009年入境旅游统计数据，分析了2008年的“3·14藏独事件”对当地入境旅游市场的影响，并列举了政府

---

① 孙根年．论旅游危机的生命周期与后评价研究［J］．人文地理，2008，23（1）：7-12.

② 孙根年，舒镜镜，马丽君，王洁洁．五大危机事件对美国出入境旅游的影响——基于本底线模型的高分辨率分析［J］．地理科学进展，2010，29（8）：987-996.

③ 孙根年，周瑞娜，马丽君，王泰然．2008年五大事件对中国入境旅游的影响——基于本底趋势线模型高分辨率的分析［J］．地理科学，2011，31（12）：1437-1446.

④ 李锋．目的地旅游危机管理——机制、评估与控制［M］．北京：中国经济出版社，2010.

⑤ 王兆峰，刘红．突发事件对旅游产业发展的影响研究［J］．财经理论与实践，2012，33（175）：98-103.

⑥ 成观雄，喻晓玲．突发事件对边疆地区入境旅游的影响——以新疆“7·5”事件为例［J］．经济地理，2015，35（5）：204-208.

⑦ 朱迎波，葛全胜，魏小安，等．SARS对中国入境旅游人数影响的研究［J］．地理研究，2003，22（5）：551-559.

⑧ 孙玉环．基于SARIMA模型的SARS对中国入境旅游收入影响的定量分析［J］．旅游科学，2006，20（1）：18-21.

⑨ Blake A，Thea Sinclair M. Tourism crisis management：US response to september 11［J］. Annals of Tourism Research，2003，30（4）：813-832.

⑩ Meng X M，Anthony C，Bligh G. Long-run effect of the global financial crisis on Singapore's tourism and the economy［J］. Asian Economic Journal，2015，29（1）：41-60.

响应措施及其效果。① Ooi 等（2013）②、Purwomarwanto 和 Ramachandran（2015）③ 等使用回归方程分别分析了突发事件对马来西亚旅游需求市场的影响。Li 等（2016）应用计量分析模型剖析了非洲 55 个国家在 1990—2014 年各次洪涝灾害中的受灾损失及趋势。④

在评估测量经济损失的同时，一些学者开始关注事件对地区资源、形象甚至文化的改变。姜科等（2009）率先研究了非常规突发事件对目的地文化的冲击，并针对汶川地震的灾后重建提出对策。⑤ 李锋（2010）认为危机对旅游业的影响主要是对资源和交通的破坏，进而对当地旅游经济造成影响。⑥ 程励（2012）在探讨遗产旅游时提出，由于遗产地本身的社会关注度非常高，危机事件的发生会使其获得社会公众最大程度的关注，其产生的影响很可能会波及其非主要国内外市场。⑦ 张一文等（2012）表示，由于非常规突发事件具有难以建立预警机制以及应急预案难以制定的特点，政府对其进行治理也会格外困难，而如今多元化媒体在社会生活中的深度参与更会使偶然事件的社会影响力极度扩大。⑧

---

① 田祥利，白凯．旅游目的地突发事件对西藏入境旅游市场规模影响与政策响应［J］．旅游学刊，2013，28（3）：38-46.

② Ooi C A，Hooy C W，Som A W. Tourism crises and state level tourism demand in Malaysia［J］. International Journal of Business and Society，2013，14（3）：376-389.

③ Purwomarwanto Y L，Ramachandran J. Performance of tourism sector with regard to the global crisis—A comparative study between Indonesia，Malaysia and Singapore［J］. The Journal of Developing Areas，2015，49（4）：325-339.

④ Li C J，Chai Y Q，Yang Y S. Spatio-temporal distribution of flood disasters and analysis of influencing factors in Africa［J］. Nat Hazards，2016（82）：721-731.

⑤ 姜科，程励，李仕明，等．非常规突发事件对旅游城市的文化影响及其重建［J］．管理世界，2009（12）：7-10.

⑥ 李锋．目的地旅游危机管理——机制、评估与控制［M］．北京：中国经济出版社，2010：140-151.

⑦ 程励．非常规突发事件影响下遗产旅游研究的“后危机”聚焦［J］．旅游学刊，2012，27（6）：3-4.

⑧ 张一文，齐佳音，方滨兴，李欲晓．非常规突发事件及其社会影响分析——基于引致因素耦合协调度模型［J］．运筹与管理，2012，21（2）：202-211.

2.2.3　突发事件的影响路径和测量方式

近年来，除了研究突发事件作用大小之外，研究更集中于剖析突发事件的影响路径和作用机制等问题。从研究方法和测量角度来说，目前学者们的研究中涉及的方法和模型种类繁多，数据来源渠道也愈加多样化，大概可以分为以下三个类别：

（1）基于量表开发或基于问卷调查获取一手数据的结构化量化分析。

这种研究方法主要通过量表的设计与开发，并通过问卷的发放开展实际调查活动来获取大量的一手数据，对受众的心理感知以打分的形式进行量化，并结合多种统计分析方法和技术，如相关分析、回归分析、方差分析、结构方程模型等，用数字化的形式将变量间的关系表达出来。2015 年以来，突发事件与城市（地区）形象间关系的研究主要采用以问卷调查为主的定量分析法。主要原因在于研究的因变量多为游客对目的地的忠诚度、旅游意向、重游意向、推荐行为、风险感知、治安信心等，这一类变量并没有完整的数据库予以支持，需要开发设计相应的量表进行测量，研究中多采用调查问卷的方法来获取一手数据。研究中测量对象分为两种，一种是直接反映目的地形象的旅游者感受和意愿，另一种是通过利益相关者的行为选择和态度感受间接测量影响程度。部分研究所选择的变量和响应路径总结见表 2-3。

表 2-3　量表开发类型研究概况

文献作者（年份）	突发事件类型	自变量	中介变量	因变量	影响路径	备注
Breitsohl 和 Garrod（2016）	事故灾难	*A*1；*A*2*a*；*A*3*a*	*C*1；*C*2；*C*3	*B*1	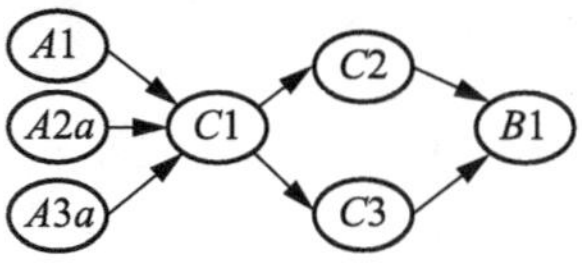	*A*3*a* 负相关 *C*1 *C*2 负相关 *B*1

续表

文献作者（年份）	突发事件类型	自变量	中介变量	因变量	影响路径	备注
Hajibaba 等（2016）	社会安全	*A*2*b*；*A*5；*A*6	*C*4；*C*5；*C*6；*C*7	*B*2；*B*3	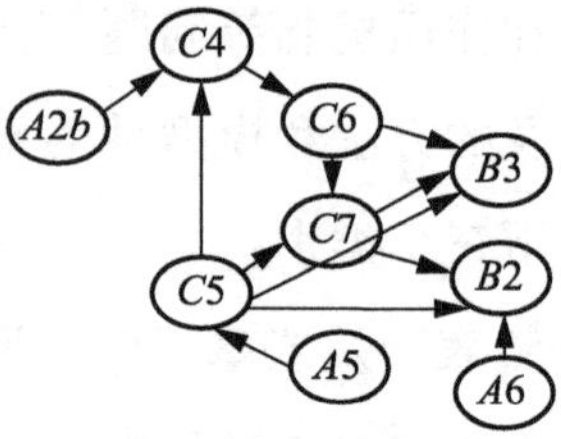	*C*5 负相关 *C*4
Ivanov 等（2016）	社会安全	*A*7*a*	无	*B*4		
Cahyanto 等（2016）	自然灾害	*A*7*b*；*A*8 *A*4*a*；*A*4*b*	无	*B*6	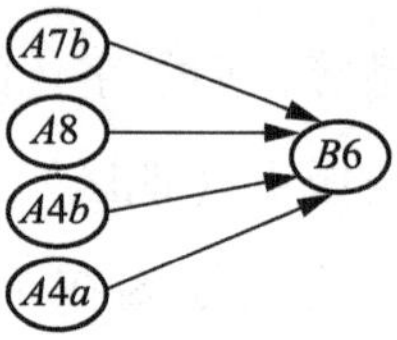	
Zhang 等（2016）①	社会安全	*A*3*b*；*A*4*c*	*C*9	*B*2	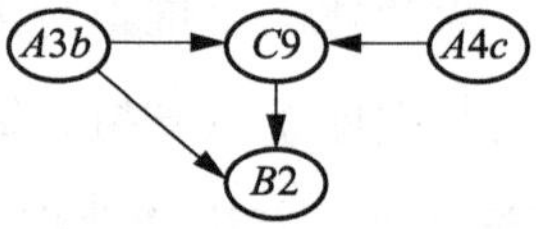	
Chen 等（2016）	社会安全	*A*3*c*	*C*10；*C*11；*C*12	*B*7	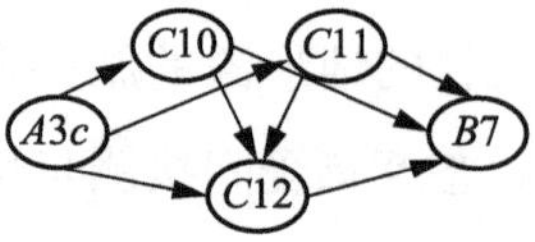	*A*3*c* 负相关 *C*10、*C*11、*C*12
Pappas 等（2017）	社会安全	*A*9；*A*10；*A*3*b*；*A*11；*A*12	无	*B*11	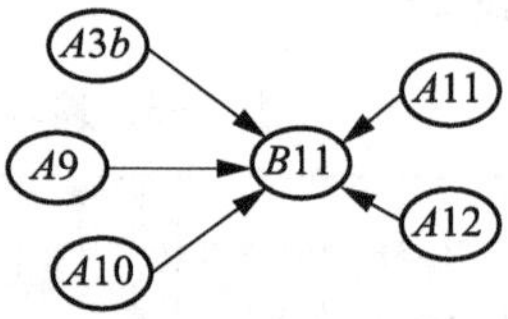	*A*9、*A*10、*A*12 负相关 *B*11

① Zhang H L, Yang Y, Zheng C, Zhang J. Too dark to revisit? The role of past experiences and intrapersonal constraints [J]. Tourism Management, 2016 (54): 452-464.

续表

文献作者（年份）	突发事件类型	自变量	中介变量	因变量	影响路径	备注
Yan 等（2016）	自然灾害	*A*13*a*；*A*13*b*；*A*13*c*；*A*14	无	*B*12*a*；*B*12*b*；*B*12*c*；*B*12*d*	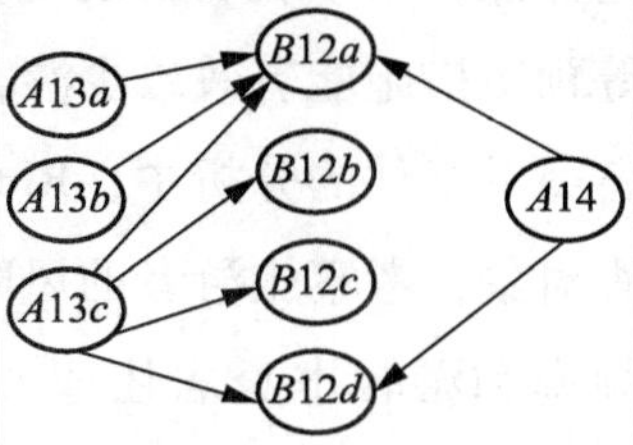	*A*13*b* 负相关 *B*12*a*
Okuyama（2018）	公共安全	*A*7	无	*B*7	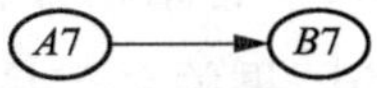	

注：自变量：A1：游客责任属性；A2a：事件感受严重程度；A2b：安全部队新闻；A3a：目的地形象；A3b：目的地感知；A3c：国际刻板印象；A4a：过去经验；A4b：过去认知经验（历史、教育、命令、服务）；A4c：过去情感经验（恐惧、悲伤、震撼、感谢、抑郁）；A5：政治方向；A6：财产所有；A7：突发事件风险；A7a：事件风险感知；A7b：风险感知；A8：连通性；A9：文化；A10：游客行为；A11：犯罪问题；A12：东道主大众；A13a：教育动机；A13b：闲暇动机；A13c：好奇动机；A14：情感反应。

因变量：B1：目的地忠诚度；B2：重游意向；B3：推荐行为；B4：服务水平评价；B6：飓风信息搜寻；B7：旅游意向；B11：行为决定；B12a：道德经历；B12b：教育经历；B12c：知识经历；B12d：个人经历。

中介变量：C1：负面口碑；C2：逃避；C3：敌对情绪；C4：安全部队口碑；C5：对非法移民的态度；C6：对安全部队的安全感知；C7：感知性安全；C9：内在阻碍；C10：目的地质量；C11：目的地独特性；C12：情感意象。

资料来源：根据相关文献整理。

研究中涉及的突发事件类型更多地集中在社会安全和自然灾害两个类别。社会安全类事件研究中，Ivanov 和 Idzhylova（2016）对克里米亚加入俄罗斯这一政治事件中旅馆和旅行社所受到的影响进行了调查，结果表明，在政治事件发生后，经营者对突发事件的响应不同，其所在行业所受影响也不同，但总体来说经营状况是恶化的。[①] Hajibaba 等（2016）采用联合设计，用问卷调查法以模拟情景的形式考察了在不同危机下，不同响应措施间的差异性，结果表明，改变住宿条件、信息更新、提供安全设备或安全人员等预防措施能有效减少游客取消出游的行为。[②]

自然灾害突发事件的分析中，Rittichainuwat 等（2018）以多个国家的旅游者为调查对象，考察旅游者的风险感知和旅游决策，结果发现目的地的自然灾害频率和游客本身居住地方的危险性与游客的风险感知高度相关。[③] Yan 等（2016）将结构方程模型应用于黑色旅游的研究中，探索了动机与体验之间的因果关系，并分析了情感反应对游客体验的影响。[④] 不同群体对同一突发事件的感知可能有所不同，例如，Cahyanto 等（2016）研究指出，游客的风险信念、飓风知识、曾经的飓风经历等因素，会显著影响游客的信息搜寻行为。[⑤] 自然灾害类突发事件对目的地形象的影响取决于个体自身的认知和经历，这与社会安全类、事故灾难类直接造成安全或风险感知的结果有所不同。

在自变量的选择上，多数研究选择了突发事件的严重程度或受众对突发事件的感知，因变量则较多地选择了受众的忠诚度、重游意愿等变量。在忠诚度的研究中，Breitsohl 和 Garrod（2016）研究发现，事件的严重性和责任归因会增强游客的敌对情绪，而目的地形象能减轻游客的负面情绪

---

① Ivanov S, Idzhylova K, Webster C. Impacts of the entry of the Autonomous Republic of Crimea into the Russian Federation on its tourism industry: An exploratory study [J]. Tourism Management, 2016 (54): 162-169.

② Hajibaba H, Boztug Y, Dolnicar S. Preventing tourists from canceling in times of crises [J]. Annals of Tourism Research, 2016 (60): 48-62.

③ Rittichainuwat B, Nelson R, Rahmafitria F. Applying the perceived probability of risk and bias toward optimism: Implications for travel decisions in the face of natural disasters [J]. Tourism Management, 2018 (66): 221-232.

④ Yan B J, Zhang J, Zhang H L, Lu S J, Guo Y R. Investigating the motivation experience relationship in a dark tourism space: A case study of the Beichuan earthquake relics, China [J]. Tourism Management, 2016 (53): 108-121.

⑤ Cahyanto I, Pennington G L, Thapa B, Srinivasan S, Villegas J, Matyas C, Kiousis S. Predicting information seeking regarding hurricane evacuation in the destination [J]. Tourism Management, 2016 (52): 264-275.

反应，并且游客的负面口碑和回避意图都会对目的地忠诚度产生负向影响。[①] 除了目的地忠诚度，重游意向和推荐行为也是突发事件发生后表征游客态度的两个测量变量。在重游意向的测量中，Zhang 等（2016）对游客体验、旅游制约因素及其对黑色旅游地的重游意向之间的关系进行了实证分析，结果显示，情感体验不仅对重游意愿有直接的显著正向影响，而且还能通过个体约束这一中介变量，对重游意向有间接显著正向作用，即在情感体验与重游意向的关系中，个体约束具有间接中介效应。[②] Chen 等（2016）考察了旅游与政治冲突的相关影响，研究结果显示，国际刻板印象对认知印象和情感印象有直接的影响，对旅游意向也有间接的影响，即使在政治冲突中已经达成和解，目的地形象依然会受到突发事件的负面影响。[③] Okuyama（2018）在设想日本京都暴发禽流感疫情的情境下，通过调查问卷了解受访者的旅行意愿，发现安全信息是恢复旅游意愿最有效的因素。[④]

突发事件的影响路径有简有繁，最简单的模型只探讨了两个变量间的相关关系，如 Stanislav Ivanov 等（2016）[⑤]、Okuyama（2018）分别研究了突发事件发生后受众心理风险感知对重游意愿以及服务水平评价的直接影响。Cahyanto 等（2016）[⑥]、Pappas 和 Papatheodorou（2017）[⑦] 的研究中考

① Breitsohl J, Garrod B. Assessing tourists' cognitive, emotional and behavioural reactions to an unethical destination incident [J]. Tourism Management, 2016 (54): 209-220.

② Zhang H L, Yang Y, Zheng C, Zhang J. Too dark to revisit? The role of past experiences and intrapersonal constraints [J]. Tourism Management, 2016 (54): 452-464.

③ Chen C C, Lai R, Petrick J F, Lin Y H. Tourism between divided nations: An examination of stereotyping on destination image [J]. Tourism Management, 2016 (55): 25-36.

④ Okuyama T. Analysis of optimal timing of tourism demand recovery policies from natural disaster using the contingent behavior method [J]. Tourism Management, 2018 (64): 37-54.

⑤ Ivanov S, Idzhylova K, Webster C. Impacts of the entry of the Autonomous Republic of Crimea into the Russian Federation on its tourism industry: An exploratory study [J]. Tourism Management, 2016 (54): 162-169.

⑥ Cahyanto I, Pennington G L, Thapa B, Srinivasan S, Villegas J, Matyas C, Kiousis S. Predicting information seeking regarding hurricane evacuation in the destination [J]. Tourism Management, 2016 (52): 264-275.

⑦ Pappas N, Papatheodorou A. Tourism and the refugee crisis in Greece: Perceptions and decision-making of accommodation providers [J]. Tourism Management, 2017 (63): 31-41.

虑的自变量的个数有所增加，将一元回归模型拓展为多元回归，探索的是变量间的直接作用。从表 2-3 中可以看出，突发事件的影响路径不是单一的，而是复杂且多方位的。在自变量对因变量直接作用的基础上，许多学者将研究的理论框架进行拓展，如构建了中介效应模型、多重中介效应模型、调节效应模型、有调节的中介效应模型或有中介的调节效应模型等，对传导路径中的中介变量、调节变量的作用进行测量和验证，突发事件的影响路径和传导机制也变得更为多维和复杂。

（2）基于经济数据库的定量分析法。

在利用二手数据分析突发事件影响的研究中，对社会安全、自然灾害、公共卫生事件和事故灾难四个类型的突发事件都有涉及，其中以社会安全事件最多。按研究所涉及的突发事件类型、事发地点、采用的数据来源、分析的时间段、研究基于的理论及所采用的分析方法，对部分研究成果进行整理，见表 2-4。

表 2-4　基于二手数据的计量分析研究概况

文献作者（年份）	事件类型	地点	数据来源	数据时间段	所用理论	所用方法
Albaladejo 等（2016）	社会安全	西班牙	INE 数据库	2000—2013 年	旅游区域生命周期理论	旅游需求的动态经济计量模型
Francisco 等（2016）	社会安全—经济事件	西班牙	失业率数据	2007—2012 年	经济理论	函数模型、面板数据
Francisco 等（2017）	社会安全—经济事件	西班牙	西班牙数据库	1957—2015 年	旅游经济增长假说	单位根检验、协整分析
Voltes-Dorta 等（2017）	事故灾难	西班牙马略卡岛	OAG 乘客人数数据	2014 年 8 月	前人研究机场系统恢复理论	模拟实验、乘客改签算法
Cró 和 Martins（2017）	多种突发事件	多个国家	世界银行	1995—2014 年	Bai 和 Perron（1998）的理论	结构断裂实验
Tariq 等（2018）	公共卫生事件	文莱	文莱旅游发展部	2005—2010 年	无	ARIMA 模型、ITSA

续表

文献作者（年份）	事件类型	地点	数据来源	数据时间段	所用理论	所用方法
Liu 和 Pratt（2017）	社会安全事件	多个国家	UNWTO、世界银行、GTD	1995—2012 年	GTI	ARDL 模型
Carles（2017）	社会安全事件	北地中海国家	旅馆价格	2015 年	经济理论	价格变化、价格指数
Craig 和 Feng（2018）	自然灾害	美国	PRISM 数据库	1990—2015 年	解释水平理论	时间序列分析
Ponjan 和 Thirawat（2016）	自然灾害	泰国	泰国旅游局	无	无	时间序列分析
Tolkach（2018）	社会安全事件	中国香港	HKTB 数据库	2013—2014 年	无	经济数据、图表

注：表中缩写的含义为 INE（Institute for New Energy Database，新能源研究院）；UNWTO（World Tourism Organization，联合国世界旅游组织）；GTD（The Global Terrorism Database，全球恐怖主义数据库）；GTI（The Global Terrorism Index，全球恐怖主义指数）；HKTB（Hong Kong Tourism Board，香港旅游发展局）；ARIMA（Autoregressive Integrated Moving Average，差分自回归移动平均）；ARDL 模型（Autoregressive Distributed Lagged Model，自回归分布滞后模型）；ITSA（Interrupted Time Series Analysis，时间序列干预分析）。

社会安全事件中经济事件的影响是学者关注的重点（Tolkach，2018）。[①] Albaladejo 等（2016）根据旅游地生命周期理论，提出了一个旅游需求的动态计量模型，用 2000—2013 年间西班牙地区的面板数据对模型进行了测试，从国内和国际两个角度，验证了旅游拥挤事件会影响到西班牙旅游规模，国内外旅游人数会呈下降趋势。[②] 测量经济危机的影响方面，Francisco 等（2016）从城市和区域的角度分析了经济危机的影响，利用西班牙 138 个旅游目的地在 2007—2008 年全球金融危机中的失业率数据，以失业率作为因变量构建回归方程进行研究，结果表明，在危机期间失业率

① Tolkach D. A view of Occupy Central impacts on Hong Kong tourism from the other side of the Great Firewall：A rejoinder to Luo & Zhai ［J］. Tourism Management，2018（67）：307-311.

② Albaladejo I P，González-Martínez M I，Martínez-García M P. Nonconstant reputation effect in a dynamic tourism demand model for Spain ［J］. Tourism Management，2016（53）：132-139.

呈显著上升的态势。① 随后，Francisco 等（2017）针对西班牙的旅游业和经济增长之间的关系，在全球金融危机和经济危机的背景下，重新审视了旅游发展促进经济增长假说（Tourism-Led Growth Hypothesis，TLGH）的稳健性。②

在突发事件影响的研究中，很多学者是基于恐怖袭击或恐怖主义背景分析的。恐怖袭击事件类型的突发事件显然具有很高的危险性，出行时个人安全是游客最关心的问题，研究中多用安全感或风险感知作为游客对目标城市的感知和评价。也有部分学者探索的是恐怖主义对城市旅游业的影响，Liu 和 Pratt（2017）使用国际旅游需求模型量化了 95 个不同国家和地区的恐怖主义与旅游业之间的关系，结果发现，恐怖主义对国际旅游需求的长期影响并不存在，短期影响也十分有限，95 个国家中只有 9 个国家显示恐怖主义对旅游业有长期影响，对 25 个国家具有短期影响，这意味着旅游业具有抵抗恐怖主义的能力。③

部分学者将研究的视角集中于自然灾害或事故灾难。Craig 和 Feng（2018）研究了美国 6 个独特气候区中的 13 个户外景点，分析在 1990—2015 年间这些景点的气温变化情况，探索天气对 13 个户外旅游点销售情况的影响。该研究首次利用解释水平理论，探讨了气候变化、极端事件与商业收入之间的关系。④ Ponjan 和 Thirawat（2016）研究了 2011 年泰国洪灾对国家旅游业和经济造成的负面影响，并分析不同旅游减税政策对负面影响的缓解作用。在特定行业内实行有针对性的税收政策，是短期内应对

① Francisco J P-R, Belén A R-R, Sevilla-Jiménez M, Moreno-Izquierdo L. Unemployment effects of economic crises on hotel and residential tourism destinations: The case of Spain [J]. Tourism Management, 2016 (54): 356-368.

② Francisco J P-R, Belén A R-R, Rubia A, Moreno-Izquierdo L. Is the tourism-led growth hypothesis valid after the global economic and financial crisis? The case of Spain 1957-2014 [J]. Tourism Management, 2017 (61): 96-109.

③ Liu A, Pratt S. Tourism's vulnerability and resilience to terrorism [J]. Tourism Management, 2017 (60): 404-417.

④ Craig C A, Feng S. A temporal and spatial analysis of climate change, weather events, and tourism businesses [J]. Tourism Management, 2018 (67): 351-361.

洪灾的有效政策；对入境旅游业实施减税政策，能有效改善贸易条件，并刺激泰国的国内生产总值。[①] Voltes-Dorta 等（2017）利用 2014 年 8 月旅客行程的 MIDT 数据集，以西班牙马略卡岛的“Palma de Mallorca”机场（马洛卡帕尔马机场）为例，模拟了多个机场关闭场景，分析了机场意外关闭事故给乘客带来的影响，并剖析机场重新安置旅客离境的能力，提出了多种措施以减轻对乘客对航空公司忠诚度和目的地感知的负面影响。[②]

突发事件除了会对事发地产生影响外，也可能会波及其他城市或地区，因此除了对本地突发事件的研究，突发事件的国际影响如何也是大家所关注的。自 2015 年以来，地中海地区发生了一系列突发事件，导致埃及和突尼斯等主要旅游市场崩溃，Carles（2017）以旅馆价格作为分析对象，研究了这些旅游市场崩溃后，旅游需求向北地中海国家转移的现象，结果表明，这种由于突发事件引发的转移需求并不具有广泛性，且具有很强的不确定性，除巴利阿里群岛等目的地受益外，其他目的地受此影响较小。[③] Cró 和 Martins（2017）用 Bai 和 Perron 在 1998 年提出的结构断裂实验，基于世界银行的数据对 25 个国家和马德拉岛的国际游客数据进行了结构突变和时间估计，将突发事件发生的时间与游客数据结构性中断的时间进行比较，结果表明，这种方法用来确定突发事件发生时间与旅游数据波动时间的关系是可行且可靠的。[④] 还有的学者将国际突发事件和国内突发事件综合在一起，考虑多种突发事件产生的共同影响。Tariq 等（2018）利用文莱旅游发展部的数据对文莱旅游所受影响进行研究，运用自回归积分滑动平均和干预时间序列分析方法，分析了 2008 年全球金融危机对文莱旅游业

① Ponjan P, Thirawat N. Impacts of Thailand's tourism tax cut: A CGE analysis [J]. Annals of Tourism Research, 2016 (61): 45-62.

② Voltes-Dorta A, Rodríguez-Déniz H, Suau-Sanchez P. Passenger recovery after an airport closure at tourist destinations: A case study of Palma de Mallorca airport [J]. Tourism Management, 2017 (59): 449-466.

③ Carles J C-C. Turbulence in Mediterranean tourism [J]. Tourism Management Perspectives, 2017 (22): 27-33.

④ Cró S, Martins A M. Structural breaks in international tourism demand: Are they caused by crises or disasters? [J]. Tourism Management, 2017 (63): 3-9.

的持续影响和猪流感对文莱旅游业的影响，结果表明，受猪流感和全球金融危机的双重影响，文莱旅游人数明显减少，其受到的负面影响是巨大的。①

从表 2-4 中可以看出，在这个主题上学者们也取得了丰硕的研究成果。研究的数据来源十分广泛，多选用联合国或各个国家或地区的官方统计数据；研究对象既有单个地区或单个国家，也有多个国家和地区；涉及的事件类型多样，既考虑事件的单一影响，也考虑多种事件的综合效应；研究所涉及的时间区间长短不一，既有长期的影响分析，也有短期的波动研究；研究方法多元化，既有计量经济模型，也有动态仿真模拟。

（3）定性、定量相结合的非结构化测量。

除了以问卷量表收集一手数据或通过数据库获取二手数据作为数据的来源外，在定量分析的基础上，近年来许多研究通过观察法、访谈法并应用大数据分析、词频统计、语义分析等技术对突发事件的影响从定量和定性相结合的角度进行研究，部分研究总结概括见表 2-5。

表 2-5　定性定量相结合非结构化测量研究概况

文献作者（年份）	事件类型	地区	方法
Gurtner（2016）	社会安全	巴厘岛	纵向案例研究法
Jiang 和 Ritchie（2016）	自然灾害	澳大利亚	深度访谈法
Novelli 等（2018）	公共卫生事件	冈比亚	深度访谈、实地观察
Podoshen 等（2018）	社会安全	东欧和中欧	深度访谈、内容分析
Luo 和 Zhai（2017）	社会安全	中国香港	主题聚类、词频分析、语义分析

Gurtner（2016）利用纵向案例研究法，对巴厘岛的两次恐怖袭击事件后的恢复进行了分析研究，探讨了主要利益相关者在危机管理和旅游业恢复中的能动作用，虽然巴厘岛的旅游业成功地恢复了，但目的地仍是脆弱

① Tariq H Haque，M Ohidul Haque. The swine flu and its impacts on tourism in Brunei ［J］. Journal of Hospitality and Tourism Managemen，2018（38）：92-101.

的、容易受到威胁的。① Jiang 和 Ritchie（2017）采用深度访谈法分析了澳大利亚昆士兰州的气旋所造成的影响，研究认为各利益相关者之间合作的经验能够影响灾难后合作的发展，连贯的沟通和信任是有效合作的两个关键要素。② Novelli 等（2018）研究分析了埃博拉病毒流行病（EVDE）对冈比亚的影响，研究方法包括与利益相关者的访谈、实地观察以及 21 个月内参与危机管理工作者的持续跟进，研究证明了 EVDE 具有毁灭性的后果，并揭示了消费者认识突发事件、采取防备措施的重要性。③ 随着黑暗旅游及其影响越来越突出，Podoshen 等（2018）利用深度访谈法获取数据并开展内容分析，考察了游客对东欧和中欧历史大屠杀遗址的关注程度，分析游览过程中产生的对隐藏在黑暗旅游中的社会心理活动的新见解，探索了黑暗旅游的本质，认为其中存在着一种接近死亡的幸福感。④

同一个突发事件，由于选用的数据不同，采用的研究方法不同，得出突发事件造成的影响也截然不同。Luo 和 Zhai（2017）以微博数据为基础，利用话题聚类和词频分析，研究了中国香港“占中”事件造成的二次危机传播过程，探讨了政治事件如何转化为旅游抵制的过程，得出二次危机传播可能会潜在威胁旅游目的地的结论。⑤ 同样是中国香港的“占中”事件，Tolkach（2018）针对 Luo 和 Zhai 的文章进行了反驳。作者选取了 HKTB（Hong Kong Tourism Board，香港旅游发展局）数据库，对“占中”期间的香港游客数量等指标进行分析，结果显示，游客数量并没有显著变化，因此并没有明显证据显示“占中”事件对香港旅游业有负面影响，并认为对

---

① Gurtner Y. Returning to paradise: Investigating issues of tourism crisis and disaster recovery on the island of Bali [J]. Journal of Hospitality and Tourism Management, 2016 (28): 11-19.

② Jiang Y, Ritchie B W. Disaster collaboration in tourism: Motives, impediments and success factors [J]. Journal of Hospitality and Tourism Management, 2017 (31): 70-82.

③ Novelli M, Burgess L G, Jones A, Ritchie B W. “No Ebola…still doomed” —The Ebola-induced tourism crisis [J]. Annals of Tourism Research, 2018 (70): 76-87.

④ Podoshen J S, Yan G, Andrzejewski S A, Wallin J, Venkatesh V. Dark tourism, abjection and blood: A festival context [J]. Tourism Management, 2018 (64): 346-356.

⑤ Luo Q, Zhai X. “I will never go to Hong Kong again!” How the secondary crisis communication of “Occupy Central” on Weibo shifted to a tourism boycott [J]. Tourism Management, 2017 (62): 159-172.

从社交媒体获得的信息，研究人员应对其质量持批判怀疑的态度。①

由于突发事件的复杂性，在对其影响的研究中，有必要采用多种方法，多维度、多视角地去衡量，研究结果才更可靠。

2.2.4 小结

突发事件对城市的影响的测量研究中，方法上多选用以问卷调查法为主的定量分析方法，测量的视角多从事后出发，即测量突发事件发生后，城市形象在受众心中的变化。测量对象以旅游意向、重游意向、推荐行为等为主。在计量分析中，突发事件多选择社会安全类事件，尤其是分析重大经济事件对城市影响的研究居多，研究中多采用相关的统计经济指标去衡量影响的程度和作用的大小。定性分析则多用于黑色旅游、突发事件中利益相关者的行为研究。突发事件的种类不同，对目的地形象影响的广度和深度不同。例如，自然灾害类突发事件在短期内影响较为显著，但长期来看并未有明显影响；但经济类突发事件的负面影响周期则较长，往往会持续一段较长的时间。虽然采用分析方法不同，突发事件选择类型不同，分析的指标各有差异，但目前研究中对突发事件给城市带来的负面作用和影响已经达成共识。目前，主要关注突发事件对城市经济指标、旅游业的宏观影响，或对个人（游客）出游意愿、忠诚度等的作用，对突发事件与城市形象间的关系分析较少，其作用路径和影响机制还需进一步讨论。

2.3 研究述评

回顾文献可以发现，城市形象的塑造及其影响因素一直是研究的重点，突发事件对城市的影响也备受关注。突发事件会对城市形象有所损害得到广泛认可，相关研究成果丰硕，但尚有一些问题值得深入探讨，具体体现在以下方面：

① Tolkach D. A view of Occupy Central impacts on Hong Kong tourism from the other side of the Great Firewall: A rejoinder to Luo & Zhai [J]. Tourism Management, 2018 (67): 307-311.

首先，目前国外在城市形象相关问题的研究上多注重定性与定量相结合的研究方法，已形成系统的定量评价方法。在我国现有的研究中，对于城市形象的影响因素、测量、评价等研究主要集中于质性研究方面，定量的研究工作正处于发展阶段，如何对城市形象进行合理、有效的量化，是需要考虑和研究的问题，也是现阶段研究中急需解决的核心问题之一。同时，目前国内对城市形象的研究大都侧重于对城市形象的内涵、特征、价值的定义，主观描述、解释、论证分析过多，城市形象测量的实证研究成果有限。目前的实证文章中，城市形象测量的重点仅局限于从旅游六要素的角度进行评价测量，显然这是不全面的。本研究试图在已有的理论背景下，对城市形象的构成要素和影响因素进行分析，并建立一个城市形象构成要素指标体系和框架。

其次，突发事件对城市形象的作用路径方面，突发事件的发生固然会影响到城市形象，但更应探讨突发事件的发生是“如何”影响城市形象的，是直接影响还是间接影响，即影响路径如何。此外，虽有很多学者认为风险感知是很重要的心理因素，但在研究中多采用经济类指标，与受众风险感知无关。本研究认为在突发事件对城市形象的影响路径中，风险感知是一个值得考虑的中介变量。突发事件是否会引起公众心理风险感知，进而改变公众对城市形象的感知和评价是值得进一步分析和探讨的。因此，本研究将在突发事件的情景中，探究突发事件对城市形象的影响机制及作用路径，探讨风险感知在影响路径中是否具有中介作用及具有什么样的中介作用等核心问题。

最后，响应策略在影响路径中的作用大小，以及突发事件对城市形象的影响程度方面，突发事件对城市形象有显著的损害和负影响是不争的事实，但两者间绝非简单的负相关关系，其影响程度、作用大小还与突发事件发生时，责任当局采取的响应措施和修复策略密切相关，目前的研究中，鲜有对此方面的研究和探讨。因此本研究将在突发事件对城市形象影响的路径中融入响应措施和修复策略等变量，用以比较和分析不同策略下，突发事件对城市形象的影响是否有差异等问题，并在突发事件情境下，探索城市形象的修复策略，为扭转城市负面形象提供参考和借鉴。

综上，本研究在突发事件背景下，以城市形象为研究对象，分析城市形象的构成要素及影响因素，构建城市形象构成要素体系和框架，探究突发事件对城市形象的影响大小及作用机制，探讨风险感知在影响路径中的中介作用，考虑响应策略的调节作用，即提出一个有调节作用的中介模型，研究城市形象修复策略。研究目的主要有：①通过实证研究，测评城市形象，挖掘其最主要的影响因素，得出的结论将对城市形象的塑造、城市形象的提升以及城市的发展具有一定的借鉴作用。②探讨受众心理风险感知是否在突发事件与城市形象之间起中介作用；检验在不同的响应策略下，突发事件对城市形象的影响是否会有所差异，即响应策略的调节作用是否存在。③在突发事件情境下，探索城市形象的修复策略，为突发事件背景下缓解突发事件的负面影响、提升城市形象提供科学的依据和支撑。

第3章
城市形象的构成要素及测评体系

随着城市化进程的加快和深入，城市与城市间的竞争日益激烈，每个城市都积极投身于自身品牌的建设，努力探寻独具特色的战略定位和发展方向。从内地的“好客山东”到“黄河名城——宁夏”，从“国际会议之都——日内瓦”到“水上城市——威尼斯”，独树一帜的城市形象成为吸引“人、财、资”的关键所在，也成为城市旅游产业、服务产业乃至整个城市的社会经济实现可持续发展的加速器和催化剂。如何测量、评价城市形象，如何实现城市形象的塑造与提升、增强城市竞争力，是目前需关注的热点问题。

本章试图在已有的理论背景下，对城市形象的构成要素和影响因素进行分析，建立一个城市形象评价指标体系和框架，通过实证研究，测评城市形象，挖掘其最主要的影响因素，得出的结论将对城市形象的塑造、提升以及城市的发展具有一定的借鉴作用。

3.1 城市形象的概念与特点

3.1.1 城市形象的概念

城市形象是受众在与城市接触过程中，通过对城市产品和服务的消费，在各个与城市相关的触点下对城市整体的具体感知和综合评价，以及由此所产生的与城市相关的联想。城市形象是以受众为主体、以受众需求为导向的一系列认知过程的最终结果，是受众对城市的综合、具体评价，也是城市旅游现状和城市整体实力的综合体现，其好坏直接影响到该城市对客源市场的吸引力及旅游业的发展，也关系到本地居民的居住满意程度。因此，培育独特而美好的城市形象不仅有利于提升城市的知名度、美誉度，保证服务业健康、持续发展，同时对繁荣城市经济、增强城市实力、优化城市功能也具有重要的促进作用。

3.1.2 城市形象的特点

城市形象以客观城市为对象，以城市利益相关者的主动参与为途径，以利益相关者的主观感知为结果，呈现综合性、差异性、主观性、相对稳定性和动态变化性五个方面的特点。[①] 具体体现如下：

（1）综合性。城市形象包含了利益相关者在与城市的每个触点上所产生的心理感知，对城市每个领域、每个要素的“所听、所见”引发其“所想”，因此城市形象是城市外形和内涵在利益相关者头脑中形成的感觉和记忆。城市的每一个组成部分都反映城市面貌，都能代表城市形象，反映了城市的总体特征和风格，既包括城市道路、建筑、基本设施、城市绿化等硬件系统的城市景观风貌，也包括市民素质、城市文化等软件系统。因此，城市形象是受众综合每个子形象后形成的综合、全面的认知和评价，具有综合性和整体性。

（2）差异性。城市形象的差异性体现在两个方面：一方面，认知主体间的差异性。由于利益相关者自身的区别性，如个人偏好、与城市接触面的宽窄、对城市的熟悉度等，对同一个城市所形成的城市形象大相径庭。另一方面，不同城市间的差异性。每个城市都有着自身的发展历史，有着自身的自然、人文环境，自然条件、资源禀赋等千差万别，经济实力、发展战略等也各不相同，这些不一致性造成受众心中对每个城市形象的感知不同，同时正是这些差异性，成为城市在受众心智中“与众不同”的关键所在。

（3）主观性。城市形象的塑造和打造可以通过城市建设等具体生动的客观形态来展示，也可以通过文字、音乐、视频、符号等来进行广告宣

---

① 刘仁．城市品牌视觉形象设计研究［M］．广州：广东世界图书出版公司，2018.

传，但最终城市形象的形成是受众在对各种信息的接收过程中，融入自身的真实感受和体现，最终形成的对目标城市的记忆和印象，具有较强的主观性。

（4）相对稳定性。城市形象一旦形成，在利益相关者心里的感知和评价便具有一定的稳定性。一方面，城市的道路、景观、建筑物等硬件基础设施在短时间内不会发生很大的变化，硬件基础设施是构成城市视觉形象的基础，受众对城市形象的首要印象很大程度上依赖于一个城市的物质基础；另一方面，要使受众对城市形象的感知和评价发生改变，往往要经历一个重新接收信息、重新吸纳信息、重新感知信息的复杂过程，在没有重大信息更新的前提下，消费者的审美观、好恶度是相似且稳定的，因此其对城市形象的评价也具有一定的稳定性。

（5）动态变化性。城市形象的相对稳定性，并不代表城市形象一经形成就固定不变，随着时间的推移，城市形象也具有动态变化的特性。城市是一个开放的系统，受众对城市的认识可能来自城市的街道、市容市貌、城市的宣传口号等，在与城市进行不断的接触和交流过程中，当受众接收的信息积累到一定的程度，就会从量变到质变，改变受众心中原有的认识和感知，对城市产生新的判断和评价，新的城市形象也就据此形成了。

3.1.3　城市识别与城市形象的关系

在实践中，城市形象与城市识别是一对经常容易被混淆、被误用的概念，实质上二者是一对有着紧密联系但又有所区别的概念。[①] 城市识别是城市管理者设计和规划的城市的核心价值和响应的联想物，目的是让受众产生正面、积极的联想。如前所述，城市形象和受众对城市的整体印象，是受众通过各个渠道所接收到的城市信息所形成的城市感知和评价，所以城市形象可能是正面的，也可能是负面的。因此，城市识别和城市形象是两个不同的概念，二者之间的区别见表 3-1。

---

① 庄德林，陈信康．基于顾客视角的城市形象细分［J］．城市问题，2009（10）：11-16.

表 3-1 城市形象与城市识别的区别

区别	城市识别	城市形象
信息	发送者	接收者
相关者	城市管理者	城市受众
特点	主动的、面向未来的、前瞻性的	被动的、依赖于过去经验的、回顾性的
层次	战略的	战术的
时间	先产生	后出现

第一，与城市识别不同，城市形象是受众对城市的整体印象，是受众根据自身的体验，综合各种渠道的信息所形成的关于城市的综合联想。所以，城市形象是针对受众，也就是接收者而言的，是一个接收性的概念。而城市识别是针对城市的传播者，也就是发送者而言的，发送者通过城市口号、城市宣传片利用各种媒体向受众传达城市的定位，即城市识别是站在城市管理者的立场所做出的设想和规划，设定城市该如何被认知、被感受所进行的主动策略和安排，目的是让城市利益相关者对城市产生丰富、独特、正面、美好的联想，从而形成良好的关系。

第二，城市形象是战术的，城市识别是战略的。城市识别往往是积极的、主动的，具有主导性和前瞻性的，是面向未来的，反映了城市管理者为城市设定的联想，是城市发展的战略性行为，可以通过城市口号、城市 Logo 等体现。而城市形象是被动、依赖于过去经验的，是过去所有与受众相关的城市信息在受众大脑里留下的记忆。如果说城市识别是“希望受众认为城市是什么样的”，那么城市形象就是“受众实际感觉到城市是什么样的”。因此城市形象的塑造和感知之间可能会有出入，因为“希望受众感知的”和“受众事实上感知的”之间总会有误差，城市管理者需要尽力去缩小两者之间的差距，让受众感知到的就是希望受众感知到的。

第三，从管理的角度来说，城市识别是先于城市形象的。Adamus 等（2019）在城市形象形成过程的论述中，清晰地展现了城市识别和城市形象的先后逻辑关系，如图 3-1 所示。① 城市识别是城市形象建设的起点，受多个因素的共同影响，如城市位置、城市历史、城市规模、城市外观、城市建筑、居民心理、城市与其他城市之间的交流等。城市识别完成后通过城市建筑、城市口号、城市标志等传递给接收者，接收者根据自己的理解以及个人的经验等，形成城市认识和评价。

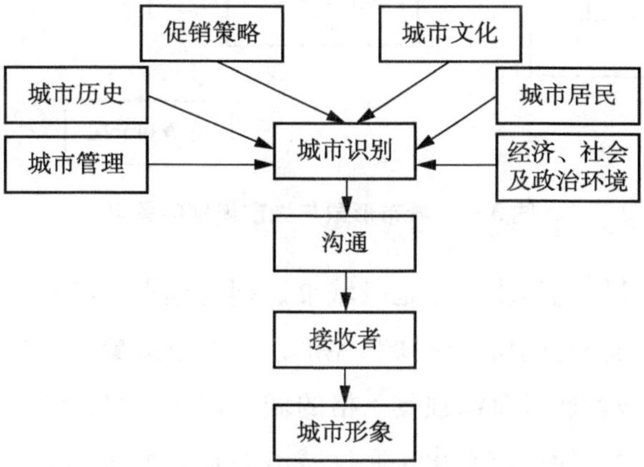

图 3-1 城市形象建设过程

资料来源：Adamus-Matuszyńska A，Michnik J，Polok G. A systemic approach to city image building. The case of Katowice city ［J］. Sustainability，MDPI，Open Access Journal，2019，11（16）：1-20.

两个概念虽然有区别，但二者却紧密联系。城市识别代表着城市独特的定位，是城市形象塑造的基础和载体，是城市形象形成的来源和依据；而城市形象是受众对城市识别的具体感知，是城市识别在目标受众心智中形成的具体镜像，在某种程度上城市形象是执行城市识别的结果，是城市识别的成果体现。参照《新战略品牌管理》（Kapferer，2012）一书中对品牌识别与品牌形象关系的阐述，② 我们也能清晰地得到城市形象和城市识别间的关系，如图 3-2 所示。

① Adamus-Matuszyńska A，Michnik J，Polok G. A systemic approach to city image building. The case of Katowice city ［J］. Sustainability，MDPI，Open Access Journal，2019，11（16）：1-20.

② Kapferer J N. The new strategic brand management：Advanced insights and strategic thinking（5th ed）［M］. London：Kogan Page，2012.

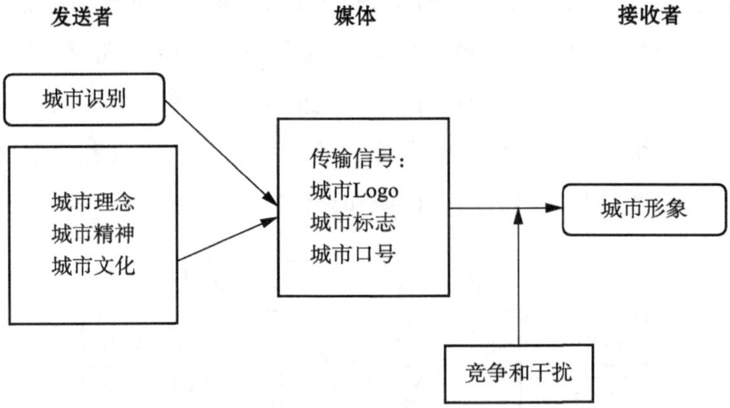

图 3-2　城市形象与城市识别的关系

城市形象具体的形成过程是以城市识别为起点，经过信息传播，信息接收者所形成的特有的城市感知和评价，以城市形象的形成为终点。具体而言，城市管理者通过凝练独具一格的城市理念，打造独具特色的城市精神，提炼标新立异的城市文化，通过城市 Logo、城市标志、城市口号、城市代言人等渠道，将城市的相关信息传递给广大受众，以期让其产生正面积极的城市形象。

由上可知，城市识别是城市形象形成的基础和保障，城市形象是城市识别的成果。但实际中城市管理者想让受众感知的和受众的实际感知与评价往往是不一样的，传出的信息与收到的信息是存在差异的。原因在于虽然城市识别是城市形象形成的最主要信息来源，但其在传输过程中，会受许多噪声的干扰，导致信息在传输过程中出现偏差。一方面，噪声来自其他城市的竞争和干扰。例如有些城市对自己没有清晰的认识和定位，在城市宣传过程中往往会学习或模仿其他城市，如“浪漫之都——中国珠海”“浪漫之都——中国大连”，高度雷同的城市口号难以体现城市的特色，让受众形成千篇一律的城市形象。另一方面，噪声来自受众的心理预期或原来对城市的认知和体验，当城市识别传递的信息与受众心理的期望和原有认知高度不吻合时，受众会将正面的城市识别解读为冲突的信息，形成负面的城市形象，例如“两个胖胖欢迎您——合肥”“一座叫春的城市——

宜春”成为广大网友的笑谈。因此，城市管理者进行城市形象塑造的最重要的目的之一就是要通过各种途径和渠道，向受众准确传达城市的定位，努力避免噪声的干扰，减少信息传递的误差，最终在受众心目中形成正面、积极、良好的城市形象。

3.2　基于受众感知的城市形象构成要素分析

虽然城市形象构成要素很多，但是哪些要素直接决定城市在利益相关者心中的形象认知，从国内外学者的相关研究来看，目前还未得到系统的归纳与实证研究。由城市形象的定义可知，形象存在于城市利益相关者的心智之中，带有很浓烈的主观色彩，其影响因素众多，因此有必要从受众的角度出发，分析受众对目标城市形象的认知态度，并从中挖掘出影响认知和态度的重要因素，为提升城市形象提供相应的理论依据和决策支持。

由于城市形象具有综合性的特点，影响城市形象的因素是多方面的，它涵盖物质文明、精神文明、政治文明和生态文明四个领域，包括政治、经济、文化、生态以及市容市貌、市民素质、社会秩序、历史文化等诸多方面。为了更清楚、明晰地展现城市形象，挖掘出影响城市形象的关键要素，本节先对城市形象的影响因素展开分析，为城市形象构成要素体系的建立奠定基础。

3.2.1　要素量表的开发与设计

城市形象是城市相关利益群体，如居住者、旅游者、投资者、求职者和求学者对城市的自然条件、基础设施、社会环境、经济文化等方面进行感知、感受后所形成的综合认知和评价。这一综合评价会受到各种各样因素的影响，积极的因素对综合感知有着积极正向的推动作用；反之，消极因素会对城市品牌综合感知有着消极负向的阻碍作用。明确城市形象的构成要素，探索各要素对城市形象的作用大小及方向，将有利于城市形象的开发和建设。本书立足于城市综合竞争力视角，意在考察突发事件对城市长久（即综合竞争力）的影响和保护，所以要兼顾受众的多重社会属性。为了更全面地考量城市形象的测评维度和指标，本研究的量表构建大致分为以下几个步骤：①对近年来国内外城市形象测评的相关文献进行整理，找出尽可能多的测量题项及文献；②对专家及受众进行访谈；③初步设计相关的要素题项；④通过问卷设计及试调查，删除不合适的题目；⑤形成正式问卷，并通过问卷的发放和数据的整理，利用统计分析技术来分析城市形象的构成要素。

第一，文献梳理。以 Web of Science、EBSCO、SAGE 等数据库为数据源，检索题目、摘要、关键词、主题词包含“City Image”“Urban Image”及“Destination Image”的文献，获得相关英文文献；另外，采用与英文检索相对应的关键词“城市形象”“目的地形象”等，以 CNKI、万方、维普网数据库为数据源进行检索，获取关于城市形象的相关文献。本研究对 2010 年后的相关文献从研究的目标城市、所采用的研究方法、研究中城市形象的测量维度等方面做了简单的梳理，具体见表 3-2。

表 3-2　城市形象文献梳理

文献作者（年份）	研究对象（城市）	研究方法	城市形象测量维度
Dumbrăveanua（2010）	布加勒斯特	定性访谈	地标性建筑、基础设施、住宅
Kim（2010）	仁川	案例研究	绿化面积、非机动车道、环保交通设施、能源系统、低碳住宅、循环利用情况
陶玉国（2010）	徐州	定量研究	居民素质、旅游资源认知、旅游服务认知、城市特征、居民竞争力、城市竞争力
Hazime（2011）	阿布扎比	案例研究	大型体育设施、博物馆、海滩、酒店、交通、体育活动、展览、行业会议
Kalandides（2011）	波哥大	定量与定性相结合	环境、音乐
Karvelyte 和 Chiu（2011）	台北	定性访谈、内容分析	当地活动、标志性建筑、食物

续表

文献作者（年份）	研究对象（城市）	研究方法	城市形象测量维度
Wang 等（2012）	上海	定性与定量相结合	经济、人口、基础设施、艺术自由、历史遗迹、当地文化、公共设施、生活水平、政府治理、经济增长、民俗娱乐
Hunter（2012）	首尔	定性	购物中心、纪念碑、节庆、文化活动、汉江
Johansson（2012）	塔皮奥拉	定性	自然公园、工作环境、住宅面积、现代建筑
Khirfan 和 Momani（2013）	安曼	定量与定性相结合	展览馆、会议中心、公园、自然博物馆、艺术画廊、街头艺人、道路基础设施、历史、人文景观、市集、居民
Zenker 和 Eggers（2013）	柏林、汉堡	网络分析	性价比
Zenke 和 Petersen（2013）	—	定量	现代化、多样化、自然和消遣、工作机会、生活成本
Herstein（2014）	特拉维夫	定量与定性相结合	生活设施、人力资本、城市资本（如地理优势、历史等）、休闲、文化和娱乐服务基础设施
陈倩（2014）	北京	定量	城市硬环境形象、城市软环境形象、旅游功能形象、旅游服务形象
徐文海等（2014）	海南	定量	政府治理形象、特色文化形象、社会文明形象、硬件设施形象、自然风光形象、品牌促销形象
徐小波等（2014）	—	定量与定性本结合	城市景观、资源型吸引物、餐饮、市内交通、住宿、当地风情、城市化水平、购物与商业服务、娱乐
Tan 和 Wu（2016）	香港	定量	声誉、活动、基础设施

文献中测量指标间差异较大，在关于城市形象的实证文章中，文献大多基于旅游者角度，从旅游六要素的角度对目的地进行评价测量。Gilboa 等（2015）① 归纳整理了 2001—2013 年的 39 篇城市形象研究相关文献，其中既包含针对旅游者的调查，也包括针对居民的调查；既包含定量的统计分析方法，也包括定性的访谈研究法。共归纳出 36 项测量指标，其中一

① Gilboa S, Jaffe E D, Vianelli D, Pastore A, Herstein R. A summated rating scale for measuring city image [J]. Cities, 2015 (44): 50-59.

些测量指标反复出现。具体情况见表 3-3。

表 3-3　2001—2013 年外文文献中城市形象高频测量指标及其出现频率

测量指标	频率（%）	测量指标	频率（%）	测量指标	频率（%）
历史遗迹	53	娱乐活动	29	运动设施	18
文化	47	房屋住宅	24	停车场	18
经济	47	安全	18	生活服务设施	12
娱乐与夜生活	47	运动设施	18	交通便捷程度	12
基础设施建设	35	娱乐活动	29	医疗设施	8
购物中心	29	房屋住宅	24	餐厅	8
环境（如污染情况等）	29	安全	18	绿化程度	8

资料来源：Gilboa S，Jaffe E D，Vianelli D，Pastore A，Herstein R. A summated rating scale for measuring city image［J］. Cities，2015（44）：50-59.

在此基础上，Gilboa 针对耶路撒冷、罗马和的里雅斯特三个城市进行问卷发放，运用探索性因子分析分别开发出基于旅游者视角和基于居民视角的城市形象测量指标。基于居民视角城市形象测量指标共 18 项，分为三类，即市政工程设施和安全、休闲以及公共服务；基于旅游者视角的城市形象测量指标共 19 项，分为五类，分别是人文环境、游憩项目、安全、公共服务以及休闲娱乐场所。以上研究为本书在提炼城市形象构成要素提供了重要参考。

第二，深度访谈。为了使要素更明确，本研究对 15 名不同身份的受众进行了深度访谈，调查其在选择或评价一个城市时所考虑的要素。通过访谈可以发现，不同受访人员的表达和叙述差异性较大，但总的来说，基本涵盖了上述文献中提及的城市形象的高频词汇。与此同时，为了避免调查内容过于庞大和复杂，使被调查人产生厌烦抵触情绪，我们邀请了专注于城市营销或城市形象领域的 1 名教授、2 名副教授、1 名博士后以及 2 名硕士生组成专家小组，对城市形象的相关题项进行探讨和筛选，在保证有效性的前提下提高问卷的精简程度。同时，在因素的选择中考虑到受众的多重身份，如旅游者、投资者、居民等，最终选择了“优美的自然风光”“良好的社会秩序”“便利的交通状况”“丰富的娱乐活动”“足够的医疗配套设施”等 29 个题项。

第三，问卷设计。问卷的质量和合理性直接影响到最终结果的真实性和准确性。根据上述两个阶段的梳理，我们可以将城市形象的影响因素概括为 29 个测项，在此基础上进一步编制调查问卷。问卷分为两大部分，第一部分为受访者人口统计学信息，如性别、年龄、收入和客源地等基本信息。第二部分为受众对城市形象构成要素评价的题项，共计 29 项。此部分采用 Likert 7 级量表计分，用以确定受众在评价或选择城市时各个因素的重要性，计分标准为：非常重要计 7 分，重要计 6 分，比较重要计 5 分，一般计 4 分，比较不重要计 3 分，不重要计 2 分，非常不重要计 1 分。

第四，试访阶段。本研究问卷中对城市形象影响因素的测量题项是采用“演绎”和“归纳”两种方法形成的，在总结文献理论与访谈的基础上，与学术界专家进行讨论修改后形成初始题项，为保证其正式问卷的信度与效度，在进行大规模问卷发放之前，还需对量表进行前测以实现对问卷题项的修正和净化。我们于 2018 年 11 月 7 日至 11 月 10 日，通过便利抽样的方式进行问卷前测。便利性抽样的对象主要选取的是本研究团队周围的学生、亲友以及部分地铁站的路人，一共调查了 50 名受众，回收有效问卷 35 份，保证后期大量调查时量表的可信性和有效性。通过对问卷前测样本的分析，删除了部分表述有歧义的题项，最终确定了 21 个题项，形成了正式调查问卷量表。问卷的构成及测量题项、编号见表 3-4。

表 3-4　正式调查问卷构成简表

分类	测量对象	问题
第一部分　基本信息	受众性别、年龄、收入、客源地	Q1~Q4
第二部分　关键因素	自然风光、人文景观、历史遗迹、基础设施、城市建设、城市环境、市容市貌、社会秩序、文化氛围、市民素质、治安管理、住宿、餐饮、购物、娱乐活动、交通状况、游览设施、运动设施、服务意识、服务态度、服务水平	Q5~Q25

第五，发放正式问卷，并利用多元统计分析相关方法进行深度的挖掘。为确保研究结论具有较高的普适性，不会因为个体差异产生较大偏

差，问卷采取线上滚雪球抽样和线下便利抽样的方式进行发放，线上主要利用微信在朋友圈中发送，同时，2018 年 11 月 30 日至 12 月 18 日，在北京三里屯 SOHO、财富金融中心、五矿广场、酒仙桥 IT 产业园等大型写字楼进行实地线下发放。线上、线下共计回收 238 份有效样本，满足样本容量的要求（指标 10 倍量）。样本分布见表 3-5。

表 3-5　调查样本的人口统计学特征

分类	特征	样本数	占比（%）
性别	男	138	57. 98
	女	100	42. 02
年龄	18 岁以下	7	2. 94
	18~30 岁	128	53. 78
	30~40 岁	58	24. 37
	40~50 岁	27	11. 34
	50~60 岁	14	5. 88
	60 岁及以上	4	1. 68
收入	3000 元以下	34	14. 29
	3000~6000 元	86	36. 13
	6000~10000 元	60	25. 21
	10000~15000 元	37	15. 55
	15000 元及以上	13	5. 46
客源地	国内	214	89. 92
	国际	24	10. 08

经统计，样本中男性受访者占 57. 98%，略多于女性，主要群体年龄在 18~40 岁。与年龄较大的人群相比，青年群体和白领阶层考虑出游、更换工作或生活城市的可能性更大，所以此类群体的认知和评价对本研究结论更具参考性。

3. 2. 2　量表题项删选和降维方法

从前文罗列的城市形象的关键因素可以看出，因素繁多、涉及面较广，但某些因素间存在着一些共性和内在关系，如何对这些因素进行合理、恰当的分类和整理，是简化分析的重要基础。本研究尝试使用因子分析（Factor Analysis，FA）来对此多维指标的复杂问题进行分析。因子分析是将多个相关变量简化集中为少数几个不相关变量（主成分）的一种多元统计方法。在实际问题中研究多变量（指标）的问题时，由于变量个数太多，并且彼此之间存在着一定的相关性，因而使得所观测到的数据在一定程度上反映的信息有所重叠。而且当变量较多时，在高维空间中研究样本的分布规律比较复杂，势必增加分析问题的复杂性。因此，我们希望通过因子分析实现以下目标：用较少的综合变量来代替原来较多的指标，而这几个综合变量又能够尽可能多地反映原来变量的信息，并且彼此之间互不相关。

设 $X=(X_1, X_2, \cdots, X_p)^T$ 是可观测的向量，$E(X)=0$，$D(X)=(r_{i,j})_{p\times p}$，$F=(F_1, F_2, \cdots, F_m)^T$（$m<p$）是不可观测的公共因子向量，$E(F)=0$，$D(F)=I_{m\times m}$（即 F 的各分量方差为 1，且互不相关）；又 $\varepsilon=(\varepsilon_1, \varepsilon_2, \cdots, \varepsilon_p)^T$ 与 F 相互独立，$E(\varepsilon)=0$，$D(\varepsilon)=diag\ (\delta_1^2, \delta_2^2, \cdots, \delta_p^2)^T$。以上假设表明可测向量 X 与不可测向量 F，都是经过标准化处理的。

那么因子分析模型可以构造成：

$$\begin{cases} X_1=a_{11}F_1+a_{12}F_2+\cdots+a_{1m}F_m+\varepsilon_1 \\ X_2=a_{21}F_1+a_{22}F_2+\cdots+a_{2m}F_m+\varepsilon_2 \\ \vdots \\ X_p=a_{p1}F_1+a_{p2}F_2+\cdots+a_{pm}F_m+\varepsilon_p \end{cases} \tag{3-1}$$

称式（3-1）为因子模型，它的矩阵形式为：

$$X=AF+\varepsilon \tag{3-2}$$

其中矩阵 A 为：

$$A=\begin{bmatrix} a_{11} & a_{12} & \cdots & a_{1m} \\ a_{21} & a_{22} & \cdots & a_{2m} \\ \vdots & \vdots & \ddots & \vdots \\ a_{p1} & a_{p2} & \cdots & a_{pm} \end{bmatrix} \tag{3-3}$$

A 是待估系数矩阵，也称为因子载荷矩阵，如系数 a_{11} 表示变量 X_1 在因子

F_1 上的载荷。F_1，F_2，…，F_m 称为 X 的公共因子，它一般对 X 每一个分量 X_i 都有作用；ε_i 称为 X_i 的特殊因子，它起着残差的作用，只对 X_i 起作用。

在因子模型中有四个关键性的假设：

（1）特殊因子互不相关，且 $D(\varepsilon)=diag\ (\delta_1^2,\ \delta_2^2,\ \cdots,\ \delta_p^2)^T$。

（2）特殊因子与公共因子不相关，即 $Cov(\varepsilon,\ F)=0$。

（3）$Cov(F_i,\ F_j)=0$，$i\neq j$；$Var(F_i)=Cov(F_i,\ F_i)=1$，$i$，$j=1$，2，…，$p$，即向量 F 的协方差矩阵为 m 阶单位矩阵。

（4）$Cov(\varepsilon_i,\ \varepsilon_j)=0$，$i\neq j$；$Var(\varepsilon_i)=\delta^2$，$i$，$j=1$，2，…，$p$，即向量 ε 的协方差矩阵为 p 阶对角矩阵。

因子分析的基本思想是通过分析变量间的相关系数矩阵内部结构，对原变量进行重新组合，利用数学工具将众多的原变量组成少数的独立的新变量，这种新变量称为因子。因子分析就是找出这些因子中影响系统的最少独立变量因子，用较少具有代表性的因子来概括多变量所提供的信息，找出影响观测数据的主要因素，反映变量间内在关系。

因子分析具体可分为探索性因子分析（Explorer Factor Analysis，EFA）和验证性因子分析（Confirmatory Factor Analysis，CFA）两种。探索性因子分析是在事先不知道影响因子的基础上，完全依据样本数据，利用统计软件以一定的原则进行因子分析，最后得出因子的过程。由上文分析可知，影响城市形象的因素很多，但分类并没有唯一的标准和模式，因此可先采用探索性因子分析来对影响因素之间的关系和层次进行剖析。

根据因子分析的结果，可以对影响因素即评价指标进行取舍。本研究对指标的筛选主要参照以下标准：①评价指标的共同度大于 0.5，意味着该因素在因子分析模型中保留的信息较多，没有造成严重的信息遗漏。②评价指标与公共因子的因子载荷系数大于 0.4，意味着影响因素与公因子间关系比较密切。③同一个公共因子内至少有两个及两个以上的评价指标，且两个指标的内涵保持一致。如果测评题项符合以上 3 点要求，则该题项保留；反之，则被舍去。

3.2.3 探索性因子分析

在前文文献综述的基础上以及通过对相关理论的梳理，我们提出了城市形象的影响因素概念模型。为了对这个模型进行检验，我们进行搜集数据的量化研究，因为这样可以通过因子分析等统计方法观测到变量之间的内在关系。

由于指标变量较多（有 21 个指标），增加了分析问题的复杂性，为了降低分析问题的难度，在本研究中采用了因子分析法来实现降维的目的，即根据一定的标准，提取出少数几个不相关的综合变量来代替这 21 个相关指标变量。

因子分析的具体计算过程由 SPSS24.0 软件实现，具体的操作过程、结果输出和结果解释如下：

（1）具体操作过程及要点：

1）在 SPSS24.0 中运行 Analysis/Data Reduction/Factor 过程，出现 Factor（因子分析）对话框。

2）在 Descriptives（描述）对话框中选择 KMO and Bartllet's test of sphericity（KMO 和 Bartlett 球形检验）。

3）在 Extraction（抽取）对话框中选择 Principal Components（主成分）抽取方法和 Correlation Matrix（相关系数矩阵）分析方法，Eigenvalues（特征值）大于 1，并要求显示 Scree Plot（碎石图）。

4）在 Rotation（旋转）对话框中选择 Varimax（最大方差）旋转方法。

5）其他均为默认情况。

（2）分析过程及输出结果。

本研究首先通过 KMO 测度和 Bartlett 球形检验来确定不同变量之间的相关性，在此基础上判断是否可以进行因子分析。KMO 检验是对样本充足度的检验，用来检验变量间偏相关是否很小，KMO 值和公因子的相关性具有显著的正相关性，即 KMO 值越高，不同变量之间的相关性越强。根据 Kaiser 对 KMO 所提出的标准：当 KMO<0.5，变量间相关性较低，变量不适合进行探索性因子分析；KMO>0.7 适合进行因子分析；而 KMO>0.9 则非常适合进行因子分析。也即数值越接近 1，越适合做因子分析。Battlett 球形检验，检验变量间的相关矩阵是否是单位矩阵，即分析各个变量之间的相关系数是否超过 0，以及相关系数是否相同。其检验结果可以表明运用因子模型是否合适。只有 Battlett 球形检验相关系数满足标准和研究要求，才能进一步进行因子分析。对238个样本数据进行KMO检验和Bartlett球形检验的结果见表3-6。

表3-6 KMO检验和Bartlett球形检验结果（21个指标）

Kaiser-Meyer-Olkin Measure of Sampling Adequacy		0.909
Bartlett's Test of Sphericity	Approx. Chi-Square	4076.030
	df	210
	Sig.	0.000

由表3-6可见，本调查KMO检验结果KMO的值为0.909，处于适合进行因子分析的范围；Battlett球形检验的Chi-Square统计值为4076.03，相伴概率为0.000，若以0.05为显著性水平，则相伴概率小于显著性水平，即在5%的显著性水平下，各变量之间的相关性显著，适合用因子分析的方法。综上两个检验结果说明这21个指标之间相关性显著，适合做因子分析。

21个指标的共同度见表3-7。可以看出，21个指标中有19个指标的共同度大于0.5，说明经过主成分分析后，在所提取的公共因子中，这些指标被保留的信息超过了50%，信息遗漏较少。但是"城市建设"和"运动设施"这两个指标的共同度分别仅为0.468和0.422，说明在所提取的因子中，这两个指标的信息分别只留存了46.8%和42.2%，有严重的信息丢失情况，因此按照指标筛选的标准，本研究将这两个指标舍去。

表3-7 指标共同度结果（21个指标）

指标	初始	提取	指标	初始	提取	指标	初始	提取
自然风光	1.000	0.863	社会秩序	1.000	0.916	娱乐活动	1.000	0.535
人文景观	1.000	0.865	文化氛围	1.000	0.543	交通状况	1.000	0.593
历史遗迹	1.000	0.858	市民素质	1.000	0.894	游览设施	1.000	0.617
基础设施	1.000	0.645	治安管理	1.000	0.809	运动设施	1.000	0.422
城市环境	1.000	0.650	住宿条件	1.000	0.579	服务水平	1.000	0.643
城市建设	1.000	0.468	餐饮环境	1.000	0.558	服务意识	1.000	0.701
市容市貌	1.000	0.927	购物环境	1.000	0.558	服务态度	1.000	0.585

注：提取方法为主成分分析法。

将上述两个指标删除后，对保留的 19 个指标再次进行因子分析，其 KMO 检验和 Bartlett 球形检验的结果见表 3-8，结果表明，保留的 19 个指标依然适合进行因子分析。

表 3-8　KMO 检验和 Bartlett 球形检验结果（19 个指标）

Kaiser-Meyer-Olkin Measure of Sampling Adequacy		0. 903
Bartlett's Test of Sphericity	Approx. Chi-Square	3844. 151
	df	171
	Sig.	0. 000

进一步，删除两个指标后剩余指标进行因子分析后的指标共同度结果见表 3-9。可以看出，留下的 19 个指标的共同度在 0. 539～0. 926，数值均大于 0. 5，说明这些指标被保留的信息都超过了 50%，共同度大小达到了因子分析的要求。

表 3-9　指标共同度结果（19 个指标）

指标	初始	提取	指标	初始	提取
自然风光	1	0. 869	住宿条件	1	0. 598
人文景观	1	0. 874	餐饮环境	1	0. 557
基础设施	1	0. 655	购物环境	1	0. 539
城市环境	1	0. 639	娱乐活动	1	0. 551
历史遗迹	1	0. 863	交通状况	1	0. 61
市容市貌	1	0. 926	游览设施	1	0. 623
社会秩序	1	0. 917	服务水平	1	0. 637
文化氛围	1	0. 545	服务意识	1	0. 743
市民素质	1	0. 894	服务态度	1	0. 615
治安管理	1	0. 809			

表 3-9 输出的结果是未进行旋转的每个因子的特征值和方差贡献率。每个公因子的方差贡献率是其特征值占全部公因子特征值总和的比率，本调查全部公因子特征值的总和为 19（等于公因子个数），如第一公因子的贡献率 44. 936%是其特征值 8. 185 和 19 的比率。根据相关系数矩阵特征值

大于 1 的原则（Kaiser-Guffman 准则），抽取了四个公因子。

由表 3-10 可知，所提取的四个公因子的累计方差贡献率为 70.863%，也就是说，这四个公因子对 19 个指标变量的信息保留程度为 70.863%，由此我们可以认为，把 19 个题项降维为四个公因子是合适的且有效的，研究角度从 19 维降到 4 维，且四个公因子包含原有指标信息的百分比较高，没有造成过多信息的遗漏，在降维效果和信息留存两个方面效果都比较理想。

表 3-10 整体解释的变异数——旋转前

因子	未旋转的特征值		
	特征值	方差贡献率（%）	累计方差贡献率（%）
1	8.538	44.936	44.936
2	2.521	13.270	58.205
3	1.391	7.321	65.527
4	1.014	5.336	70.863
5	0.818	4.304	75.167
6	0.718	3.776	78.943
7	0.642	3.377	82.320
8	0.593	3.120	85.440
9	0.527	2.776	88.216
10	0.475	2.502	90.718
11	0.386	2.030	92.747
12	0.360	1.894	94.641
13	0.316	1.661	96.302
14	0.248	1.307	97.609
15	0.168	0.887	98.495
16	0.115	0.604	99.099
17	0.075	0.397	99.496
18	0.064	0.338	99.834
19	0.032	0.166	100.000

另外，从因子分析的碎石图（如图 3-3 所示）可以看出，从第四个公因子以后，特征值的曲线变得较为平坦，且表 3-10 中也显示，从第五个公因子开始，公因子的特征值小于 1，再次证明把 19 个指标提取为四个公因子较为适宜。

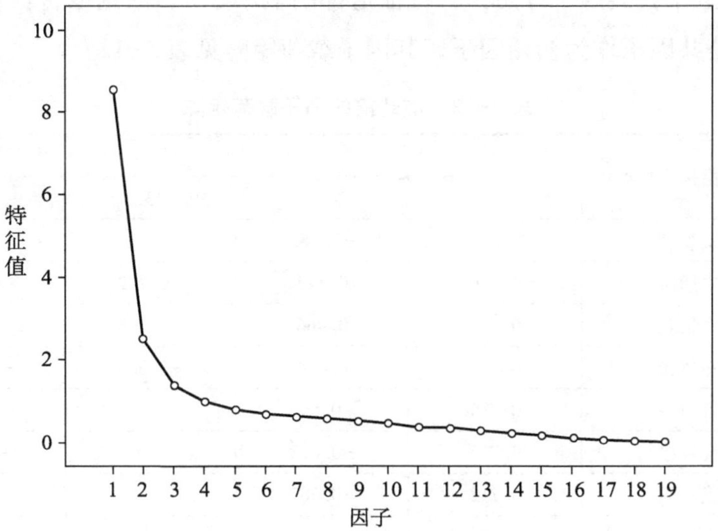

图 3-3　碎石图

为了更好地判断各个公因子的作用和贡献，需进一步分析四个公因子所包含的信息量，即比较通过主成分分析后得到的四个公因子的方差贡献率，因子的方差贡献率越高，说明该公因子包含的指标信息越多，该公因子也越发重要。四个公因子的方差贡献率及累计方差贡献率见表 3-11。

表 3-11　抽取的主成分累计方差贡献率

旋转前的方差贡献率			旋转后的方差贡献率		
特征值	方差贡献率（%）	累计方差贡献率（%）	特征值	方差贡献率（%）	累计方差贡献率（%）
8.538	44.936	44.936	4.367	22.986	22.986
2.521	13.270	58.205	4.212	22.167	45.153
1.391	7.321	65.527	2.586	13.610	58.764
1.014	5.336	70.863	2.299	12.099	70.863

从表 3-11 中可以看出，前四个因子的累计方差贡献率已经达到了 70.863%，且它们的特征值分别为 8.538，2.521，1.391 和 1.041，都大于

1，从第五个公共因子开始，其特征值都明显小于1，故选取特征值大于1的四个公共因子作为初始因子，其因子载荷矩阵见表3-12。

表3-12 旋转前的因子载荷矩阵

指标	因子			
	1	2	3	4
治安管理	0.811	-0.385		
历史遗迹	0.776	0.412	-0.292	-0.110
人文景观	0.764	0.466	-0.258	
自然风光	0.763	0.414	-0.305	-0.128
市容市貌	0.739	-0.603		
社会秩序	0.715	-0.623		-0.120
市民素质	0.712	-0.607		-0.121
城市环境	0.694	0.312	-0.214	-0.119
购物环境	0.688			0.230
浏览设施	0.671			0.411
住宿条件	0.644			0.413
服务意识	0.640	0.170	0.457	-0.311
基础设施	0.639	0.378	-0.321	
服务态度	0.635	0.134	0.317	-0.304
娱乐活动	0.599	0.320	0.265	0.141
餐饮环境	0.594	0.126	0.276	0.336
文化氛围	0.521	-0.497	-0.159	
服务水平	0.518		0.504	-0.338
交通状况	0.507	0.165	0.482	0.306

注：抽取方法为主成分分析法，抽取了四个主成分。

从表3-12中可以看出，除服务水平、交通状况和文化氛围三个变量外，其余变量都和第一个因子相关程度较高，与第一个因子的载荷系数最大。文化氛围指标除了和第一个因子关系密切外，与第二个因子的关系也比较紧密。而服务水平和交通状况两个变量存在着交叉负荷，即在第一个、第三个和第四个因子上的载荷度均比较大。为了使因子之间的信息更加独立和更加容易对因子做出解释，我们对因子载荷矩阵实施方差最大化旋转，旋转后的因子载荷矩阵见表 3-13，可以看出变量集结程度比未进行旋转之前要好，更加直观明显。

表 3-13　旋转后的因子载荷矩阵

指标	因子			
	1	2	3	4
社会秩序	0. 921	0. 115	0. 121	0. 201
市容市貌	0. 920	0. 145	0. 147	0. 189
市民素质	0. 908	0. 125	0. 118	0. 198
治安管理	0. 765	0. 266	0. 336	0. 200
文化氛围	0. 724	0. 113		
历史遗迹	0. 173	0. 874	0. 179	0. 195
人文景观	0. 119	0. 870	0. 238	0. 214
自然风光	0. 178	0. 870	0. 204	0. 199
基础设施	0. 126	0. 771	0. 196	
城市环境	0. 196	0. 723	0. 176	0. 216
交通状况			0. 670	0. 394
浏览设施	0. 333	0. 286	0. 653	
餐饮环境	0. 146	0. 213	0. 652	0. 254
住宿条件	0. 310	0. 289	0. 587	
娱乐活动		0. 366	0. 518	0. 386
购物环境	0. 338	0. 375	0. 451	
服务意识	0. 162	0. 276	0. 222	0. 769
服务水平	0. 202		0. 144	0. 752
服务态度	0. 216	0. 327	0. 171	0. 657

注：抽取方法为主成分分析法，旋转方法为最大方差法。

从表 3-13 中可以看出，19 个指标的几乎所有信息都能被这四个公共因子说明，且我们可以看出四个因子的含义比较明确。同时，从旋转后的因子载荷矩阵可以看到，19 个指标与主要因子的因子载荷都大于 0.5，与其他因子的交叉载荷均不高于 0.4，说明每个指标都能仅与一个公因子相关性较强，不存在交叉载荷的现象。

进一步发现，其中社会秩序、市容市貌、市民素质、治安管理和文化氛围五个指标主要在第一个公因子上的载荷较大，它们都是从不同角度来反映一个城市在城市经营、城市管理方面的能力和形象，可以命名为城市软环境因子。

第二个公因子主要与城市环境、人文景观、历史遗迹、基础设施和自然风光五个指标相关，表示了受众对城市基础设施建设、城市所拥有的历史遗迹和人文景观等城市硬件的印象和形象，因此该因子可以命名为城市硬环境因子。

第三个公因子主要是受众对城市交通、浏览、餐饮、住宿、娱乐和购物环境重要性的评价，这六个指标均集中体现了城市应该具有的功能，因此可以命名为城市功能因子。

第四个公因子主要反映了城市服务意识、城市服务态度和城市服务水平三个指标的信息，它们都是从城市服务者所需具备的服务素质来描述的，故可以命名为城市服务因子。

对变量的因子命名总结见表 3-14。

表 3-14　公因子命名

公因子	因子命名	高载荷指标
公因子 1	软环境因子	市容市貌、市民素质、文化氛围、治安管理、社会秩序
公因子 2	硬环境因子	历史遗迹、城市环境、基础设施、人文景观、自然风光
公因子 3	城市功能因子	购物、娱乐、交通、餐饮、住宿、浏览
公因子 4	城市服务因子	服务意识、服务态度、服务水平

3.2.4　信度检验

通过探索性因子分析可知，19 个指标可以概括为四个公因子，即城市形象的四个构成因素，分别是城市软环境因素、城市硬环境因素、城市功能因素和城市服务因素，代表着对城市形象的感知和评价可以从上述四个维度来进行。为了衡量四个因素的可靠性，需对各个因素量表的信度做进一步的探索，检验各个因素所包含题项间的相关关系，以明晰城市形象构成要素。

信度分析又称测量的可靠性分析，是测量量表是否具有一定的稳定性和可靠性的有效分析方式。量表编制的合理性和有效性将决定评价结果的可信性和可用性，因此，在量表的开发中，信度分析是必备环节。信度分析可以分为外在信度分析和内在信度分析两大类。外在信度分析是指不同时间对同批被评估对象实施重复测量时，评价结果是否具有一致性，或不同研究者在相同或相似的背景下重复研究，研究结果的一致性。如果两次评估的结果相关性强，说明测评题项的概念和内容是清晰的、不模糊的，没有二义性的，所得到的评估结果是可信的。内在信度分析着重考虑同一组题项是否测量的是同一个特征。例如，上述探索性分析中，我们将服务意识、服务水平和服务态度归纳为同一因子，信度分析就是检验这三个题项是否都是对服务因素的度量。若题项间的内在一致性高，则对应的量表是有效的，测量结果是可信的；反之，则可信度较差。

在内在信度检验方面，可以选择的方法非常丰富，估计的方法有再测信度（test-retest reliability）、复本信度（alternate-form reliability）、折半信度（split-half reliability）和内部一致性信度，也称 Cronbach's α 信度系数法。本研究选择信度分析中最常用的检验方法——Cronbach's α 信度系数法来评价量表的信度，旨在判断各个因素对应量表的一致性程度。具体是通过计算 Cronbach's α 系数来评价同一量表下不同题项间的相关性，衡量不同题项是否是同一问题的表征。Cronbach's α 系数的取值介于 0~1，根据学术界的普遍共识，Cronbach's α 系数越高，表示不同题项之间相关性越强，内部一致性也越好，该量表可靠性越强，信度越高。Cronbach's α 系数大小与可接受程度见表 3-15。

表 3-15　Cronbach's α 系数与可接受程度对照表

Cronbach's α 系数	可接受程度
0.9 以上	非常好
0.8~0.9	比较好
0.7~0.8	可以接受
0.6~0.7	需要修改
0.6 及以下	不能接受

由表 3-15 可知，Cronbach's α 系数高于 0.9 代表信度非常好，介于 0.8~0.9 是信度比较好，介于 0.7~0.8 是信度可以接受，数值在 0.6~0.7 说明题项需要修改，若量表的信度系数在 0.6 及以下，则表明量表中各题项间的一致性较差，需要对量表的题项进行删减或调整，以确保调查量表满足信度要求。因此，每个量表都需要根据信度系数的大小和要求，对具有内在一致性缺陷的题项进行删减和剔除。针对前文涉及的四个因素，本研究一共进行了四次信度分析，表 3-16 为信度检验结果汇总。

表 3-16　信度检验结果

指标变量	题项	均值	标准差	删除该项后的 Alpha 值	Alpha 值
城市硬环境形象	自然风光	5.0000	1.32359	0.900	0.907
	人文景观	4.8258	1.14624	0.912	
	基础设施	4.4798	1.38238	0.880	
	城市环境	4.5732	1.34905	0.859	
	历史遗迹	4.5985	1.39362	0.863	
城市软环境形象	市容市貌	5.0253	1.38870	0.889	0.926
	社会秩序	4.8838	1.30690	0.957	
	文化氛围	4.8030	1.28736	0.894	
	市民素质	5.2071	1.17033	0.891	
	治安管理	5.4066	1.10413	0.906	
城市功能形象	住宿	4.7929	1.57434	0.806	0.817
	餐饮	4.5000	1.34917	0.775	
	购物	4.8889	1.26802	0.773	
	娱乐	5.0859	1.18970	0.780	
	交通	5.3258	1.17028	0.785	
	游览	4.7298	1.51456	0.813	
城市服务形象	服务意识	4.2222	1.64466	0.618	0.702
	服务态度	3.9343	1.46891	0.539	
	服务水平	4.4874	1.33591	0.584	

观察表 3-16，在经过探索性因子分析的修改后，城市硬环境形象、城市软环境形象和城市功能形象三个公因子的 Alpha 值分别为 0.907、0.926

和 0. 817，均大于 0. 8，说明这三个因子的指标具有较好内在一致信度。而城市服务形象的 Alpha 值仅为 0. 702。进一步分析此与城市服务形象相关的三个题项，即服务意识、服务态度和服务水平，由此结果发现，若在三个题项中删除服务意识这个题项，则量表的信度系数变为 0. 618；若删除服务态度这个题项，则量表的信度系数变为 0. 539；若删除服务水平这一题项，则量表的信度系数下降为 0. 584。综上可知，在城市服务形象这个因素上删除任何一个题项，都不会使一致性信度系数显著提升，且 0. 702 位于 0. 7~0. 8，属于可接受范围。综上，本问卷中量表的一致性系数数值都大于 0. 7，说明量表的信度较理想，没有需要进一步删除的题项，故上述 19 个题项将全部运用到后续的分析中。

3. 2. 5　验证性效度分析

为进一步验证城市形象量表的稳定性，本阶段采用 AMOS 软件利用全部 238 份样本数据对纯化后的 19 个指标进行验证性因子分析。依据探索性因子分析结果展开如下分析处理：第一，以探索性因子分析得出的 4 个因子构建一个四因素模型；第二，将 19 个指标归于一个因子，为一阶一因素模型；第三，将城市硬环境形象作为独立因子，其余三个因子合并在一起为一个因子，为一阶二因素模型；第四，城市硬环境形象、城市软环境形象为独立因子，城市功能形象和城市服务形象合并为一个因子，形成一阶三因素模型。对四个模型进行验证性因子分析，效度检验的结果见表 3-17。

表 3-17　验证性因子分析效度检验结果

类别	CMIN	df	CMIN/df	CFI	IFI	TLI	RMR	RMSEA
一阶四因素	417. 560	146	2. 860	0. 954	0. 955	0. 936	0. 102	0. 097
一阶一因素	1138. 534	152	7. 490	0. 515	0. 516	0. 446	0. 224	0. 215
一阶二因素	948. 283	151	6. 280	0. 785	0. 786	0. 748	0. 366	0. 153
一阶三因素	457. 675	146	3. 135	0. 942	0. 942	0. 924	0. 156	0. 102

从表 3-17 中可以看出，19 个指标在一阶四因素模型中的 CMIN/df、RMR、RMSEA 等拟合指标最小，CFI、IFI 和 TLI 等模型拟合优度指标最

大，因此一阶四因素模型是对19个指标关系的最佳概括，也证明了本研究所构建的城市形象量表具有结构效度。

综上，本研究通过结合文献理论、实际案例分析及成熟的量表得到初始量表后，通过上述探索性因子分析进行了初始量表的纯化，最终保留19个题项形成正式量表，量表经过信度检验和验证性效度检验，具有较高的信度、效度。量表均采用Likert 7点量表形式，最终形成的用于调研的正式量表及问卷见附录A。

3.3 基于受众感知的城市形象构成要素体系

据此，我们得到了基于受众感知的城市形象的构成要素。城市形象是城市利益相关者通过各种手段和方式，多渠道、全方位与城市“接触”的全过程中，通过对城市硬环境的观赏，对城市软环境的感触、对城市功能的使用，以及对全过程中服务的体验所产生的城市总体印象，是对城市形象的统一、综合的评价，具体因素和评价的指标如图3-4所示。

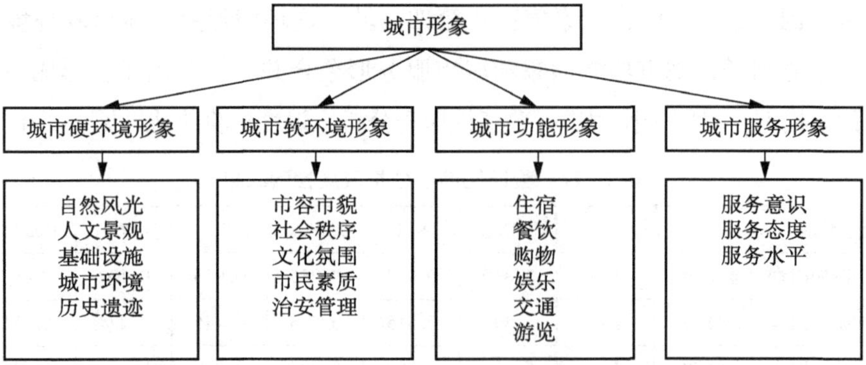

图3-4 城市形象的构成要素

由图3-4可以看出，城市形象的影响因素可以分为4个维度，19个子项，即“城市硬环境形象”“城市软环境形象”“城市功能形象”和

“城市服务形象”，其中“城市硬环境形象”包含自然风光、人文景观、基础设施、城市环境、历史遗迹五个方面；“城市软环境形象”涵盖市容市貌、社会秩序、文化氛围、市民素质、治安管理五个方面；“城市功能形象”涉及旅游活动的六要素，即住宿、餐饮、购物、娱乐、交通、游览；“城市服务形象”是对服务人员的服务意识、服务态度、服务水平的概括。这四个因子能涵盖评价指标体系中 19 个指标 70.863%的信息。

据此，本研究在对城市形象构成要素分析的基础上，从受众感知的角度建立了一个城市形象构成要素指标体系，下文将进一步探索各个要素与城市形象的关系和作用，为城市形象的整合营销策略和传播战略提供参考，为在国际上进一步提升中国城市形象提供一定的理论指导和行动方案。

第4章

城市形象构成要素的作用路径分析

城市形象的影响因素众多，各个因素与城市形象的关系如何？对城市形象的作用如何？这些问题的解答对城市形象的塑造具有一定的借鉴作用。本章将在城市形象要素构成体系的基础上，进一步明确各要素对城市形象的作用大小及作用路径，挖掘其最主要的影响因素。通过实证研究与分析，将研究层次从理论层面上升到实践运用上，将研究方法从定性研究拓展为定量研究，得出的结论将对城市形象的塑造、城市形象的提升具有一定的借鉴作用。

4.1 城市形象构成要素的作用分析及研究假设

明确城市形象的影响因素，了解并掌握各要素与城市形象的关系和影响路径，及其作用大小及影响方向，能使城市管理者更好地了解自身城市形象，发现城市形象中的亮点优势和薄弱环节，为相应的宏观调控决策提供依据，做到有的放矢，从而进一步完善城市形象定位体系，有针对性地提升城市形象、提高城市品牌资产，吸引更多的消费者和投资者，为城市的利益相关者提供更多的价值回报。

本研究从城市硬环境形象、城市软环境形象、城市功能形象和城市服务形象四个方面来研究其对城市总体形象的影响方向和作用大小，构建城市形象感知的影响因素概念模型，如图 4-1 所示。

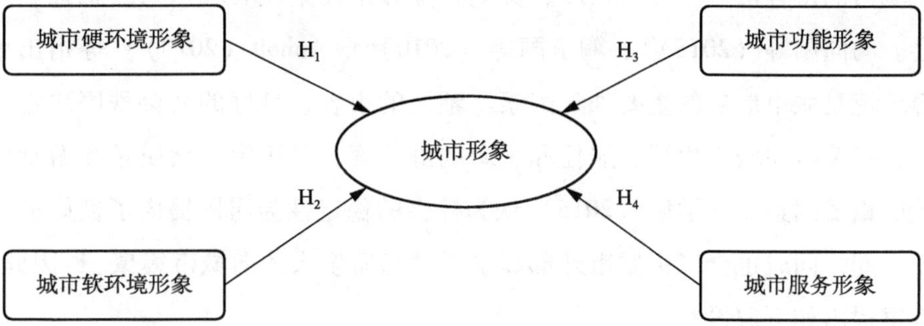

图 4-1　城市形象感知影响因素的概念模型

城市形象是城市利益相关者对城市的综合印象和总体评价，优美宜人的自然风光能增加人们生活的舒适度（郝胜宇和白长虹，2008），① 城市的基础设施是维持利益相关者正常城市生活的基础，完善的基础设施能让受众生活、工作更为便捷，提升对城市的认可和积极评价（Koder et al.，1999）。② 优越的人文景观增强对利益相关者的吸引力，良好的城市环境和城市建设可能成为投资者、求职者的重要考量因素（刘昌杰，2010）。③ Kim 等（2009）④、徐文海等（2014）⑤ 的研究也一致表明，秀美的自然风光、丰富的人文景观、完善的基础设施、怡人舒适的气候条件等“城市硬环境形象”将极大地影响着人们对城市形象的感知和评价，优越的硬环境形象对利益相关者具有更强的吸引力。因此，本书提出如下假设：

II1：城市硬环境形象对城市形象有显著的工向影响。

利益相关者在与城市的接触中，除对硬环境的观赏、游览外，更对整

① 郝胜宇，白长虹．基于顾客感知的城市品牌建设［J］．开放导报，2008，2（1）：62-65.

② Koder P，Asplund C，Rein I，Haider D. Marketing places europe［M］. London：Pearson Education Ltd，1999.

③ 刘昌杰．秦皇岛城市品牌感知的影响因素研究［D］．秦皇岛：燕山大学，2010.

④ Kim S S，Mckercher B，Lee H. Tracking tourism destination image perception［J］. Annals of Tourism Research，2009，36（4）：715-718.

⑤ 徐文海，邓颖颖，皮君．基于竞争力评价的旅游目的地形象提升研究——以海南国际旅游岛为例［J］．中南财经政法大学学报，2014（3）：59-65.

个城市的市容市貌、社会秩序、文化氛围和市民素质有着深入的感知和体会。马向阳等（2015）[①]、陶玉国等（2010）[②]、Anholt（2010）[③] 等指出市容环境是城市形象的重要外显因素。整洁的市容、良好的社会秩序决定了利益相关者在城市生活、居住和旅游的舒适度，是决定生活质量和游玩质量的重要因素。李学敏（2015）认为社会的稳定性为居民提供了良好的生活空间，同时也会吸引城市外部高素质、高质量人才向城市集聚。[④] 因此，本书提出如下假设：

H2：城市软环境形象对城市形象有显著的正向影响。

城市既作为游览、生活的载体，又要为利益相关者提供涵盖吃、住、行、游、购、娱六个方面的功能服务，利益相关者对城市形象的评价通过对城市餐饮环境、住宿条件、交通情况等方面的感知汇总而得。众多学者的研究表明，这些功能越完善，利益相关者对生活和游览的满意度越高，对城市形象就越认可。冯捷蕴（2011）通过调查得出，游客感知到的旅游公共服务质量会正向影响游客对政府的信任，进而影响目的地形象，尤其是情感形象。[⑤] Koubaa 等（2015）认为游客满意度会同时正向影响一个地区的认知形象和情感形象。[⑥] 徐小波等（2015）通过网络文本分析等多种方法建立了中国旅游城市形象感知的总体结构，研究结果表明，利益相关者对餐饮、住宿、购物与商业服务、市内交通等城市功能的认可度越高，则对目的地形象的评价也越高。因此，本书提

① 马向阳，杨颂，汪波．大陆游客涉入度与文化认同对台湾旅游目的地形象的影响［J］．资源科学，2015，37（12）：2394-2402.

② 陶玉国，赵会勇，李永乐．基于结构方程模型的城市旅游形象影响因素测评［J］．人文地理，2010，25（6）：125-130.

③ Anholt S. Definitions of place branding：Working towards a resolution［J］. Place Branding and Public Diplomacy，2010，6（1）：1-10.

④ 李学敏．城市品牌资产评估体系构建研究［J］．财经理论研究，2015（2）：103-112.

⑤ 冯捷蕴．北京旅游目的地形象的感知——中西方旅游者博客的多维话语分析［J］．旅游学刊，2011，26（9）：19-28.

⑥ Koubaa Y，Methamem R B，Fort F. Multidimensional structures of brand and country images and their effects on product evaluation［J］. International Journal of Market Research，2015，57（1）：95-124.

出如下假设：

H3：城市功能形象对城市形象有显著的正向影响。

如上所述，城市要为利益相关者提供吃、住、行、游、购、娱等功能，这些功能的提供是需要通过多种服务为触点和媒介的，是需要通过与服务人员的接触与交流来完成的。因此，城市的服务形象与城市形象是密不可分的，服务人员的服务态度、服务素质的高低直接关系到利益相关者对城市功能的感知和评价，进而影响到城市形象的最终评价。徐小波等（2015）研究表明，城市良好的服务形象不但有利于提升城市品牌的整体形象，而且给城市的外部利益相关者带来亲切、和谐的感受，使他们对城市品牌形成高度的认同感，让城市品牌更有亲和力。① 由此可见，城市服务形象是城市形象的重要组成部分，与城市形象之间有着正相关关系。因此，本书提出如下假设：

H4：城市服务形象对城市形象有显著的正向影响。

4.2　研究设计及数据来源

北京是我国的首都，是我国的政治、经济、文化中心，“美丽北京”旅游形象是中国国家旅游形象的重中之重，更是实施“美丽中国之旅”工程的最重要组成部分之一。如何测量、评价北京城市旅游形象，实现“美丽北京”城市旅游形象的塑造与提升，增强北京城市的旅游竞争力，是目前需关注的一个热点问题，因此本研究选择北京作为本次调查的目标城市。为了明确四个影响因素与城市形象的关系及影响路径，本项目采用的研究方法是调查研究方法，主要通过调查问卷的形式来收集一手数据，然后对数据进行整理、分析。本次调查的主要目的：一是了解受众对北京城市形象的认知情况；二是分析北京城市形象的影响因素有哪些，及各个

① 徐小波，赵磊，刘滨谊．中国旅游城市形象感知特征与分异［J］．地理研究，2015，34（7）：1367-1379.

因素与城市形象之间的相关关系；三是从受众的认知和影响因素出发，为北京城市形象定位提供相应的决策依据。本次问卷调查的对象主要是在北京生活、学习、工作、旅游的受众，包括国际受众和国内受众两个群体。

根据研究的目的和调查的对象，调查问卷主要包括三大部分：第一部分是关于受众的人口统计学基本特征，包括性别、年龄、收入、客源类别（国际、国内），共4题。第二部分是对北京城市形象的关键影响因素的测量，具体包括受众对城市硬环境形象、城市软环境形象、城市功能形象和城市服务形象的感知，以及对四方面形象影响因素的评价，包括19个题项。第三部分是城市总体形象的度量，包括3个题项，第二部分和第三部分的题项均采用了李克特7级量表（Likert Scale 7），让受众分别用1~7分进行评价，分值越高，意味着受众对该项的评价越好。如对“人文景观形象”的评价中，备选评价选项为“非常满意”“比较满意”“基本满意”“一般”“基本不满意”“比较不满意”“非常不满意”，相应赋值分数分别为7分、6分、5分、4分、3分、2分和1分。

根据构建的概念模型，按照变量是否可直接测量或获取，研究中涉及的研究变量主要有两种类型：第一种为观测变量，也称为显变量，通常指可以直接测量的题项，在结构方程模型中体现为各个测量指标。第二种为潜变量，如城市硬环境形象、服务形象等因素，是不能被直接观测或精确度量的，但其大小可以通过显变量来综合评定。本模型中一共包含5个潜变量，分别是城市硬环境形象、城市软环境形象、城市功能形象、城市服务形象和城市形象，这些潜变量由22个显变量来综合测量。另外，根据变量在模型中的地位和作用，变量又可分为自变量、因变量和控制变量三种。其中自变量是城市形象的四个因素，因变量是城市形象本身，控制变量是受访者的性别、年龄、收入、客源地等。问卷构成简表及研究的变量汇总情况见表4-1。

表 4-1　问卷构成简表

分类	测量对象		显变量数	编号
基本信息——控制变量	受众性别、年龄、收入、客源地		4	Q1~Q4
关键因素——自变量	潜变量	城市硬环境形象	5	Q5~Q9
		城市软环境形象	5	Q10~Q14
		城市功能形象	6	Q15~Q20
		城市服务形象	3	Q21~Q23
总体形象——因变量		城市形象	3	Q24~Q26

利用第 3 章所开发的量表及编制的调查问卷，本项目选择 450 份问卷以分时段分地点的形式进行调查，项目组成员对北京市主要旅游景区（天安门、长城、颐和园、什刹海等）、主要交通枢纽（北京西站、南站、首都机场等）的受众进行了问卷调查，回收问卷 422 份，其中有效问卷 396 份，问卷回收有效率为 88%。由于对于研究样本数量的大小取决于研究模型和数据分析方法，普遍认为需要大于指标数量的 10 倍（Fetter et al.，2007），在结构方程模型中，需要大于路径数的 10 倍（Chinet al.，2003），因此在本研究中，样本数量符合要求。最后，收回问卷，将调查数据录入计算机，对数据进行处理分析（详见下一节）。

4.3　作用路径实证分析

本节的主要内容是对问卷调查所收集到的资料进行统计分析，采用的分析方法有一般线性相关分析、多元回归分析、t 检验、方差分析等，采用的统计软件是 SPSS。内容包括对样本的描述性分析，对数据进行的信度检验和因子分析，对关键成功因素的统计验证，最后得出本调查的分析结论。

4.3.1　调查样本的人口统计学特征

为了能清楚地分析本次调查对象的构成和特点，本次调查分别从性别、年龄、收入和客源地四个角度对受访者的分布情况进行分类汇总，调查样本的具体分布情况如下：

从性别分布来看（如图 4-2 所示），男性人数明显多于女性，其中男性 226 人，占样本总数的 57%；女性 170 人，占样本总数的 43%。这一比重与现实中男性从事商务活动比例高、求新求奇、乐于挑战的现状相符。

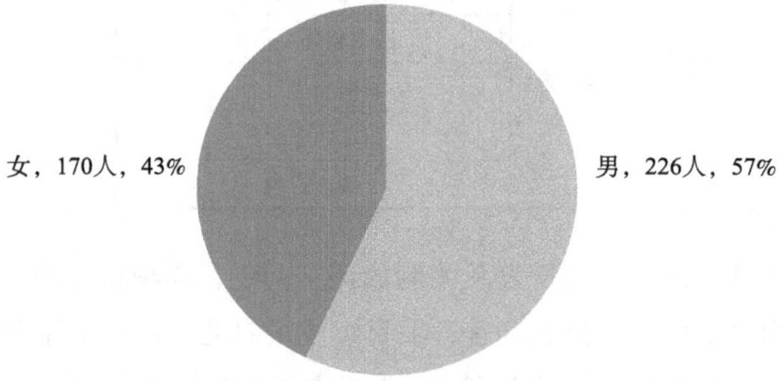

图 4-2　受访者性别分布

在年龄结构上（如图 4-3 所示），18～30 岁的占比最大，占调查样本总数的 53%；30～40 岁的受众数次之，占样本总数的 24%；18 岁以下和 60 岁及以上的占比较小，分别占 3%和 1%。目前，中国旅游市场的旅游人群主要是充满活力、追求新奇的年轻人和爱好旅游、向往休闲生活的中年人，从图 4-3 中可以看到，18～40 岁的受访者占 77%，调查样本的构成与我国旅游人口的比例较为相似。

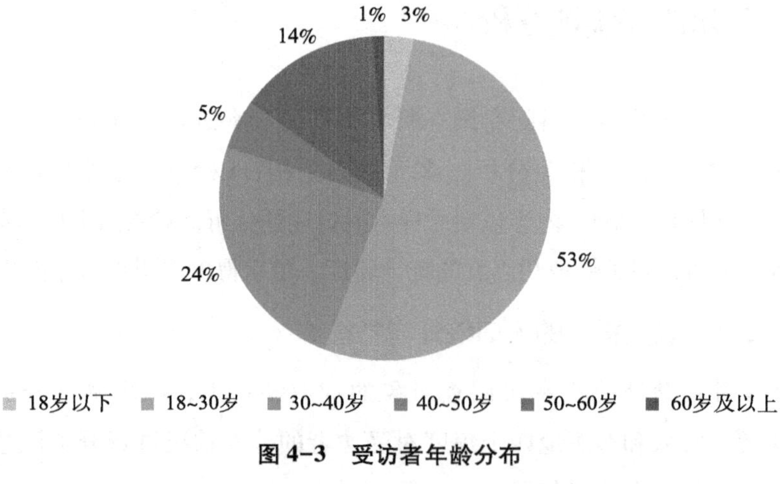

图 4-3　受访者年龄分布

在收入结构上（如图 4-4 所示），3000～6000 元的受访者最多，占受访总数的 41%；6000～10000 元的受众占 26%，这与受众的年龄构成相匹配；有 14%的受众收入低于 3000 元，分析可知受访者有一部分属于暑期结伴出行的学生族。

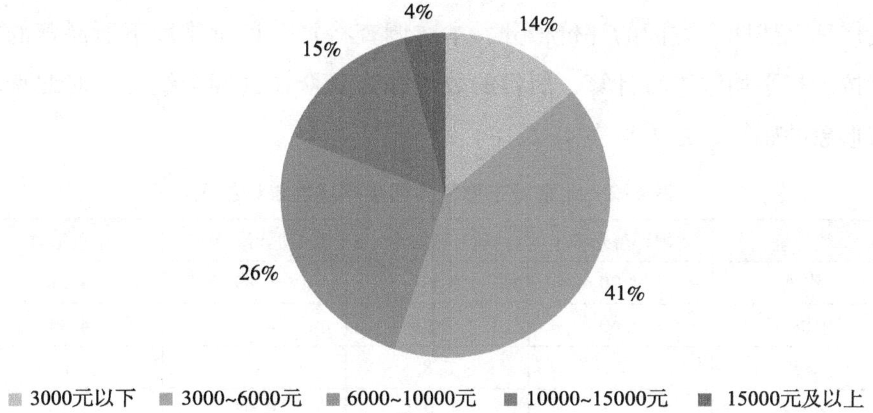

图 4-4 受访者收入分布

从受众来源来看（如图 4-5 所示），其中有 89%的是国内受众，国际受众占比 11%，这个比例也与实际情况较为相符。

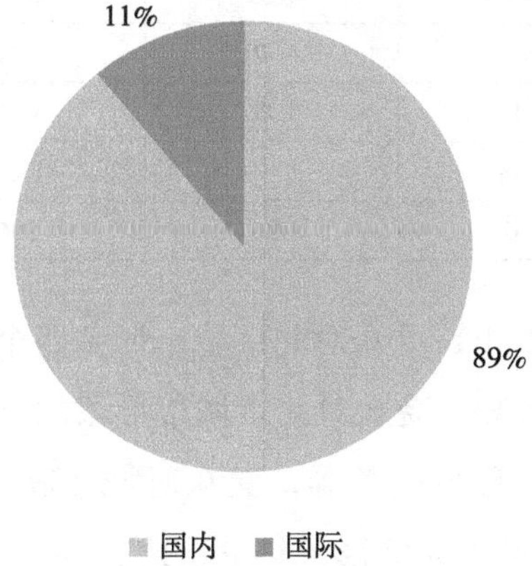

图 4-5 受访者客源分布

4.3.2 北京城市形象感知分析

由城市形象的构成要素体系可知，北京城市形象可以概括为“城市软环境形象”“城市硬环境形象”“城市功能形象”“城市服务形象”四个方面，因此本次调查所建立的评价指标体系包含四个维度，19个指标。为了能得到上述四个方面的评价得分，本次调查将每个评价维度下所涵盖的指标按加权平均法进行计算，所得的数值即为受众在这四个维度下对北京城市形象的感知，结果见表4-2。

表4-2 北京城市形象各因素描述性统计结果

统计量	硬环境形象	软环境形象	功能形象	服务形象
均值	4.70	5.07	4.89	4.21
中位数	4.60	5.20	4.83	4.33
众数	4	5.8	6	4
标准差	1.15	1.10	0.98	1.16
最小值	1.4	1.2	1	1
最大值	7	7	6.83	7
全距	5.6	5.8	5.83	6
偏度	-0.04	-0.60	-0.35	-0.14
峰度	-0.16	0.51	0.09	-0.36
下四分位数	4	4.40	4.33	3.33
上四分位数	5.45	5.80	5.67	5.00
四分位距	1.45	1.40	1.33	1.67
样本数	396	396	396	396

从表4-2中可以看出，受众对北京城市形象四个方面的总体评价都在平均数4以上，由此可知，受众对北京城市形象的感知是倾向于正面、积极评价的。具体到四个形象的差异，受众对城市软环境形象的评价最高，平均分达到5.07分，城市功能形象得分次之，为4.89分，城市硬件环境形象以4.70分排序第三，而城市服务形象仅得分4.21，排名最末。进一步通过图4-6、图4-7、图4-8和图4-9可以详细分析受众在四个形象上的分布情况。

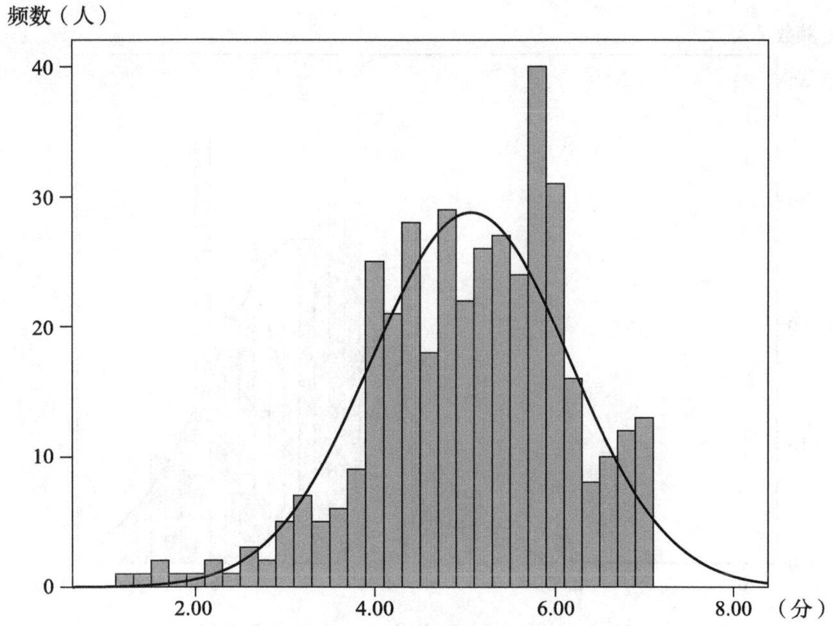

图 4-6　北京城市软环境形象感知的直方图

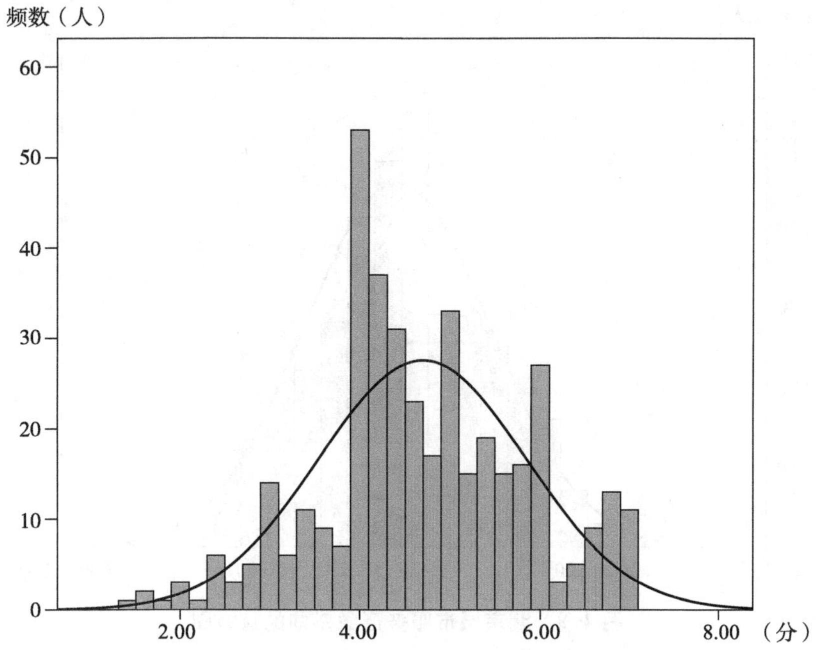

图 4-7　北京城市硬环境形象感知的直方图

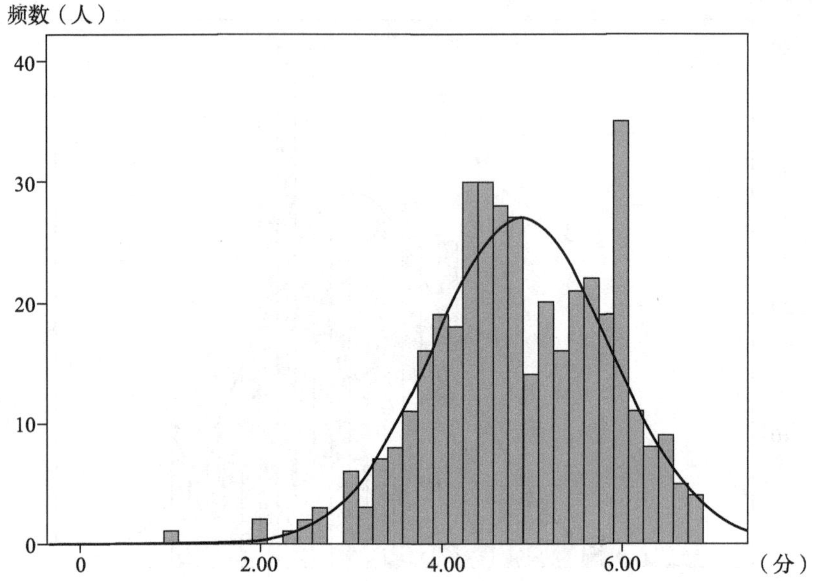

图 4-8　北京城市功能形象感知的直方图

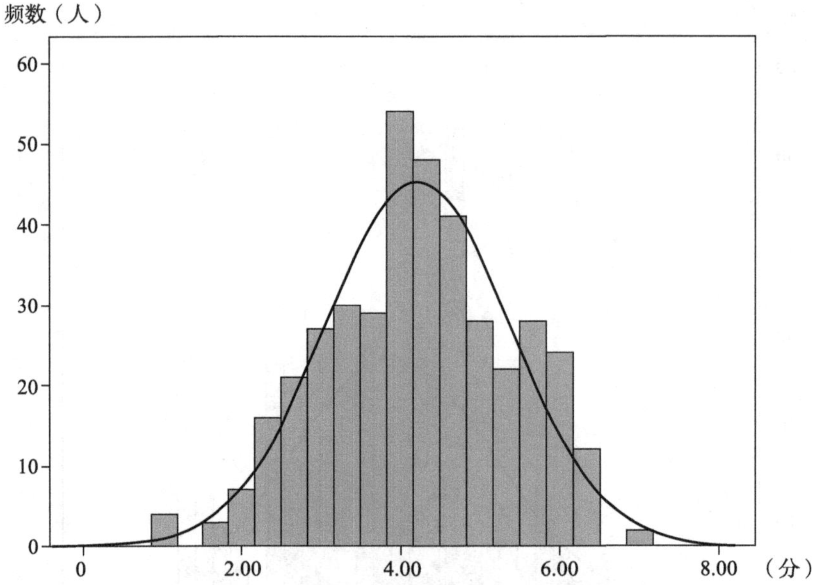

图 4-9　北京城市服务形象感知的直方图

受众对北京城市形象感知的箱线图如图 4-10 所示。

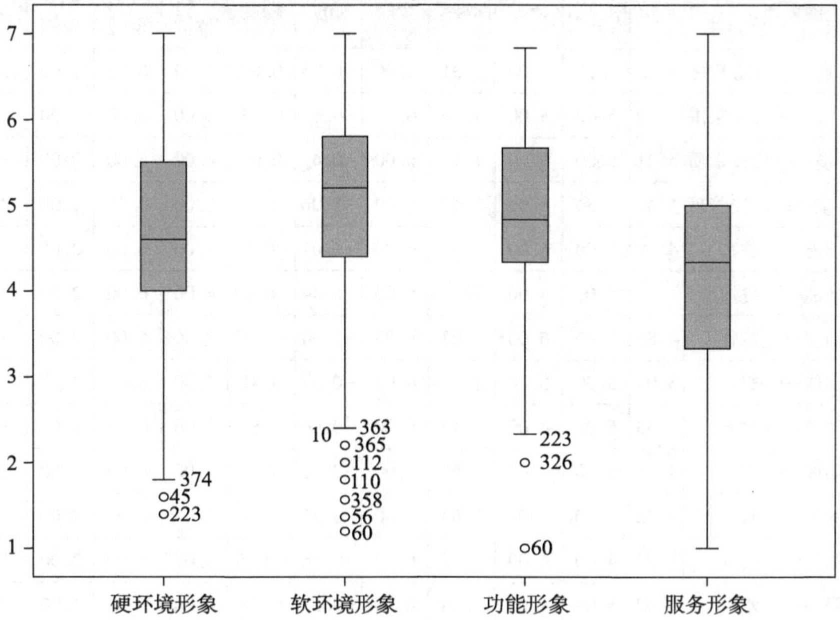

图 4-10　北京城市形象感知的箱线图

从四个形象的感知箱线图可以看出，受众在软环境形象的评价上意见较为集中，存在的差异不大，而在城市服务形象上的评价存在着较大的不统一性，评价特别好和特别差的受众都大有人在。

受众对城市形象的各个影响因素的评价结果见表 4-3。

表 4-3　19 个指标评价结果

测评要素	均值	中位数	众数	标准差	全距	偏度	峰度	下四分位数	上四分位数	四分位距	样本数
硬环境——自然风光	4.83	5.00	4.00	1.15	6.00	-0.09	0.02	4.00	6.00	2.00	396
硬环境——人文景观	5.00	5.00	4.00	1.32	6.00	-0.44	0.02	4.00	6.00	2.00	396
硬环境——基础设施	4.48	4.00	4.00	1.38	6.00	-0.11	-0.10	4.00	5.00	1.00	396
硬环境——城市环境	4.57	4.00	4.00	1.35	6.00	-0.25	0.10	4.00	5.00	1.00	396
硬环境——历史遗迹	4.60	5.00	4.00	1.39	6.00	-0.31	0.03	4.00	6.00	2.00	396
软环境——市容市貌	5.03	5.00	6.00	1.39	6.00	-0.78	0.35	4.00	6.00	2.00	396

续表

测评要素	均值	中位数	众数	标准差	全距	偏度	峰度	下四分位数	上四分位数	四分位距	样本数
软环境——社会秩序	4. 88	5. 00	5. 00	1. 31	6. 00	-0. 75	0. 60	4. 00	6. 00	2. 00	396
软环境——文化氛围	4. 80	5. 00	5. 00	1. 29	6. 00	-0. 60	0. 53	4. 00	6. 00	2. 00	396
软环境——市民素质	5. 21	5. 00	6. 00	1. 17	6. 00	-0. 47	0. 09	4. 00	6. 00	2. 00	396
软环境——治安管理	5. 41	5. 50	6. 00	1. 10	6. 00	-1. 06	2. 23	5. 00	6. 00	1. 00	396
功能——住宿	4. 79	5. 00	6. 00	1. 57	6. 00	-0. 61	-0. 18	4. 00	6. 00	2. 00	396
功能——餐饮	4. 50	5. 00	4. 00	1. 35	6. 00	-0. 44	-0. 09	4. 00	6. 00	2. 00	396
功能——购物	4. 89	5. 00	6. 00	1. 27	6. 00	-0. 34	-0. 22	4. 00	6. 00	2. 00	396
功能——娱乐	5. 09	5. 00	6. 00	1. 19	6. 00	-0. 57	0. 41	4. 00	6. 00	2. 00	396
功能——交通	5. 33	5. 00	6. 00	1. 17	6. 00	-0. 66	0. 50	5. 00	6. 00	1. 00	396
功能——游览	4. 73	5. 00	5. 00	1. 51	6. 00	-0. 68	-0. 08	4. 00	6. 00	2. 00	396
服务——意识	4. 22	4. 00	4. 00	1. 64	6. 00	-0. 27	-0. 68	3. 00	5. 00	2. 00	396
服务——态度	3. 93	4. 00	4. 00	1. 47	6. 00	-0. 16	-0. 59	3. 00	5. 00	2. 00	396
服务——水平	4. 49	5. 00	4. 00	1. 34	6. 00	-0. 51	0. 14	4. 00	5. 00	1. 00	396

为了能清晰了解受众对四个因素中各个指标的感知情况，分别绘制了四类形象的受众感知雷达图，如图 4-11、图 4-12、图 4-13 和图 4-14 所示。

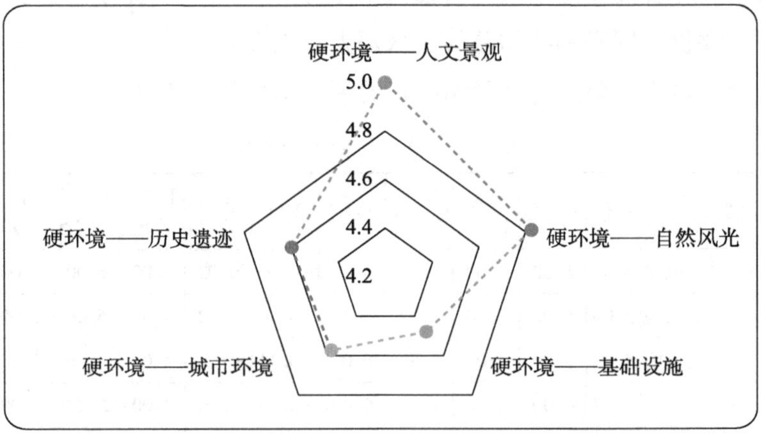

图 4-11　北京城市硬环境形象感知的雷达图

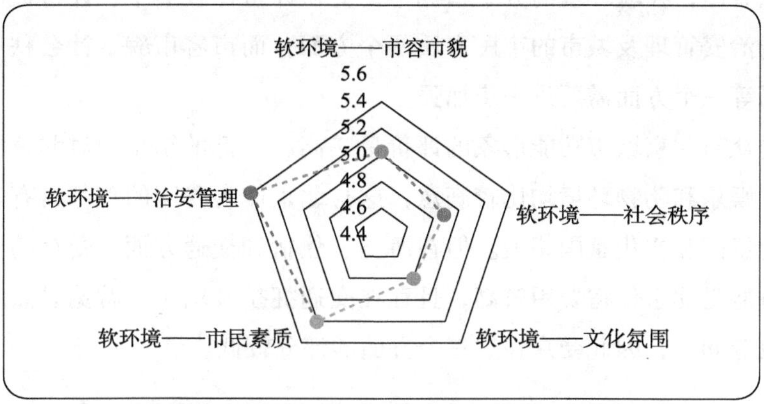

图 4-12　北京城市软环境形象感知的雷达图

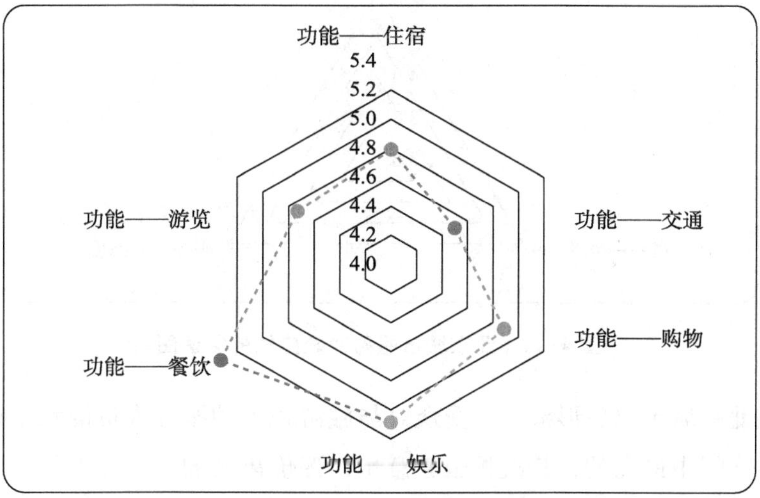

图 4-13　北京城市功能形象感知的雷达图

在城市硬环境形象中，北京城市人文景观和自然风光的评价最高，但在历史遗迹、城市环境以及基础设施方面得分相对低一些。说明北京城市本身所具有的人文景观和自然风光对受众是比较有吸引力的，但相对于城市自有资源，其在历史遗迹、城市环境的维护上以及基础设施的完善上还有进步的空间。

整体上，受众在软环境形象的感知中所给的评价都较高，但从雷达图中可以看出，在软环境的五个指标中，受众评价比较集中。评价最高的是城市的治安管理及城市的市民素质两个方面，而市容市貌、社会秩序及文化氛围等三个方面需要进一步加强。

受众对北京城市功能形象的评价呈三高、三低的结果。对北京城市的餐饮、娱乐和购物环境均比较满意，这与北京作为我国的首都具有较浓郁的商业氛围和文化氛围相关。但在游览、住宿和交通方面，受众的评价较低，可能是北京住宿费用较高，且存在交通拥挤及堵车、游览景点距离较为分散等问题，因此受众在这三个方面的评分较低。

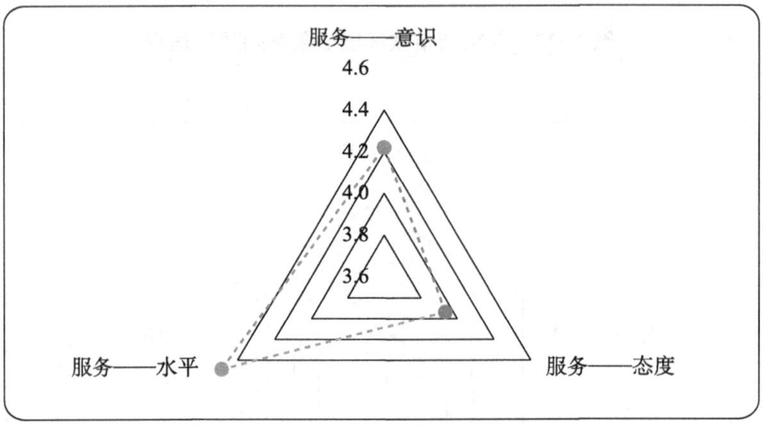

图 4-14　北京城市服务形象感知的雷达图

在北京城市服务形象中，受众对与旅游相关的服务人员的水平评分是在三个指标中最高的，其次是服务意识，评价最低的是服务人员的服务态度，还有很大的改进和提升空间。

受众对北京城市形象的综合评价结果最小值为2，最大值为7，其平均数为4.8，接近于基本满意的尺度，标准差为0.97688。其综合评价的直方图如图4-15所示。

从图4-15中可以看出，对北京城市形象的综合评价主要集中在4~6分，分别有36.4%、31.3%和21.5%的受众评价为“一般”“基本满意”和“比较满意”，合计占89.2%，没有评价为“非常不满意”的受众，评

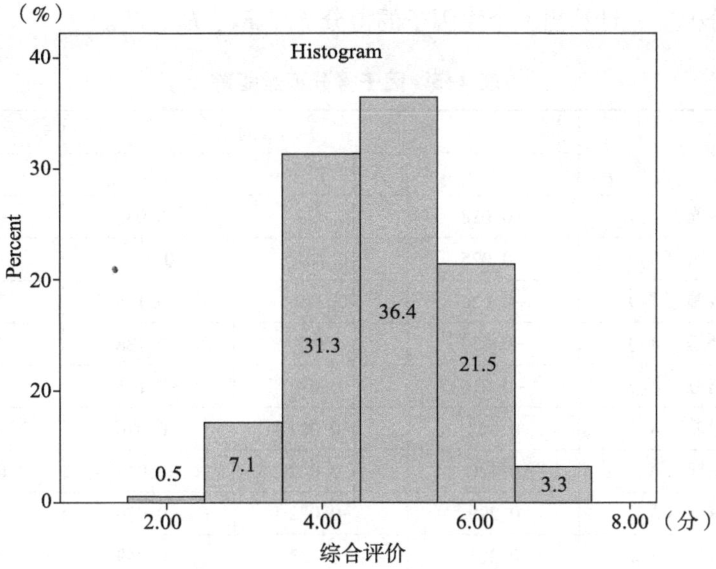

图 4-15　北京城市形象综合评价直方图

价为"非常满意"和"比较不满意"的受众较少，分别占 3.3%和 0.5%。可以看出，受众对北京城市形象的综合评价是"基本满意"。

为了探究四个影响因素对北京城市形象的影响，本研究对四个影响因素和北京城市形象总体评价进行相关性分析，其相关分析的结果见表 4-4。

表 4-4　城市形象与四个影响因素的相关系数

		硬环境形象	软环境形象	城市功能形象	城市服务形象
城市形象	相关系数	0.764**	0.738**	0.790**	0.690**
	Sig.（双尾）	0.000	0.000	0.000	0.000

注：**表示相关系数在 0.01 的显著性水平下显著。

从相关系数可以看出，城市总体形象与城市硬环境形象、城市软环境形象、城市功能形象和城市服务形象之间都有较强的正相关关系，且所有的相关系数都通过了显著性检验。

4.3.3　北京城市形象因子得分模型

在得到四个主要因子后，根据因子得分系数矩阵（见表 4-5）可以得到因子得分模型，计算出 4 个主因子的得分 F_1、F_2、F_3、F_4。

表 4-5 因子得分系数矩阵

指标	因子			
	1	2	3	4
自然风光（X_1）	-0.018	0.272	-0.038	-0.112
人文景观（X_2）	-0.025	0.167	0.153	-0.196
基础设施（X_3）	-0.026	0.279	-0.126	0.030
城市环境（X_4）	-0.030	0.307	-0.138	0.020
历史遗迹（X_5）	-0.016	0.314	-0.123	-0.027
市容市貌（X_6）	0.302	-0.022	-0.076	-0.051
社会秩序（X_7）	0.120	-0.022	-0.044	0.133
文化氛围（X_8）	0.299	-0.022	-0.076	-0.055
市民素质（X_9）	0.301	-0.033	-0.049	-0.076
治安管理（X_{10}）	0.201	-0.023	0.008	0.001
住宿（X_{11}）	-0.013	-0.117	0.200	0.104
餐饮（X_{12}）	-0.084	-0.160	0.296	0.142
购物（X_{13}）	-0.025	-0.115	0.344	-0.051
娱乐（X_{14}）	-0.057	0.026	0.322	-0.181
交通（X_{15}）	-0.045	0.029	0.328	-0.221
游览（X_{16}）	-0.032	-0.100	0.194	0.102
服务意识（X_{17}）	-0.071	-0.126	-0.015	0.449
服务态度（X_{18}）	-0.030	0.038	-0.181	0.411
职业水平（X_{19}）	-0.010	-0.055	-0.108	0.416

如第一个主因子“软环境因子”的因子得分模型为：

$$F_1=-0.018x_1-0.025x_2-0.026x_3-0.03x_4-0.016x_5+0.302x_6+0.12x_7+0.299x_8+0.301x_9+0.201x_{10}-0.013x_{11}-0.084x_{12}-0.025x_{13}-0.057x_{14}-0.045x_{15}-0.032x_{16}-0.071x_{17}-0.03x_{18}-0.01x_{19}$$

同理，可得到每个受众对 F_2、F_3、F_4 的评分表达式：

$$F_2=0.272x_1+0.167x_2+0.279x_3+0.307x_4+0.314x_5-0.022x_6-0.022x_7-0.022x_8-0.033x_9-0.023x_{10}-0.117x_{11}-0.16x_{12}-0.115x_{13}+0.026x_{14}$$

$$+0.029x_{15}-0.1x_{16}-0.126x_{17}+0.038x_{18}-0.055x_{19}$$

$$F_3=-0.038x_1+0.153x_2-0.126x_3-0.138x_4-0.123x_5-0.076x_6-0.044x_7$$
$$-0.076x_8-0.049x_9+0.008x_{10}+0.2x_{11}+0.296x_{12}+0.344x_{13}+0.322x_{14}$$
$$+0.328x_{15}+0.194x_{16}-0.015x_{17}-0.181x_{18}-0.108x_{19}$$

$$F_4=-0.112x_1-0.196x_2+0.03x_3+0.02x_4-0.027x_5-0.051x_6+0.133x_7$$
$$-0.055x_8-0.076x_9+0.001x_{10}+0.104x_{11}+0.142x_{12}-0.051x_{13}$$
$$-0.181x_{14}-0.221x_{15}+0.102x_{16}+0.449x_{17}+0.411x_{18}+0.416x_{19}$$

此时所得到四个公因子得分 F_1、F_2、F_3、F_4 的均值为 0，标准差为 1。

4.3.4　四个因子对总体形象的影响分析

为了能进一步找到四个公因子对北京城市形象的影响和相关关系，我们把城市总体形象（t）进行标准化处理，使其评分由原来的“1~7”转变为与四个公因子相同的计量尺度，即均值为 0，标准差为 1。具体标准化公式为：

$$Y_i=\frac{t_i-\mu}{\sigma}$$

其中，μ 为城市总体形象的均值，σ 为城市总体形象的标准差。标准化后的城市总体形象 Y_i 的均值也为 0，标准差也为 1，与四个公因子属于同一尺度。

表 4-6　标准化总体评价与四个因子得分的相关分析结果

因子		标准化总体评价
软环境因子得分	相关系数	0.509**
	显著性（双侧）	0.000
硬环境因子得分	相关系数	0.486**
	显著性（双侧）	0.000
功能因子得分	相关系数	0.463**
	显著性（双侧）	0.000
服务因子得分	相关系数	0.417**
	显著性（双侧）	0.000

注：**表示相关系数在 0.01 的显著性水平下显著。

从相关分析结果（见表4-6）可以看到，四个公因子与城市形象都有着显著的正相关关系。就关系密切程度而言，软环境因子的相关程度最高。为了分析因子对城市形象的具体影响，本研究进一步以标准化的总体形象为因变量，以四个因子为自变量，通过回归分析来探索其内在关系，回归结果见表4-7。

表4-7　四个公因子对城市形象的回归结果分析

R	R^2	调整后 R^2	F统计量
0.940	0.884	0.883	743.668[a]
变量	标准化系数	t	p
	Beta		
软环境因子得分（F_1）	0.509	29.526	0.000
硬环境因子得分（F_2）	0.486	28.191	0.000
功能因子得分（F_3）	0.463	26.887	0.000
服务因子得分（F_4）	0.417	24.192	0.000

注：a代表F统计量在0.01的显著性水平下显著。

根据回归结果，可以得到四个因子对城市形象关系的表达式为：

$$Y=0.509F_1+0.486F_2+0.463F_3+0.417F_4$$

从回归结果可以看出，四个因子都进入回归模型，此时模型调整后的判决系数为0.883，表明四个因子能解释城市总体形象88.3%的信息，并且ANOVA分析中的F统计量在0.01的显著性水平下显著，说明回归模型的拟合效果较好。回归系数检验结果验证了四个因子与城市形象的显著正相关关系，因此，对任何一个因子进行提升和改善，均能使城市形象得到提升。此外，影响城市形象的四个因子中，按影响作用从强到弱进行排序，分别是“城市软环境形象”因子、“城市硬环境形象”因子、“城市功能形象”因子和“城市服务形象”因子，受众对这四个因子的评分每提升1%，分别能使对城市形象的评价提升0.509%、0.486%、0.463%和0.417%。

通过上述分析我们可以发现，四个因子与城市形象都显著正相关，对任何一个因子进行提升和改善，均能使城市形象得到提升。对城市形象影响最大的是“城市软环境形象”因子，其次为“城市硬环境形象”因子、“城市功能形象”因子和“城市服务形象”因子。这说明城市形象的提升，不仅依赖于城市的基础设施、接待设施或拥有的自然风光或人文景观，还与城市的治安管理、市民素质、市容市貌、社会秩序及文化氛围等五个方面有着密切联系。因此，重视北京城市的软环境的建设和完善，将有利于进一步提升受众对北京城市形象的评价，有利于形成良好的口碑效应，进而提升北京的整体城市形象。

4.3.5　结构方程模型分析结果

上述分析中我们采用各题项的平均分作为该评价因素大小的测量依据，这种处理方式忽略了各个题项的权重和作用可能存在差异的情况。进一步，我们将采用结构方程模型对本研究所构建的理论模型进行验证。本研究运用 AMOS24.0 软件构建城市形象构成要素对城市形象影响的结构方程模型，进行模型的路径系数和拟合度检验，并根据实际情况进行模型修正，展现其拟合结果，验证前文所提的四个假设。

（1）模型拟合度分析。

在 AMOS 中构建研究模型，模型中自变量为城市形象的四个构成要素，分别是城市硬环境（YHJ）、城市软环境（RHJ）、城市功能（GN）和城市服务（FW），因变量为城市形象（Y），构建的模型如图 4-16 所示。

在对模型进行路径分析之前，需要检验模型的拟合度。本研究使用极大似然法对模型的参数进行估计，一般认为样本量为 100~400 适合使用极大似然法，极大似然法也是 AMOS 进行模型参数估计的常用方法。AMOS 中模型拟合指标较多，在研究中通常需综合考虑各项拟合指标，本研究根据侯杰泰、温忠麟（2004）的标准，将其要求与本研究模型输出值进行对比，结果见表 4-8。由表 4-8 可知，本模型具有良好的拟合度，只有 AGFI 值略低于最优值 0.9，但接近 0.9，在一定程度上可以接受。

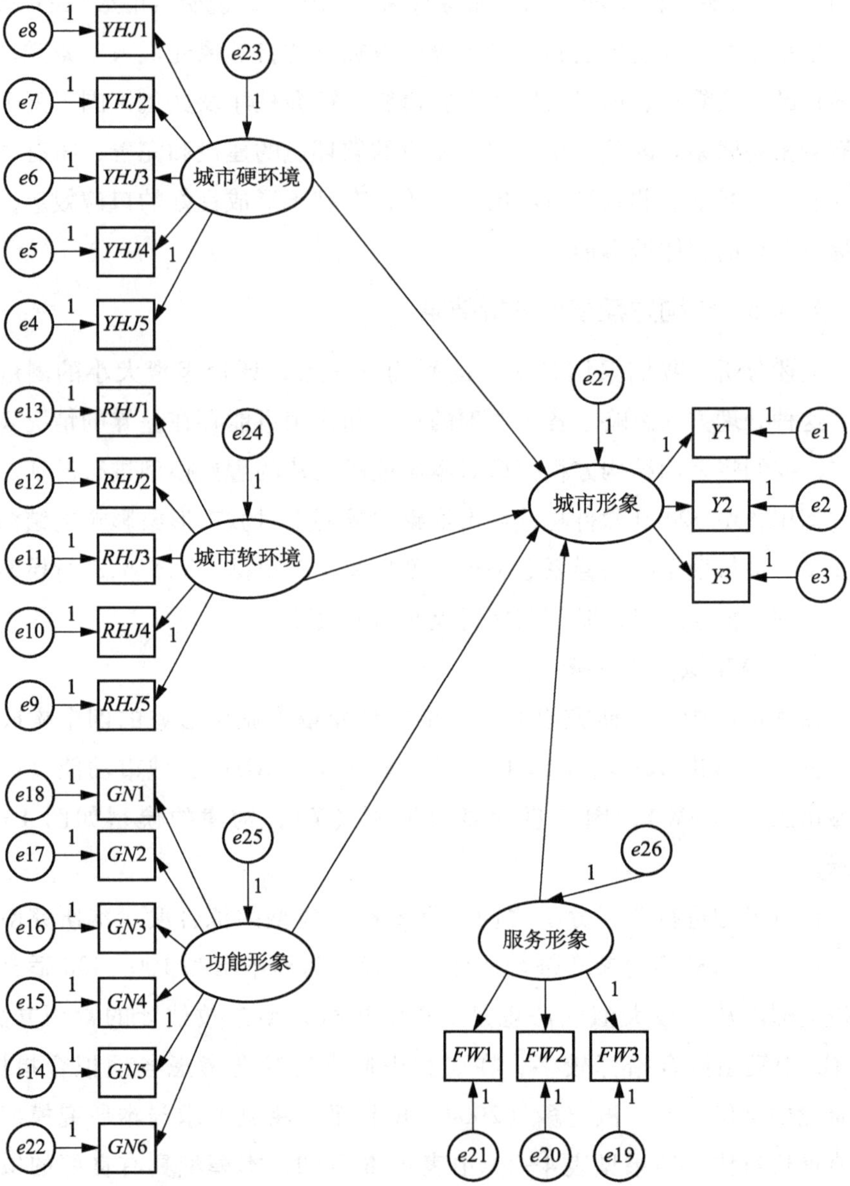

图 4-16　城市形象及其影响因素关系概念图

表 4-8　拟合度指标建议与本研究模型输出值对比

拟合指标	最优建议值	模型拟合值
CMIN/df	<3	2.804
RMSEA	<0.05	0.047
GFI	>0.9	0.921
NFI	>0.9	0.956
NNFI	>0.9	0.948
CFI	>0.9	0.98
IFI	>0.9	0.954
AGFI	>0.9	0.892

依据上文假设的理论模型和获取的数据资料，运用 AMOS18.0 软件，用最大概似法（ML 法）进行参数估计。结合上文给出的整体模型评价主要指标，从模型拟合度的输出结果来看，CMIN/df 为 2.804，小于 3，其中 CMIN 为卡方值，df 为自由度，数值大小为 205；RMSEA 为 0.047，小于 0.05；拟合指数 GFI、NFI 和 NNFI 分别为 0.921、0.956 与 0.948，三者皆大于 0.90；CFI 为 0.98，IFI 为 0.954，大于 0.95；AGFI 为 0.892，接近 0.9。由于模型拟合度报表只报告 RMR 指数，需要运行菜单“Plugins”下的“Standardized RMR”，再通过“Calculate Estimates”来计算出 SRMR 的拟合指数。本例的 SRMR=0.052<0.08，总体上讲，本研究所构建的模型具有较好的拟合度，能够较好地反映潜在变量和测量变量之间以及潜在变量之间的关系。每个题项与因素间的标准化系数大小如图 4-17 所示。所有标准化的因素载荷值均介于 0.58~0.89，达到理想水平，并且所有的因素载荷值都通过了显著性检验。

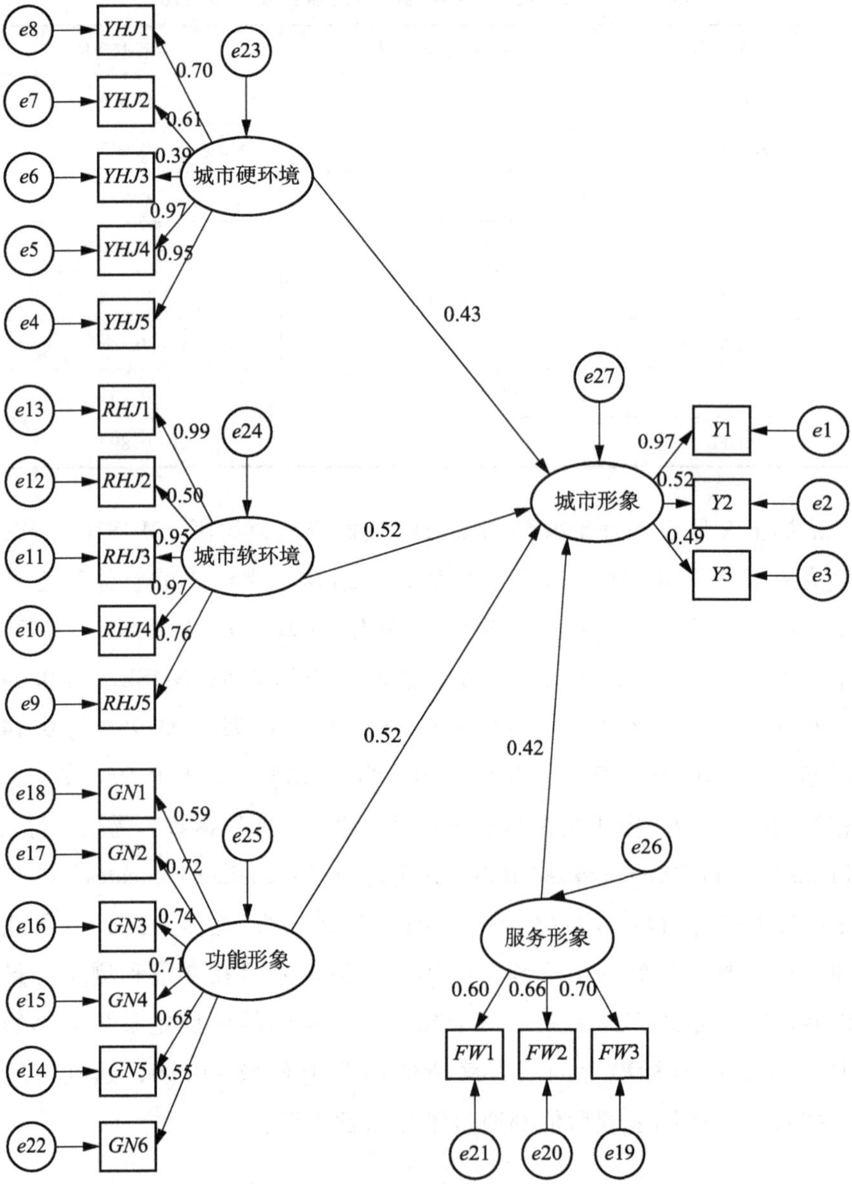

图 4-17　北京城市形象感知的影响因素结构方程模型参数图

（2）研究假设验证。

根据模型输出结果中的路径系数和相应的 t 值，就可以对各研究假设进行验证，各假设的作用路径、路径系数以及相应的 t 值等见表 4-9。

表 4-9　研究假设的验证

假设	作用路径	路径系数	t 值	结论
H1	城市硬环境→城市形象	0.43	15.693	支持
H2	城市软环境→城市形象	0.52	15.045	支持
H3	城市功能形象→城市形象	0.52	9.969	支持
H4	城市服务形象→城市形象	0.42	12.045	支持

根据表 4-9 中的作用路径和路径系数，所选取的四个维度对北京城市形象都有着正向的影响，也就是说，这四个因素在不同程度上都会对北京城市形象产生影响，都会影响到北京城市形象的感知，同时，路径系数的大小进一步反映了各因素对城市形象感知的影响程度。在影响城市形象感知的诸多因素中，城市软环境和城市功能形象是影响程度最大的因素，总效应均为 0.52，城市硬环境和城市服务形象影响相当，总效应分别为 0.43 和 0.42。

4.4　研究结果

通过实证分析，我们发现影响城市形象的因素具有以下特点：

（1）对城市形象的评价可以从“城市软环境形象”“城市硬环境形象”“城市功能形象”“城市服务形象”四个维度入手，这四个因素都对城市形象有着显著的正向影响，提升任何一个维度的形象，都能促使城市品牌综合形象的提升。

（2）受众对北京城市形象的评价倾向于正面、积极的评价，且在四个影响因素中，城市软环境的得分最高，而城市服务形象的得分最低。本研究中的城市软环境主要包括城市的治安管理、市民素质、市容市貌、社会秩序及文化氛围等五个方面。进一步分析其评价较高的原因可能与北京城市自身的特点有关。首先，北京是我国的首都，是我国的政治中心、经济中心，因此，在一定程度上北京的治安、社会秩序等相对其他省份做得更好。其次，北京聚集了众多高校，也是高等教育毕业生就业的首选之地，因此北京相对其他城市而言有较高的市民素质和较好的文化氛围。

（3）城市软环境和城市功能形象是对北京城市形象感知影响程度最大的因素。由此可见，作为中国的首都，北京城市形象的感知很大程度上受北京城市的市容市貌、社会秩序、文化氛围及城市提供给利益相关者的各种功能的影响。如果一个城市连最基本的治安管理或社会秩序都做不好，受众的安全无法保证，那无论有着如何迤逦的风光、如何优良的服务，也难提升受众对城市形象的综合评价。城市形象的提升，不仅依赖于城市的基础设施、接待设施或拥有的自然风光或人文景观，更与城市的治安管理、市民素质、市容市貌、社会秩序及文化氛围等五个方面有着密切联系。因此，进一步完善北京城市的软环境，将有利于提升受众对北京城市形象的评价，有利于形成良好的口碑效应，进而提升北京的整体形象。

（4）城市硬环境形象和城市服务形象因素对城市形象感知的影响程度次之。城市环境和基础设施作为人们和谐城市生活的重要保障，对城市形象的塑造至关重要；服务因素作为利益相关者与城市互动的媒介和触点，也得到了利益相关者的足够重视。

第5章 突发事件对城市形象的影响作用分析

城市形象是一个城市软实力的重要体现，良好的城市形象能够提高城市的知名度和美誉度，从而促进其经济、文化及综合实力的整体提升，稳定民心、增强市民幸福感。从受众认知心理学角度，城市形象被理解为受众对一个地区的总体感知和综合印象，是人们对该地区的联想和信息的缩影。根据信息认知过程的模式，城市形象的形成依赖于受众对城市形象资源及其信息的直接或间接接触，并受到接触过程中的相关因素的影响，“好事不出门，坏事传千里”的现象屡见不鲜，因此苦心塑造的城市形象极易受到外部环境的影响而发生变化。

从2009年乌鲁木齐的“七五”事件，到2014年昆明“3·1暴力恐怖袭击”事件，从2014年马航“MH370失联”事件，再到韩国“客船沉船”事故，这一系列突发事件的发生，给当地城市及国家形象造成了严重破坏，对城市服务业的持续稳定发展构成严峻挑战。这一系列突发事件的共同特点是人们对突发事件的负面印象转为对城市形象的否定，对城市形象产生了持续的负面影响。因此，在突发事件的情境下，如何测量、评价突发事件对城市形象的影响，如何消除或缓解突发事件所带来的不利影响，以及如何修复及重塑城市形象等问题是目前所需关注的热点问题。

从前文的文献回顾可以发现，突发事件对城市的影响备受关注，但还有一些问题值得深入探讨：首先，突发事件对城市形象的作用路径方面，突发事件的发生固然会影响到城市形象，但更应探讨突发事件的发生是“如何”影响城市形象的，是直接影响还是间接影响，即影响路径如何。本研究认为风险感知是个值得考虑的中介变量，即突发事件发生是否会引起受众风险感知，进而改变受众对城市形象的感知和评价是值得进一步分析和探讨的。其次，突发事件对城市形象的影响程度方面，突发事件发生对城市形象有显著的损害和负面影响是不争的事实，但两者间绝非简单的负相关关系，其影响程度、作用大小还与突发事件发生时责任当局采取的响应策略密切相关，目前的研究中，鲜有对此方面的研究和探讨。

综上，本章在突发事件背景下，以城市形象为研究对象，构建有调节作用的中介模型。研究目的主要有：①探讨受众风险感知是否在突发事件与城市形象之间起中介作用；②检验在不同的响应策略下，突发事件对城市形象的影响是否会有所差异，即响应策略的调节作用是否存在，为缓解突发事件的负面影响、提升城市形象提供科学的依据和支撑。

5.1 突发事件的概念界定

突发事件及其相关概念的界定一直是国内外学者研究的热点，如 James（1996）①、Davies 和 Walters（1998）②、McConnell（2003）③、翟晓敏等（1998）④、薛澜（2003）⑤ 都展开了深入的研究。突发事件这个概念，是我国约定俗成的名词，不是外来词语的一对一翻译。⑥ 虽然在新闻报道和学术研究中，“突发事件”的使用频率很高，但关于其定义却没有取得一致的意见。从字面来说，“突发”代表突然发生，具有突如其来、出乎意料的含义；“事件”是对特定群体或整个社会具有一定影响力的大事情，而不是与个人生活相关的小事情。所以两个词一个强调事件发生的

① Logue, James. Dissasters, the enviroment and public health: Improving out response [J]. American Journal of Public Health, 1996, 86 (9): 1207-1210.

② Davies H, Walters M. Do all crisisi have to become disasters? —Risk and risk mitgation [J]. Disaaster Prevention and Management, 1998 (7): 18-22.

③ McConnell A. Overview: Crisis management, Influences, responses and evaluation [J]. Parlia-Mentary Affairs, 2003, 65 (3): 363-367.

④ 翟晓敏，盛昭瀚，何建敏．应急研究综述与展望［J］．系统工程理论与实践，1998（7）：17-24.

⑤ 薛澜．危机管理［M］．北京：清华大学出版社，2003.

⑥ 朱力．突发事件的概念、要素与类型［J］．南京社会科学，2007（11）：81-88.

突然性，一个注重事件影响的广泛性。

欧洲人权法院把突发事件定义为："一种特别的、迫在眉睫的危机或危险局势，影响全体公民，并对整个社会的正常生活构成威胁。"这个定义更多地强调了突发事件作用的广泛性和全局性。我国学者从不同的研究角度对"突发事件"的概念进行了界定。林汉川（1994）认为，突发事件是指突然发生的危及生命财产的重大事件，诸如飞机失事、火车脱轨、轮船沉没、火灾、爆炸坍塌、燃气泄漏等恶性事故。[①] 该定义实际上把突发事件界定为危及人民生命财产的重大恶性事故。袁辉（1996）运用系统论、突变论的原理和方法，分析了突发事件发生的原因和过程，认为突发事件就是在特殊情况下，由于系统内部条件和外部环境发生急剧变化，系统的稳定性和可控性遭到破坏，系统的行为出现异常情况而发生的一类无秩序的意外事件。[②] 赵伟鹏和戴元祥（2001）认为，所谓突发事件，是指超常规的、突然发生的、需要立即处理的事件。突发事件会对其相关的政府组织构成威胁，重大的、涉及面广的突发事件还可能使政府组织处于危机状态。因此，突发事件也可称为危机事件。[③] 该定义从组织危机的角度对突发事件进行界定，抓住了突发事件的突发性、情急性等特点。郝国庆（2003）认为，突发事件是指那些突然发生、带有异常性质、人们缺乏思想准备的事件。[④] 沈正赋（2003）认为，突发事件是指突然发生，并呈现出异常状态，大众对此缺乏思想准备却普遍予以高度关注的新闻事件。[⑤] 该定义从新闻的角度对突发事件进行界定，抓住了突发事件的突发性、异常性、破坏性、急迫性和迅速传播性等特征。

随着我国对自然灾害、事故灾难等应急管理的重视，突发事件的概念也伴随着相关法律法规的制定而越发明确和完善。2006 年 1 月，我国国务院发布了《国家突发公共事件总体应急预案》。为进一步提高社会各群体

---

① 林汉川．公关策划学［M］．上海：复旦大学出版社，1994：56.
② 袁辉．重大突发事件及其应急决策研究［J］．安全，1996（2）：1-4+8.
③ 赵伟鹏，戴元祥．政府公关关系理论与实践［M］．天津：天津人民出版社，2001.
④ 郝国庆．建立和完善我国突发事件应对机制［J］．党政干部论坛，2003（6）：20-22.
⑤ 沈正赋．突发事件中报道机制的科学调控［J］．传媒观察，2003（4）：53-58.

依法应对突发事件的能力，及时有效控制、减轻和消除突发事件引起的社会危害，国务院2007年发布了《中华人民共和国突发事件应对法》（简称《突发事件应对法》）。在文件中明确指出，突发事件是指“突然发生，造成或者可能造成严重社会危害，需要采取应急处置措施予以应对的自然灾害、事故灾难、公共卫生事件和社会安全事件”。这一定义不仅明确表达了突发事件发生时所需采取的行动，还简明概括了突发事件所涵盖的范围和内容，为本研究采用的定义。

在中文语境中，与突发事件（emergency）这一概念相似的表述还有“偶发事件”“偶然事件”“意外事件”等，在英文中与之相关联的词汇涉及“事故”（accident）、“紧急事件”（emergency event）、“危机”（crisis）、“灾害”（hazard）等。有学者指出，以上概念在损害程度、影响范围、应急需要的资源、恢复时间等方面存在着较大的差异，从事故、危机、紧急事件或灾难到巨灾，其损害程度是在逐渐加深的，影响的范围也越来越大，事件发生后恢复所需的时间也越来越长。为了更好地认识、理解突发事件的含义，我们对以上相近的概念进行总结和对比。

（1）紧急事件。在外文文献的查阅中，我们很难找到一个能和“突发事件”这个概念完全吻合的单词，国内研究中对突发事件的英文翻译多用emergency event，即紧急事件。虽然紧急事件的含义与突发事件很相近，但二者仍有区别。朱力（2007）在《突发事件的概念、要素与类型》一文中总结了以下三个区别：① 第一，英文中的emergency往往不具有国内突发性事件这一概念本身所体现的大规模的、影响严重的特性，而往往是个体的、家庭的或者其他较小单位所面临的即时性的问题。第二，突发的内涵与外延比紧急狭窄。突发事件属于紧急事件，但紧急事件并不一定都是突发事件。第三，突发事件与紧急事件的要素是一样的，但突发事件强调的是事件发生在时间上的突然性，紧急事件强调的是主体应对事件的反应时间上的紧迫性。“紧急”总是与事件发生形式的突然性、主体反应时间的

① 朱力．突发事件的概念、要素与类型［J］．南京社会科学，2007（11）：81-88.

有限性、需要立即采取行动密不可分。可见，虽然紧急事件与突发事件近似，但二者不是完全相同的。

（2）危机。国外的研究中更多使用“危机”（crisis）这个概念。Hermann（1972）被看作是危机研究的先行人，他认为危机是威胁到决策集团根本目标的一种情势，在这种情势下，允许决策集团做出反应、调整目标的时间十分有限。[①] 这个定义更多反映的是事件发生的突然性，其爆发往往具有不可预测性，在决策主体的意料之外。Barton（1993）认为，危机的潜在危害是不容忽视的，危机事件可能对社会或个人造成巨大损害。[②] Foster（1997）从生态学的角度，界定了危机情境下存在的“紧急决策”“人员严重缺乏”“物质严重缺乏”“时间严重缺乏”四个基本特征。[③] 这时“危机”的概念已经基本成熟稳定，此后研究的重点从对危机的基本认识到危机管理，即针对危机发生后的管理和防控工作，从政府、社会、外交等领域提出相应的危机管理的方法。由于存在研究角度和语言差异等因素，国内外对“突发事件”与“危机”在概念上的界定并不十分清晰明确。虽然二者均是对负面事件的描述，但与“危机”相比，“突发事件”更侧重于描述引起危机爆发的导火索，相对显性且更容易感知。“危机”偏重于描述突发事件造成的严重后果，其形成需要一段时间，爆发前所形成的负面影响可能是较为隐性的、潜在的。[④]

（3）灾害事件。李华强（2011）指出灾害主要是指综合危害程度在爆发点前后均为具有复杂性特征的自然灾害，其特点是突发、爆发，并且后续影响深远，长时间内难以平息。[⑤] 杨梦婷（2015）指出灾害事件是指以自然力量为主因，导致人员伤亡、财产损失的事件，如我国目前面临的主要自然灾害包括洪涝、干旱、台风、冰雹、雷电、高温热浪、沙尘暴、地

① Hermann C F. International crises: Insights from behavioral research [M]. New York: Free Press, 1972.

② Barton S L. Crisis in organizations [M]. Cincinnati: Southwestern Publishing Company, 1993: 38.

③ Foster J B. The crisis of the Earth [J]. Southern Journal of Philosophy, 1997, 8 (2-3): 107-115.

④ 赵士林．突发事件与媒体报道 [M]．上海：复旦大学出版社，2006.

⑤ 李华强．突发性灾害中的公众风险感知与应急管理 [D]．西安：西安交通大学，2011.

震、地质灾害、风暴潮、赤潮、森林草原火灾和植物森林病虫害等，都具有破坏性、不可预见性、突发性等特点，都会给公众的生命、财产带来损失，防灾减灾任务艰巨。[①] 由上述定义可知，灾害事件多指非人为因素引发的自然灾害。

(4) 灾难事件。灾难的释义是自然的或人为的严重损害带来对生命的重大伤害。灾难主要来自自然界或人为的事故（如空难、海难事故等），其发生具有不可预测与不可抗拒的含义，强调的是事件具有的悲惨性后果，并没有强调时间上的紧迫性。[②]

由此可见，突发事件的含义与紧急事件、危机、灾害、灾难等概念多有重合之处，在目前以突发事件为主题的研究中，并没有对以上概念做出严格的区别，往往是混合使用，甚至还有突发危机事件、突发灾害、灾害危机等多种组合。而且研究者的背景不同，关注的重点也有所差异：社会学研究者侧重于突发事件的传播路径和作用大小，新闻、传播领域的研究者多强调事件的突发性和事件传播的爆炸性，公共管理背景的研究者多侧重对突发事件发生后采取的管理措施和手段。视角的不一致，很好地解释了目前突发事件定义不统一的情况。

5.2 突发事件的分类与分级

为了更好地应对突发事件，首先需要对其类型进行清楚的认识，分别采取有针对性的措施和手段，方能取得较好的应对效果。突发事件分类方法很多，没有统一的划分标准，可以从事件发生的原因、事件的复杂程度、事件的影响范围、事件的危害程度等多个角度进行分类。由于目前研究对“突发事件”和“危机”等概念并未做严格区分，而且国外研究中没有与“突发事件”概念完全吻合的单词，而多使用“危机”（crisis）一

---

① 杨梦婷．重大自然灾害事件中的公众安全感影响因素研究［D］．成都：电子科技大学，2015.

② 朱力．突发事件的概念、要素与类型［J］．南京社会科学，2007（11）：81-88.

词，所以我们将危机的分类标准也一并考虑进来。

荷兰莱登大学危机管理专家 Uriel 和 Michael（1989）按发生、终结的速度以及持续时间的长短将危机划分为腹泻型、龙卷风型、文火型和长投影型四种类型，如图 5-1 所示。[①] 该方法将所有危机事件分为四个象限：第一象限事件为腹泻型，表现为逐渐发展、快速终结；第二象限为龙卷风型，表现为快速发展、快速终结；第三象限为文火型，表现为逐渐发展、逐渐终结；第四象限为长投影型，表现为快速发展、逐渐终结。Stallings 和 Schepart（1987）依据突发事件情境中主体的态度，把突发事件分为一致性危机（如自然灾害）和冲突性危机（如产品质量投诉）；[②] Gonzalez 和 Pratt（1995）依据生命周期表现，把危机分为蜂巢型危机、攀高型危机和循环型危机；[③] Lerbinger（1997）依据作用因素把危机分为物理危机、科技危机和人为危机；[④] Hwang 和 Lichtenhal（2000）依据危机突发性的不同，把危机分为突发性危机和渐进性危机。[⑤] 根据危机的影响范围和扩散形式，罗美娟等（2008）把危机划分为地理扩散和类型扩散。[⑥] 从危机事件产生的影响程度，杨洋等（2011）聚焦自然灾害类危机事件提出危机五属性模式，即严重性、破坏性、危险性、持续性和可控性。[⑦]

McConnell（2003）依据突发事件爆发的情况，将突发事件分为潜伏突

① Uriel R, Michael C T. Coping with crises: The management of disasters, riots and terrorism [M]. Springfield: Charles C Thomas, 1989.

② Stalling R A, Schepart C B. Contrasting local government responses to a tornado disaster in two communities [J]. International Journal of Mass Emergencies and Disasters, 1987, 5 (3): 265-284.

③ Gonzalez H A, Pratt C B. How to management a crisis before or whatever it Hits [J]. Public Relations Quarterly, 1995 (1): 25-29.

④ Lerbinger O. The crisis management: Facing risk and responsibility [M]. New Jersey: Lawrence Erlubaum Associates, 1997.

⑤ Hwang P, Lichtenhal D. Anatomy of organizational crises [J]. Journal of Contigencies and Crisis Management, 2000 (3): 129-140.

⑥ 罗美娟，郑向敏，沈慧娴．解读旅游危机的类型与特征［J］．昆明大学学报，2008（2）：59-63.

⑦ 杨洋，李蔚，李珊．严重自然灾害危机对旅游意愿的影响因素探析［J］．中大管理研究，2011，6（3）：90-105.

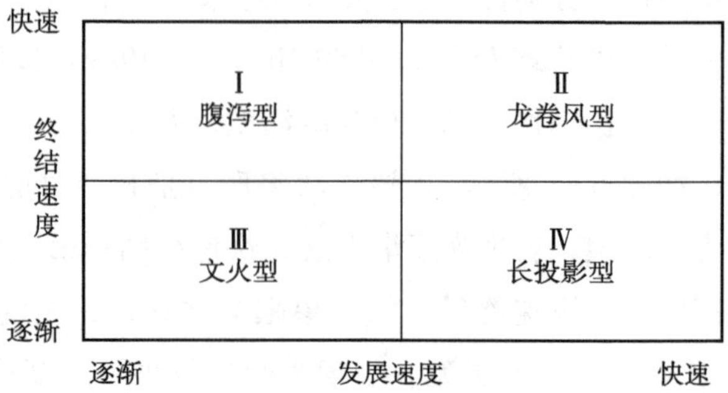

图 5-1 危机事件分类

资料来源：Uriel R，Michael C T. Coping with crises：The management of disasters，riots and terrorism [M]. Springfield：Charles C Thomas，1989.

发事件和延缓突发事件两类。① 一些学者从突发事件的性质和诱因出发，对突发事件进行分类。Pendergraft 和 Robertson（2004）区分了影响组织的不同类型的突发事件。根据突发事件影响的对象和突发事件的诱因，将突发事件分为公共突发事件和非公共突发事件。② 此外，一些学者将突发事件划分为合作突发事件、金融突发事件、经济突发事件、国际突发事件、国内突发事件、社会突发事件等（Antonioni et al.，2007③；Ji et al.，2008④）。很多学者的分类视角是基于突发事件的产生根源，对突发事件进行类别的划分。突发事件的划分类型可以概括为以下几种：

第一种分类最为简单，将突发事件分为自然的和人为的两类。自然危机是指大自然带来的危害灾难，不是由社会因素造成的，包括地震、洪水、雪灾、飓风等；人为危机是指由人的某种行为引起的危机事件，包括

---

① McConnell A. Overview：Crisis management，influences，responses and evaluation [J]. Parliamentary Affairs，2003，65（3）：363-367.

② Pendergraft D R，Robertson C V. Simulation of an airport passenger security system [C]. Winter Simulation Conference，2004：874-878.

③ Antonioni G，Spadoni G，Cozzani V. A methodology for the quantitative risk assessment of major accidents triggered by seismic events [J]. J Hazardous Materials，2007（147）：48-59.

④ Ji X，Weng W，Fan W. Cellularautomata-based systematic risk analysis approach foremergency response [J]. Risk Analysis，2008，28（5）：1147-1159.

恐怖袭击、抢劫、政治活动、空难、交通事故、暴动等。①

第二种分类将突发事件分为三类：第一类是大自然产生的天灾，如洪水、暴风、地震等事件；第二类是人为刻意造成的灾祸，包括全局性或局部性的社会冲突，如恐怖主义袭击等；第三类是与人的活动相关的事件，如火车相撞、飞机失事、核泄漏等。

第三种分类从管理的视角，在人为和非人为两分类的基础上，加上突发事件发生的内在环境和外在环境，把突发事件分为四类，分别是：外在环境引发的人为事件，如消费者抗议、产品伤害事件等；外在环境引发的非人为事件，如地震、台风、洪涝灾害等；内在环境引发的人为事件，如劳资冲突、罢工等；内在环境引发的非人为事件，如有毒物质泄漏等。

第四种分类将突发事件分为五类：一是由于不可抗力引发的自然灾害，如海啸等；二是人为因素造成的重大事件，如飞机失事、火车相撞等；三是人为因素造成的社会动乱，如种族冲突、宗教对抗等；四是恐怖活动，如恐怖主义袭击、游客被绑架等；五是国家（地区）与国家（地区）之间发生的武装斗争等。

以上几种分类都是基于突发事件发生的原因，分类越来越细，逐渐具体。此外，按照突发事件涉及的区域和范围，突发事件还可划分为区域范围突发事件、国家范围突发事件和全球范围突发事件；按照突发事件发生的领域，突发事件可划分为公共卫生类突发事件、政治性突发事件、经济性突发事件、社会类突发事件等。综上，突发事件分类汇总见表 5-1。

表 5-1　学术领域突发事件分类汇总

划分标准	类型
情境中主体态度	一致性危机、冲突性危机
生命周期表现	蜂巢型危机、攀高型危机、循环型危机
作用因素	物理危机、科技危机、人为危机

① 冯四朵，白凯．旅游目的地人为导致类危机属性构成：测量量表开发的视角［J］．旅游学刊，2016，31（8）：90-101.

续表

划分标准	类型
突发性	突发性危机、渐进性危机
严重性	严重性、破坏性、危险性、持续性、可控性
发生原因	自然、人为
环境+原因	外在环境引发的人为危机、外在环境引发的天然危机、内在环境引发的人为危机、内在环境引发的天然危机

《中华人民共和国突发事件应对法》将突发事件划分为自然灾害、事故灾难、公共卫生事件和社会安全事件四类，每个类型突发事件的定义及类型示例见表5-2。

表5-2　突发事件分类及示例

突发事件类型	具体定义	类型示例
自然灾害	由自然环境变化引起的危害事件，主要包括水旱灾害、气象灾害、地震灾害、地质灾害、海洋灾害、生物灾害和森林消防火灾等	汶川地震、印度洋海啸
事故灾难	由人为操作失误引起的危害事件，主要包括工矿商贸等企业的各类安全事故、交通运输事故、公共设施和设备事故、环境污染和生态破坏事件等	2011年日本核泄漏事件；2014年马航MH370失联事件
公共卫生事件	城市中的传染病疫情、群体性不明原因疾病、食品安全和职业危害、动物疫情以及其他严重影响公众健康和生命安全的事件	2003年SARS疫情；2020年新型冠状病毒肺炎疫情
社会安全事件	城市中发生的恐怖袭击事件、经济安全事件和涉外突发事件等	“9·11”恐怖袭击；亚洲金融危机

资料来源：分类及定义来自《国家突发公共事件总体应急预案》。

突发事件不仅分类，而且还分级，其目的是为后续的应急响应行动提供参考，使响应行动与突发事件的潜在的影响相匹配，避免响应滞后或不足带来的负面影响，也减少响应过度带来的浪费。在《突发事件应对法》中，突发事件的分级与突发事件的预警级别是分别规定的。《突发事件应对法》第三条第二款规定，按照突发事件的社会危害程度、影响范围等因素，自然灾害、事故灾难、公共卫生事件分为四级，即Ⅰ级（特别重大）、Ⅱ级（重大）、Ⅲ级（较大）和Ⅳ级（一般），法律、行政法规或国务院另有规定的，从其规定。①

特别重大突发事件（Ⅰ级）：指突然发生，事态非常复杂，给国家公共安全、政治稳定和社会经济秩序带来严重危害或威胁，已经或可能造成特别重大人员伤亡、重大财产损失或严重生态环境破坏，需要国家和政府统一组织协调，调度各方面力量和资源进行应急处置的事件。重大突发事件（Ⅱ级）：指突然发生，事态复杂，对一定区域内的公共安全、政治稳定和社会经济秩序造成严重危害或威胁，已经或可能造成重大人员伤亡、重大财产损失或严重生态环境破坏，需要调度多个部门、相关单位力量和资源进行联合处置的紧急事件。较大突发事件（Ⅲ级）：指突然发生，事态较为复杂，对一定区域内的公共安全、政治稳定和社会经济秩序造成一定危害或威胁，已经或可能造成较大人员伤亡、较大财产损失或生态环境破坏，需要调度个别部门、力量和资源进行处置的事件。一般突发事件（Ⅳ级）：指突然发生，事态比较简单，仅对较小范围内的公共安全、政治稳定和社会经济秩序造成严重危害或威胁，已经或可能造成人员伤亡和财产损失，只需调度个别部门、力量和资源就能处置的事件。

《突发事件应对法》第四十二条第二款、第三款规定，可以预警的自然灾害、事故灾难和公共卫生事件的预警级别，按照突发事件发生的紧急程度、发展态势和可能造成的危害程度分为一级、二级、三级和四级，分别用红色、橙色、黄色和蓝色表示。

虽然对突发事件的定义不同，分类视角也呈现多元化趋势，但此类事件的共同特点是突然发生、难以预料、会产生负面影响和需紧急处理，因此突发事件的发生势必给当地居民、游客以及城市（地区）形象带来不同程度的影响。②

---

① 国务院. 中华人民共和国突发事件应对法 [Z]. 2007.

② 董杰，刘新立，宋璐毅. 北京 2008 年奥运会对突发事件的风险管理 [J]. 体育与科学，2005，26（1）：30-35.

5.3 突发事件的特点

突发事件具有以下特点：

（1）发生突然性。突发性是突发事件的显著特征，即事件是突然发生的。尽管当今的科技发展日新月异，人们对一些自然灾害、气象变化的规律有了进一步的认识，但想获得准确的发生时间、地点、作用范围、持续时长等详细信息仍是无法实现的。虽然突发事件可能具有一定时长的潜伏期，但由于多种因素长期积累、互相作用，使突发事件变得比较复杂，突发事件是否出现及发生的时间、地点、影响大小、作用时长等信息都是难以准确预知的。事件发生之前无任何征兆或征兆不易被察觉，各级社会组织很难对其进行预测。“汶川地震”“昆明火车站暴恐事件”等都是无征兆突然发生的。也正是由于突发事件所具有的突发性，会让其发生后产生巨大的震撼力和影响力，短时间内迅速成为社会所共同关注的焦点和热点，严重影响着经济社会的发展和人们的生产生活。

（2）后果危害性。突发事件发生后，会造成一定的社会影响，危害人民的生命财产安全，造成公共设施或社会生态环境的破坏，如果不能在第一时间做出响应或者处理方式不当或错误，还可能引发公众的心理风险感知，造成严重的社会动荡。把突发事件的危害降到最低，对促进经济的发展、保障人民群众的安全、维护社会的稳定发展具有极其重要的作用。

（3）处理紧急性。一方面，突发事件可能造成财产损失或人员伤亡等，相关机构及决策者必须在短时间内对人力、物力和财力等资源进行有效的调动与配置，迅速做出响应和处置，制定合适的现场救援策略；另一方面，突然发生的事件使公众迫切想要了解事件的真相及发展的最新近况，需要决策部门迅速做出响应，发布信息、引导舆论。因此突发事件所具有的紧急性的特点，是对相关机构应急能力和应急水平的重要考验，只有快速反应、积极应对，才能有效控制事态的发展，缓解突发事件带来的负面后果与影响。

(4) 成因多样性及相关性。从上述突发事件的分类可以看出，突发事件的类型不同，其发生的根源和成因也多种多样，有些是可以减少或避免的人为事件，有些则是不可抗的自然事件。与此同时，不同类型的突发事件不是独立存在、互不相关的，它们往往同时存在并相互影响。例如龙卷风自然类突发事件可能诱发火车脱轨、飞机失事等非自然类突发事件的发生。因此，多种突发事件彼此有联系，在其耦合作用下有可能产生各种“涟漪效应”，使突发事件带来的后果变得更为严重，也使突发事件的响应和处理变得更为复杂。

5.4 理论分析与研究假设

5.4.1 突发事件对城市形象的直接效应

城市形象是一个地区在公众头脑中留下的印象，是社会公众对一个城市的信息处理过程和结果。根据信息认知过程的模式，城市形象的形成依赖于受众与城市相关的信息直接或间接的接触，且非常容易受到外力的作用和影响。根据负面偏差理论，突发事件比正面事件更具吸引力和煽动性(Tasci and Garner，2007①；胡家镜等，2020②)。突发事件对城市影响的研究主要集中于评估特定突发事件给城市的旅游人数、旅游收入带来的经济损失，如金融危机、恐怖袭击、重大自然灾害、公共卫生事件等，或分析突发事件对城市旅游需求市场的影响和发展趋势。研究方法也日渐丰富，本底趋势线法、ARIMA、SARIMA 模型、BP 神经网络模型等相继出现。在评估测量经济损失的同时，一些学者开始关注突发事件给城市形象带来的影响。突发事件对城市形象的影响可以从事件的影响范围、经济损失、人

① Tasci A D，Garner C W. Destination image and its functional relationships [J]. Journal of Travel Research，2007，45 (5)：413-425.

② 胡家镜，万秋，刘悦，Christina G Chi. 负面事件对旅游目的地的影响及应对策略——基于动态视角的实验研究 [J]. 旅游学刊，2020，35 (5)：108-123.

身伤害、是否出现死亡以及是否造成国际影响等方面进行全方位评价，并且不同类型的突发事件对城市形象的损害程度不同，就北京地区而言，事故灾难危害程度最大，个体事件危害程度最小。突发事件对当地资源、交通的破坏，或对文化的冲击造成社会公众改变对城市形象的评价，使其行为模式发生变化，从而引起旅游市场的波动，甚至对城市竞争力产生显著负影响。

在网络时代由于网络传播形成的信息爆炸效应和舆论聚合效应，使突发事件对城市形象的负面影响更为显著，政治事件、社会治安事件、自然灾害、急性传染病等，这些事件都有可能让目的地形象顷刻之间不复存在（Chen et al.，2016）。[①] 一方面，突发事件可能直接使城市的基础设施和服务设施损毁；另一方面，其还可能使受众对城市产生高风险的联想，留下不安全的消极印象，这一负面形象通常还会持续一段时间，短期内很难扭转或缓解。

突发事件对城市形象的影响程度和范围大小取决于事件本身的性质，比如事件的危害程度，事件发生的频率、方式以及事件的性质。首先，不同类型的突发事件，其对城市形象影响的程度是不同的。自然灾害带来的损失通常不是可预估或控制的，如 2011 年日本的地震和海啸、2004 年印度洋的海啸、2008 年我国的汶川大地震等，这些突发事件都在一定程度上给事件发生的城市带来了负面、消极的影响。虽然人为灾难带来的经济损失通常比较有限，但其影响面却会比较广泛，例如恐怖袭击等突发事件不仅会影响到事件发生地的城市形象，而且很可能扩散到更广阔的区域，甚至对国家形象产生负面的影响。其次，突发事件后产生的危害程度的大小不同，对城市形象的影响也存在差异，突发事件越严重，引起“涟漪效应”越明显（Handler，2016），[②] 其对城市（地区）形象的损害也就越为

① Chen C C，Lai Y H，Petrick J F. Tourism between divided nations：An examination of stereotyping on destination image [J]. Tourism Management，2016（55）：25-36.

② Handler I. The impact of the Fukushima disaster on Japan's travel image：An exploratory study on Taiwanese travellers [J]. Journal of Hospitality & Tourism Management，2016（27）：12-17.

强烈（Magnusson et al.，2014）。[①] 最后，突发事件还可根据是否能进行预警进行分类，一些突发事件可以提前预报，让大家做好应对和准备工作，例如飓风和台风等，但像地震和恐怖袭击等突发事件往往是很难去采取预警措施的。因此，把一部分突发事件称作“巨蟒事件”（发生得慢但不可避免），另一部分突发事件被称作“眼镜蛇事件”（发生得很突然，猝不及防）。虽然不同类型的突发事件产生的影响有所区别，但突发事件一旦发生，根据保护动机理论，受众会根据事件信息进行威胁和应对评估（杨钦钦和谢朝武，2018），[②] 据此对城市形象的评价做出调整。基于此提出如下假设：

H5：突发事件的严重程度负向影响城市形象。

5.4.2　风险感知的中介效应

（1）风险感知的定义。

目前学术界对风险的内涵还没有统一的定义，由于对风险的理解和认识程度不同，或对风险的研究角度不同，不同的学者对风险有着不同的界定。“风险”可被理解为事物可能结果的不确定性，这个视角下风险被定义为实际结果与预期结果的偏离程度，因此风险可看作围绕着预期回报、可能回报的上下浮动。风险的以上定义与方差的概念相一致，且因方差便于计算，风险的这个定义在实际中得到了广泛应用。另一种视角把风险看作一个二维概念，认为风险是指在一定条件下、一定时期内，由于各种结果发生的不确定性而导致行为主体遭受损失的多少，以及这种损失发生可能性的大小，即风险以损失发生的严重程度与损失发生的概率两个指标进行衡量。

“感知”概念源于认知心理学，[③] 指人们通过感官接收、处理与传递环

---

① Magnusson P，Krishnan V，Westjohn A S，Zdravkovic S. The spillover effects of prototype brand transgressions on country image and related brands [J]. Journal of International Marketing，2014，22（1）：21-38.

② 杨钦钦，谢朝武．恐袭背景下游客微、宏观旅游安全感知与出游意愿的互动效应研究 [J]．旅游学刊，2018，33（5）：68-78.

③ 王庆．环境风险的媒介建构与受众风险感知 [M]．北京：中国传媒大学出版社，2017.

境（包括生理与社会交往）信息的心理过程。因此，“风险感知”（risk perception）表示人们对客观事件或风险的认识和主观感受，用来描述人们对风险的态度和直觉判断，它是人们对某一特定风险事件发生概率的主观评估以及对其造成后果关注的程度，包括发生概率和负面后果评价两个方面。Slovic（1987）指出，风险感知是用来描述人们对风险的态度和直觉判断的一个概念，[①] 在人类的行为中扮演了非常重要的角色（Cho and Lee，2006）。[②] 无论是日常生活的各种决策（Erdem and Swait，2004[③]；Forsythe and Shi，2003[④]），还是在人们面临重大危机的时刻（Slovic，2000[⑤]），风险感知都具有重要的影响。人们对风险的主观认知，会改变人们的决策或消费行为。当人们感知到风险时，后续所采取的行动可能产生一些无法预料或与预期不符的结果，而且这些结果通常是让人不愉快的（Mahon and Cowan，2004）。[⑥]

同时，需要强调的是，受众对风险的感知并不同于受众所遭遇到的真实风险，受众的风险感知是对风险的主观感受和认识，并非风险本身。Cunningham（1967）首先提出了双因素模型，即风险感知是指某件事发生的不确定性以及发生后结果的危险性，因此事件发生的不确定性越高或者风险事件造成结果的危险性越强，受众的风险感知越强。[⑦] Jacoby 和 Kaplan（1972）提出受众的风险感知包括以下六方面：财务风险，产品是否物有所值；功能风险，产品是否有预期的功能；心理风险，档次低的产

---

① Slovic P. Perception of risk [J]. Science, 1987 (236): 280-285.

② Cho J, Lee J. An integrated model of risk and risk reducing strategies [J]. Journal of Business Research, 2006 (59): 12-120.

③ Erdem T, J Swait. Brand credibility, brand consideration, and choice [J]. Journal of Consumer Research [J]. 2004, 31 (1): 191-198.

④ Forsythe S M, Shi B. Consumer patronage and risk perceptions in internet shopping [J]. Journal of Business Research, 2003, 56 (11): 867-875.

⑤ Slovic P. The perception of risk [M]. London: Earthscan, 2000.

⑥ Mahon D, Cowan C. Irish consumers' perception of food safety risk in minced beef [J]. British Food Journal, 2004, 106 (4): 301-312.

⑦ Cunningham S M. The major dimensions of perceived risk [A] //Risk taking and information handling in consumer behavior [M]. Boston: Harvard University Press, 1967: 82-108.

品是否会伤害消费者尊严；身体风险，产品使用中是否会对身体造成伤害；社交风险，较差的产品可能会导致社交困窘的风险，让消费者陷入尴尬的境地；时间风险，寻找可以满足预期的产品是否会浪费大量的时间。[①]突发事件的严重程度越强，则感知损失越大，风险感知越高（Paswan et al.，2007[②]；Vassilikopolou et al.，2009[③]；），受众一旦感知到了风险，其行为意愿就会发生相应的改变（孙莹等，2014）。[④]

由此，很多研究关注风险感知对消费者行为意愿的影响，Wood 和 Scheer（1996）将感知风险视为获得某种产品必须付出的成本之一，认为感知风险会直接影响行为意愿。[⑤] 高海霞（2009）认为感知风险与行为意愿负相关，降低感知风险，可以提高消费者的行为意愿。[⑥] 钟岭（2011）在可辩解型产品伤害危机中得到感知风险与购买意愿显著负相关的结论。[⑦]赵宝春（2016）[⑧] 在控制伦理情景下，发现在非伦理情境下，感知风险对行为意愿有着显著的副作用，且受直接经验负向调节。基于学者们对两者相关性的研究，可知感知风险与行为意愿存在负相关关系，感知风险高时，消费者购买行为或意愿将会显著降低（Mitchell，1993），[⑨] 消费者在做购买决策时存在减少风险的倾向，从而会选择风险较小的产品（赵保国

---

① Jacoby J，Kaplan L B. The components of perceived risk [C]. Proceedings of the 3rd Annual Convention of the Association for Consumer Research，1972.

② Paswan A K，Spears N，Ganesh G. The effects of obtaining one's preferred service brand on consumer satisfaction and brand loyalty [J]. Journal of Services Marketing，2007，21 (2)：75-87.

③ Vassilikopolou A，Siomkos G，Chatzipanagiotou K. Product-harm crisis management：Time heals all wounds? [J]. Journal of Retailing and Consumer Services，2009，16 (3)：174-180.

④ 孙莹，杜建刚，李文忠．产品召回中的负面情绪和感知风险对消费者购买意愿的影响——基于汽车产品召回的实证研究 [J]．管理评论，2014 (2)：104-110.

⑤ Wood C M，Scheer L K. Incorporating perceived risk into models of consumer deal assessment and purchase intent [J]. Advances in Consumer Research，1996，23 (1)：399-405.

⑥ 高海霞．消费者感知风险及行为模式透视 [M]．北京：科学出版社，2009.

⑦ 钟岭．企业应对行为对消费者品牌关系断裂影响机理研究——基于可辩解型产品伤害危机 [D]．南昌：江西财经大学，2011.

⑧ 赵宝春．非伦理消费情景下感知风险对行为意愿的影响：直接经验的调节作用 [J]．管理评论，2016 (2)：116-126.

⑨ Mitchell V W. Factors affecting consumer risk reduction：A review current evidence [J]. Management Research News，1993 (16)：6-20.

和成颖慧，2013）。[①]

由此可知，风险感知会影响到消费者的行为意愿。同理，在突发事件的情境中，突发事件的发生也会引发受众的风险感知。那么，风险感知的大小与受众对城市形象的评价和感知之间是否有关系？其影响的方向、大小为何？对这些问题需要进一步探索和研究。

（2）风险感知的中介效应分析。

感知到风险或损失并采取躲避行为是生物体赖以生存的本能反应之一，因此，突发事件的发生会使负面消息不断扩散，负面消息将使消费者首先从心理上产生风险感知（史小娜，2012）。[②] 面对突发事件时，绝大多数公众都倾向于依赖个人的主观判断来评估风险（Slovic，1987[③]，2000[④]），由于风险感知来源于人们的主观判断，因此往往与客观的真实风险存在一定的差距。例如当媒体对灾难的发生和破坏进行广泛密集的报道时，可能使人们对灾害发生的概率和后果严重性的判断增强，造成风险感知过高（Slovic，2000），引发恐惧、无助、焦虑等心理反应，甚至出现群体性恐慌；而信息的匮乏或信息传递过程的不对称，有可能使人们的风险感知过低，疏于应对，造成一些不必要的伤害。因此，从科学的角度，研究突发性事件中公众的风险感知特征及其对城市形象的影响具有重要的意义。

一个城市对受众的吸引力基于受众对它的感知和评价，而不一定等同于该城市的真实表现（Baloglu and McCleary，1999[⑤]；Chon，1990[⑥]；

---

① 赵保国，成颖慧．网络团购中消费者购买意愿影响因素研究［J］．中央财经大学学报，2013，1（10）：91-96.

② 史小娜．负面网络口碑对大学生购买意愿影响的实证研究［D］．重庆：重庆大学，2012.

③ Slovic P. Perception of risk ［J］. Science，1987（236）：280-285.

④ Slovic P. The perception of risk ［M］. London：Earthscan，2000.

⑤ Baloglu S，McCleary K W. A model of destination image formation ［J］. Annals of Tourism Marketing，1999，26（4）：868-897.

⑥ Chon K S. The role of destination image in tourism：A review and discussion ［J］. Tourism Review，1990，45（2）：2-9.

Echtner and Ritchie，1991①；Kim and Richardson，2003②；Roehl and Fesenmaier，1992③）；受众对城市形象的感知和评价非常容易受到外力的作用和影响，比如政治事件、社会治安事件、自然灾害、急性传染病等（Tasci and Garner，2007），④ 这些事件都有可能让原有的形象顷刻之间不复存在（Sönmez et al. ,1999）。⑤ 对于这些突发性事件，虽然可以采用复杂的技术手段进行相对客观的风险评估，但绝大多数普通受众却倾向于依赖个人的主观判断来评估风险，即风险感知（Slovic，1987，2000）。

风险感知体现了受众对某个特定风险或突发事件的认知，对突发事件的特征和严重性做出的主观判断（Kapuś Ciński and Richards，2016），⑥ 是测量公众心理恐慌的重要指标（孟博等，2010）。⑦ 当面对突发事件时，受众会根据自身的主观感受来评价突发事件（Sarman et al.，2015），⑧ 会因为事件超出心理预期及心理承受能力而产生高度紧张、焦虑、悲观等心理（Rittichainuwat et al.，2018）。⑨ 张玉亮（2012）从突发事件对个体心理的影响入手分析得出，突发事件网络舆情生成的主要原因就是公众焦虑的强

---

① Echtner C M，Ritchie J B. The meaning and measurement of destination image [J]. Journal of Tourism Studies，1991，2（2）：2-12.

② Kim H，Richardson S L. Motion picture impacts on destination images [J]. Annals of Tourism Research，2003，30（1）：216-237.

③ Roehl W S，Fesenmaier D R. Risk perceptions and pleasure travel：An exploratory analysis [J]. Journal of Travel Research，1992，30（4）：17-26.

④ Tasci A D，Garner C W. Destination image and its functional relationships [J]. Journal of Travel Research，2007，45（5）：413-425.

⑤ Sönmez S F，Apostolopoulos Y，Tarlow P. Tourism in crisis：Managing the effects of terrorism [J]. Journal of Travel Research，1999，38（1）：13-18.

⑥ Kapuś Ciński G，Richards B. News framing effects on destination risk perception [J]. Tourism Management，2016（57）：234-244.

⑦ 孟博，刘茂，李清水. 风险感知理论模型及影响因子分析 [J]. 中国安全科学学报，2010，20（10）：59-66.

⑧ Sarman I，Scagnolari S，Rico M. Acceptance of life-threatening hazards among young tourists：A stated choice experiment [J]. Journal of Travel Research，2015，1（14）：979-992.

⑨ Rittichainuwat B，Nelson R，Rahmafitria F. Applying the perceived probability of risk and bias toward optimism：Implications for travel decisions in the face of natural disasters [J]. Tourism Management，2018（66）：221-232.

化与放大。[①] 李华强等（2009）通过对汶川地震重灾区的实际调研，分析了公众面对灾害事件的风险感知特征及影响因素，并构建了风险感知理论模型。[②]

突发事件具有类型多样性、不可预测性、后果严重性等特点，给受众的安全和稳定带来了更多的不可控因素。大量的研究结果表明，突发事件的发生会显著提升受众的风险感知水平，且突发事件越严重，受众所感知到的损失就越严重，所产生的恐慌越强烈，风险感知也大幅提升（周忻等，2012[③]；Rittichainuwat et al.，2018）。因此，在公众对城市形象的评价中，公众的风险感知是重要因素之一，是风险管理中应考虑的核心问题。基于此，本书提出如下假设：

H6：突发事件的严重程度正向影响风险感知。

当感知到环境存在的危险时，采取适当的躲避行为是生物赖以生存的本能反应之一，风险感知水平的大小对受众对城市形象的评价有显著影响也得到了一致的认可。突发事件导致的巨大风险感知是引发人们一系列心理和行为反应的重要变量。根据风险补偿理论，在风险感知水平较低时，受众对城市形象的感知和评价基本不受影响，维持之前的评价和感受；但在较高的风险感知情境下，受众对城市的感知和评价会有所降低，通常也会表现出较低的出行意愿（张晨等，2017）。[④] 有些学者将城市形象区分为认知形象和情感形象，无论何种形象，受众心理风险感知都对其具有负面影响（程鹏飞，2018）。[⑤] 基于此，本书提出如下假设：

H7：风险感知负向影响城市形象。

---

① 张玉亮．突发事件网络舆情的生成原因与导控策略［J］．情报杂志，2012，31（4）：54-57.

② 李华强，范春梅，贾建民，王顺洪，郝辽钢．突发性灾害中的公众风险感知与应急管理——以5·12汶川地震为例［J］．管理世界，2009（6）：52-60+187-188.

③ 周忻，徐伟，袁艺．灾害风险感知研究方法与应用综述［J］．灾害学，2012，27（2）：114-118.

④ 张晨，高峻，丁培毅．雾霾天气对潜在海外游客来华意愿的影响——基于目的地形象和风险感知理论［J］．旅游学刊，2017，32（12）：58-67.

⑤ 程鹏飞．旅游前目的地形象对游客感知服务质量的影响——游客专业知识的调节效应［J］．旅游学刊，2018，33（2）：57-66.

综上，一方面，突发事件直接作用于城市（Ivanov and Stavrinoudis, 2018),[①] 突发事件的发生对城市形象将产生直接的负向影响；另一方面，突发事件的发生会引发利益相关者的风险感知，从而影响受众对城市形象评价的波动和变化（刘丽等，2009）。[②] 因此，突发事件对城市形象的影响，是以利益相关者的风险感知作为中介变量来传导的，即影响路径为突发事件严重程度—利益相关者风险感知—城市形象。故本书提出如下假设：

H8：风险感知在突发事件和城市形象中起中介作用。

5.4.3　响应策略的调节效应

上文中分析了突发事件对城市形象的影响路径，并剖析了风险感知在路径中的中介传导作用。在此基础上需进一步思考的是突发事件对风险感知和城市形象的影响有无边界，即在什么样的情景下作用会大一些，什么样的情景下作用会得到缓释。

从理论上看，突发事件越严重，所引发的风险感知越强烈，对城市形象的负面作用越明显。但现代社会中，由于传播渠道的多元性和传播速度的快速性，突发事件的发生无论规模大小都会引起全社会的广泛关注，并可能产生重大的影响，一件小事却掀起轩然大波的例子比比皆是，例如一盘青岛“天价大虾”，使公众对“好客山东”的形象大打折扣；一个“黑心导游”为整个云南旅游蒙上了一层阴影。触发点是小事，但经过传播和发酵后，让一个城市精心树立、打造和维护的良好形象瞬间崩塌，其后果是灾难性的。这种现象可用著名风险研究者 Kasperson（2005）提出的风险社会放大（social amplification of risk）框架来进行解释。

风险社会放大框架将风险的技术评估、风险感知和相关行为的心理学、社会学研究以及文化视角系统地联系起来，认为“风险事件与心理、

---

① Ivanov S, Stavrinoudis T A. Impacts of the refugee crisis on the hotel industry: Evidence from four Greek islands [J]. Tourism Management, 2018 (67): 214-223.

② 刘丽，陆林，陈浩．基于目的地形象理论的旅游危机管理——以中国四川地震为例［J］. 旅游学刊，2009，24（10）：26-31.

社会、制度和文化的相互作用过程，会增强或减弱公众的风险感知并影响其相关的决策与行为，而行为模式以及继而产生的次级的社会或经济后果，也有可能增加或减少事件本身的风险。次级效应激起公众对事件响应或采取缓释风险行动的需求。因此，风险感知的过程对个体和群体的认知产生影响，个体和群体对风险的反应又会进一步对社区、社会和经济造成影响，这一传递过程实现了风险的社会放大”。① 该概念经过一系列的研究和改进，形成了一个研究框架（Kasperson et al. , 2005）②，如图 5-2 所示。

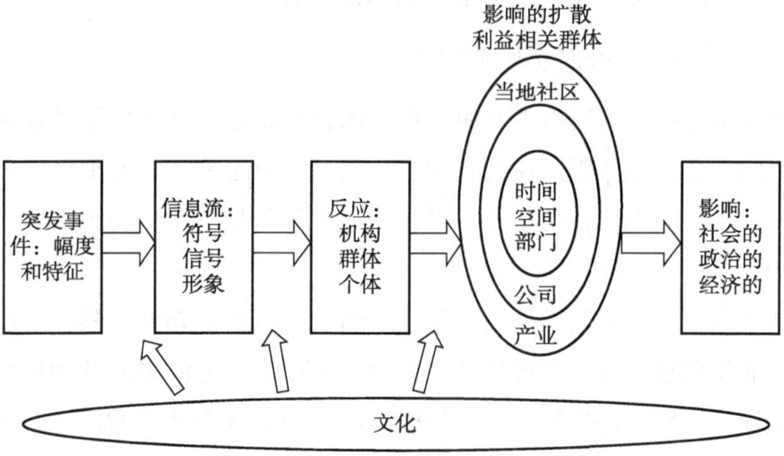

图 5-2　风险的社会放大框架

资料来源：Kasperson J X, Kasperson R E. The social contours of risk [M]. London: Earthscan, 2005.

风险的社会放大框架的研究说明，公众所产生的感知和评价是以突发事件本身为起点的，即以突发事件的损失程度和特征为基础，经由各种信息渠道进行传送和传播，结合相关机构所采取的应对策略，并与各种心理的、社会的、文化的、制度的交互过程产生互动，从而强化或者弱化个人、社会对突发事件的风险感知，并影响或改变人们的行为。而这些行为往往又会产生新的社会、经济、政治后果，这些后果往往超出了危险直接

① 佘硕．新媒体环境下的食品安全风险交流：理论探讨与实践研究［M］．武汉：武汉大学出版社，2017.

② Kasperson J X, Kasperson R E. The social contours of risk [M]. London: Earthscan, 2005.

损害的范围。[①] 因此，突发事件发生后，受众所产生的风险感知大小，以及对城市形象的评价好坏，除了突发事件本身外，还需考虑相关机构所进行的响应或采取的修复策略。

企业管理领域的研究中，常常涉及产品伤害危机后，企业的应对策略对企业形象或品牌形象的修复问题。Marcus 和 Goodman（1991）将企业的应对策略以“和解—辩解”进行划分，和解表示道歉并承担责任，主动采取弥补伤害的行动；而辩解则意味着企业拒绝承认过错，否定问题的存在，最终不针对事件采取行动。[②] 汪兴东（2013）通过实证研究发现，在可辩解型产品伤害危机中，企业采用辩解策略可以最大限度地对品牌形象进行保护，而当产品伤害类型模糊或属于不可辩解型时，和解策略才是明智之选。[③] 余伟萍和赵占恒（2015）通过实证证实了在品牌丑闻发生后，企业积极承担社会责任的行为，如慈善捐助等，对保护品牌形象有显著作用。由上可以看到，不同的响应策略下，突发事件（危机）对企业或品牌形象的影响是不同的。

对于一个地区的形象亦是如此，突发事件对城市形象（地区形象、国家形象）的作用会受响应策略的影响。胡文涛（2010）就奥巴马执政后对美国国际形象的修复战略进行了分析，指出奥巴马上任后针对美国国内金融危机及国际上由于外交政策导致的形象危机主动做出回应，在语言上“去污”和行动上“示好”的作用下，提升了美国人民的信心，也保护了美国在国际上的形象，同时树立了奥巴马自身的形象。[④]

突发事件的类型虽然多种多样，但对绝大部分公众而言，无论是哪种类型的突发事件，在事件刚刚发生时，事件的起因、类型以及严重程

---

① Kasperson R E, Renn O, Slovic P, Brown H S, Emel J. The social amplification of risk: A conceptual framework [J]. Risk Analysis, 1988 (8): 177-187.

② Marcus A A, Goodman R S. Victims and shareholders: The dilemma of presenting corporate policy during a crisis [J]. Academy of Management Journal, 1991 (34): 281-305.

③ 汪兴东．产品伤害中时间与社交距离对消费者购买决策的影响［J］．经济与管理，2013（7）：74-79.

④ 胡文涛．奥巴马与美国国际形象修复战略［J］．现代国际关系，2010（4）：32-37.

度都是模糊且不明朗的，此时责任当局在突发事件发生后采取的响应措施和修复策略，在一定程度上影响公众对突发事件风险大小的感知（胡家镜等，2020）。[①] 根据情境危机沟通理论，积极的响应措施和修复策略，有助于弱化突发事件对公众心理感知的正向影响；反之则强化这一影响。

具体而言，当突发事件发生后，相关部门对事件采取回避和拖延态度，非但无法抑制公众的恐慌心理，甚至会引起更多的猜测和质疑，增加公众对突发事件的风险感知（Gurtner，2016），[②] 会对责任当局产生不信任感，也更倾向于对城市形象做出负面的评价，这种情境下，突发事件对城市形象的负面影响更强。若对突发事件进行积极恰当的应对，如及时发布事件进展、实施有效的营救工作等，不仅可以减小事件对公众的心理和行为造成的负面影响，减轻或降低公众的风险感知（Okuyama，2018）[③]，还能使自己本身的形象免受损害，让公众对城市形象的感知恢复到事件发生前的水平，此时突发事件对城市形象的影响将变弱。基于此，本书提出如下假设：

H9：响应策略负向调节突发事件对风险感知的影响。

具体而言，当响应策略越消极时，突发事件与风险感知的正向关系越强；反之则越弱。

5.4.4 理论框架

通过上述分析，当响应策略越积极时，突发事件对公众风险感知的影响越小，从而使得受众对城市形象的评价越高；反之，消极的响应策略会放大突发事件的消极作用，导致受众的风险感知增大，对城市形象的评价更为消极。因此，本书提出的是一个被调节的中介假设，即风险感知对突

① 胡家镜，万秋，刘悦，Christina G Chi. 负面事件对旅游目的地的影响及应对策略——基于动态视角的实验研究［J］. 旅游学刊，2020，35（5）：108-123.

② Gurtner Y. Returning to paradise：Investigating issues of tourism crisis and disaster recovery on the island of Bali［J］. Journal of Hospitality & Tourism Management，2016（28）：11-19.

③ Okuyama T. Analysis of optimal timing of tourism demand recovery policies from natural disaster using the contingent behavior method［J］. Tourism Management，2018（64）：37-54.

发事件和城市形象间的中介作用大小取决于响应策略。综上，本书的概念模型如图 5-3 所示。

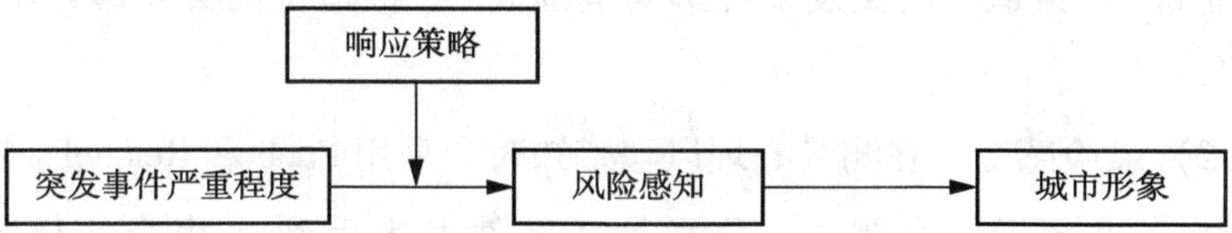

图 5-3　研究概念框架

其中，突发事件严重程度为自变量，城市形象为因变量，风险感知为作用路径中的中介变量，政府的响应策略为调节变量。

5.5　研究设计

为了能利用实证分析来检验上述提出的假设，对突发事件对城市形象的影响路径进行验证，先对研究的刺激物、变量、问卷的结构、调查顺序等进行设计，并对中介效应和调节效应的检验方法进行介绍。

5.5.1　研究变量设计

根据前文的理论分析和本研究所构建的理论概念模型，本研究中涉及的关键概念一共有四个，即突发事件严重程度（自变量）、城市形象（因变量）、风险感知（中介变量）和政府响应策略（调节变量）。四个概念均采用相关文献中反复经过信度和效度检验的国际通用成熟量表，量表均为英文，本研究对题项进行了“双盲”翻译和回译，保证量表语义表达的通俗性和准确性，所有量表均采用 Likert 7 级量表进行测量，1~7 分分别代表“非常不同意”到“非常同意”。

（1）突发事件严重程度。参考 Magnusson 等（2014）事件严重程度的测量题项，[①] 突发事件严重程度的测量从事件的破坏程度、影响范围和可控性的维度进行描述，共包括三个题项，分别是"报道中的突发事件破坏程度高""报道中的突发事件影响范围大""报道中的突发事件不可控性强"。

（2）风险感知。在测量心理风险感知时，采用 Fuch 和 Reichel（2004）的量表，[②] 共包括三个题项，分别是"事件发生后到 A 市会使您紧张""事件发生后到 A 市会使您焦虑""事件发生后到 A 市会使您担忧"。

（3）响应策略。对响应策略进行评价时，参考了 Tyler 和 Lind（1992）的量表，[③] 从行为动机和自身能力两个方面来判断公众对响应行为的感知。最终共确定三个题项，分别为"责任当局对此次事件的回应是及时的""责任当局对此次事件的回应是有效的""责任当局对此次事件的回应是可信的"。

（4）城市形象。城市形象是存在于城市利益相关者心智之中的主观判断和评价，是公众对城市认知形象和情感形象的综合，既包括受众对城市硬环境如历史、自然等的感知，又包括公众对城市社会治安等软环境的评价，以及对吃、住、行、游、乐、娱等功能要素的评价。本书的研究重点是突发事件背景下利益相关者对城市形象的评价，且考虑到利益相关者的多重身份，如旅游者、投资者、居民等，根据 Beerli 和 Martin（2004）建立的城市形象量表，[④] 结合第 4 章的分析结果，分别考量突发事件发生后受众对城市的"硬环境——基础设施""软环境——社会秩序""城市功能——生活状况"的认可程度。

---

① Magnusson P, Krishnan V, Westjohn A S, Zdravkovic S. The spillover effects of prototype brand transgressions on country image and related brands [J]. Journal of International Marketing, 2014, 22 (1): 21-38.

② Fuch G, Reichel A. Culture differences in tourist destination risk perception: An exploratory study [J]. Tourism Journal, 2004, 52 (1): 21-37.

③ Tyler T R, Lind E A. A relational model of authority in groups [J]. Advances in Experimental Social Psychology, 1992 (25): 115-191.

④ Beerli A, Martin J D. Tourist's characteristics and the perceived image of tourist destinations: A quantitative analysis— A case study of Lanzarote, Spain [J]. Tourism Management, 2004, 25 (5): 623-636.

为排除因个体特征不同所带来的评价差异，本研究在问卷中还加入性别、年龄、收入和受教育程度四个人口统计学变量，作为分析中的控制变量，保证实验结果的准确性。表 5-3 展示了本研究中所涉及的主要变量及其含义与测量方式。

表 5-3　研究中的变量及测量方式

变量类型	变量名称	量表编号	量表题项及取值
自变量	突发事件严重程度（*SER*）	*SER*1	报道中的突发事件破坏程度高（1~7）
		*SER*2	报道中的突发事件影响范围大（1~7）
		*SER*3	报道中的突发事件不可控性强（1~7）
中介变量	风险感知（*RIS*）	*RIS*1	事件发生后到 A 市会使您紧张（1~7）
		*RIS*2	事件发生后到 A 市会使您焦虑（1~7）
		*RIS*3	事件发生后到 A 市会使您担忧（1~7）
调节变量	响应策略（*RES*）	*RES*1	责任当局对此次事件的回应是及时的（1~7）
		*RES*2	责任当局对此次事件的回应是有效的（1~7）
		*RES*3	责任当局对此次事件的回应是可信的（1~7）
因变量	城市形象（*IMG*）	*IMG*1	城市的社会秩序良好（1~7）
		*IMG*2	城市基础设施不受影响（1~7）
		*IMG*3	城市功能运行正常（1~7）
控制变量	性别（*gender*）	1="男"；2="女"	
	年龄（*age*）	1="18 岁以下"；2="18~30 岁"；3="30~40 岁"；4="40~50 岁"；5="50~60 岁"；6="60 岁及以上"	
	学历（*edu*）	1="高中及以下"；2="大专"；3="本科"；4="硕士"；5="博士"	
	收入状况（*salary*）	1="3000 元以下"；2="3000~6000 元"；3="6000~10000 元"；4="10000~15000 元"；5="15000~20000 元"；6="20000 元及以上"	

5.5.2　问卷情境设计

本研究通过模拟情景法进行研究。参照学术研究的通常做法，情境材料以新闻报道的形式完成突发事件的描述，让受访者通过阅读相关的新闻报道后，对突发事件本身、突发事件所引发的风险感知、政府响应策略及对城市的形象等相关问题进行评价。研究中将突发事件严重程度区分为两种状态，即严重程度高和严重程度低；将政府的响应策略区分为两种类型，即积极响应和消极响应，采用2（突发事件严重程度：高 vs 低）×2（响应策略：积极 vs 消极）情境设计。考虑到具体城市的自有形象或受访者对城市的熟悉度或喜爱程度可能会干扰到调查的结果，在目标城市的选定上，本研究设定为虚拟城市，在情境材料的描述中采用“A 市”对事件发生地进行替代，并对 A 市的基本信息概括如下：A 市是一国际著名旅游城市，也是最负盛名的文化名城、工业中心，连续 5 年被评为最适宜居住的城市。A 市具有自身特色，古色古香的建筑点缀在城市的现代建筑之间，让这座城市多了几分古典的韵味，多元化的建筑风格和特色的艺术表达，赋予这座城市满满的活力与文艺范儿，独特的电车、时装、美食等，都展现出 A 市个性十足的魅力。

（1）突发事件严重程度。在情境材料中，材料一以“曼谷爆炸案”的新闻报道为蓝本，摘录报道中的案件客观描述语句（见附录 B）。

突发事件严重程度高的描述如下：“××××年 8 月 17 日晚上 7 点左右，A 市中心商业区附近发生一起爆炸。爆炸已经造成 22 人死亡、上百人受伤、数辆车起火。商业区周围的栏杆在爆炸中被毁，数十辆车被毁，冲击波导致数十米外建筑物的玻璃破碎。”

严重程度低的描述如下：“××××年 8 月 17 日晚上 7 点左右，A 市中心商业区附近发生一起爆炸。爆炸造成 1 人受伤，无死亡报告。”

（2）响应策略。材料二从多个责任当局在突发事件后所采取行动的报道中（如马航 MH730、韩国沉船事故等），摘录应对策略的相关报道原文，形成响应策略的报道（见附录 B）。

积极的响应策略描述为：“A 市政府针对此次事件启动了危机管理预案。相关各方都在第一时间对此事件进行回应。当天，市政府新闻办召开第一次新闻发布会，对案情和相关救援工作的展开进行了传达。同时多部门联动，形成处置工作小组并确定处理机制。A 市市政府办公厅、地震局等机构召开多种形式新闻发布会，事件有重大突破或变化时，都有明确的媒体沟通措施以便实时向公众公开。同时，政府对遇难者家属也进行了妥善安置，并安排医疗保障、心理干预、安保配合。”

消极响应策略描述为：“A 市政府新闻办召开新闻发布会，却比原定时间推迟了 2 小时。会上相关负责人表示，目前对人员具体受害情形尚未能把握，发布会仅持续了 5 分钟便匆匆结束……”

对上述两部分的情境进行两两组合，形成四个不同的情境，作为四套问卷的背景情境，实现了四套问卷调查背景具备一定区分度。具体设置见表 5-4。

表 5-4　调查问卷的情境设置

调查问卷情境	情境设置
情境一	突发事件严重程度高×积极响应策略
情境二	突发事件严重程度低×积极响应策略
情境三	突发事件严重程度高×消极响应策略
情境四	突发事件严重程度低×消极响应策略

每一套问卷由六部分构成，第一部分介绍本次调查的内容与目的及未来使用方向；第二部分为突发事件严重程度的情境描述，通过新闻报道呈现突发事件的概况；第三部分为对突发事件严重程度量表；第四部分为政府响应策略的描述；第五部分为响应策略、风险感知和城市形象的量表；第六部分为被访者基本信息，包括性别、年龄、学历和收入状况等。

5.5.3　问卷作答顺序设计

根据前文所构建的概念模型，为了避免响应策略对突发事件严重程度感知的影响，本研究对调查作答程序进行了设计。调查问卷中的情境文字和调查项目是交替出现的，受访者需要按照从前到后的顺序填写问卷，以保证情境设置的有效性及量表测量结果的准确性。综上，本研究的问卷作答顺序如下：

第一，受访者阅读材料一，即 A 市相关的突发事件的新闻报道（突发事件严重程度为高或者低），并完成对突发事件的破坏程度高、影响范围大和不可控性强等三个方面的评分，从而得到受访者对突发事件严重程度的判断，这部分题项将用于自变量的测量。这时相应的响应策略并未涉及，因此此时受众对突发事件的影响程度的评判更为客观，不会受到响应策略的影响。

第二，受访者阅读材料二，即突发事件发生后 A 市采取的响应策略（积极或消极），并对响应策略从及时、有效和可信三个方面进行评价，从而得到对响应策略的综合评价，这部分的数据主要用于调节变量的测量。

第三，让受访者对风险感知大小进行评价，并对 A 市形象进行评价，这两部分题项主要度量中介变量和因变量。

第四，回答受访者的人口统计特征的相关问题，包括性别、年龄、学历、收入等，这一部分数据用于对问卷数据进行样本特征分析，也是分析中的控制变量。

5.5.4 问卷发放及预分析

调查问卷的数据收集采用抽样调查的形式进行，一共分为预调研和正式调研两个阶段。

第一阶段，在正式发放问卷前，本研究先进行了预调研，通过线下小范围发放问卷的形式，以 60 名北京某高校学生为调查对象。为了验证情境材料是否操控成功，本研究选取独立样本 t 检验，分别对问卷中材料一和材料二的情境设置的有效性进行检验。

（1）材料一中突发事件严重程度情境操控检验。

首先，根据材料一中突发事件严重程度为高或低的两种情况，将 60 份问卷分为两组，第一组为“突发事件严重程度高”组，包含情境一、情境三；第二组为“突发事件严重程度低”组，包含情境二、情境四。其次，分别计算两组受访者对突发事件严重程度量表中三个题项回答的均值，即破坏程度、影响范围、不可控性。最后，利用独立样本 t 检验比较两组均值是否存在显著性差异。均值大小及检验结果见表 5-5。

表 5-5　材料一情境设置效应检验结果（预实验）

突发事件严重程度：高 vs 低	严重程度高 $M_{高}$（情境一、情境三）	严重程度低 $M_{低}$（情境二、情境四）	t	P-value
*SER*1：破坏程度	5.94	4.65	5.19	0.000
*SER*2：影响范围	5.47	4.6	3.234	0.000
*SER*3：不可控性	5.49	4.35	4.382	0.000

从表 5-5 中可以看出，受访者对突发事件严重程度的感知存在显著性差异，在“突发事件严重程度高”情境（情境一和情境三）vs“突发事件严重程度低”情境（情境二和情境四）中，受访者对突发事件的破坏程度（$M_{高}=5.94$，$M_{低}=4.65$，$p<0.001$）、影响范围（$M_{高}=5.47$，$M_{低}=4.6$，$p<0.001$）和不可控性（$M_{高}=5.49$，$M_{低}=4.35$，$p<0.001$）三个方面的评价是明显不同的，且“严重程度高”情境的均值明显高于“严重程度低”情境，因此说明对突发事件严重程度的情境设置有效。

（2）材料二中响应策略情境操控检验。

同理，为了验证不同响应策略的情境设置是否成功，我们继续对积极和消极响应策略下受访者的评分进行检验。首先，根据材料二中响应策略可能出现的积极或消极的两种情况，将 60 份问卷分为两组，第一组为积极响应组，包含情境一、情境二；第二组为消极响应组，包含情境三、情境四。其次，分别计算两组受访者对响应策略量表中三个题项回答的均值，即策略的及时性、有效性、可信性。最后，利用独立样本 t 检验比较两组均值是否存在显著性差异。均值大小及检验结果见表 5-6。

表 5-6　材料二情境设置效应检验结果（预实验）

响应策略：积极 vs 消极	积极响应 $M_{积极}$（情境一、情境二）	消极响应 $M_{消极}$（情境三、情境四）	t	P-value
*RES*1：及时性	5.98	2.30	21.021	0.000
*RES*2：有效性	5.55	2.27	17.702	0.000
*RES*3：可信性	5.40	2.75	12.836	0.000

从表 5-6 中可以看出，在“积极响应”情境和“消极响应”情境中，

受访者对政府响应策略的“及时性”“有效性”和“可信性”三个维度的感知评价不同。三个维度中均是“积极响应”情境中的评分更高，分别为 $M_{积极}=5.98$、$M_{积极}=5.55$ 和 $M_{积极}=5.40$，而“消极响应”情境下三个维度的评价均分分别为：$M_{消极}=2.30$、$M_{消极}=2.27$ 和 $M_{消极}=2.75$。从独立样本 t 检验的结果看，两个情境在上述三个维度下存在着显著性差异，因此可判断通过情境文字的设计，成功地将“积极响应”和“消极响应”两种情境区分出来了，即与“响应政策”相关的情境设计是有效的。

第二阶段，实地调研。在北京首都机场、西客站、西单、王府井、三里屯 SOHO、财富金融中心、酒仙桥 IT 产业园等大型写字楼进行调查问卷的发放。本研究一共发放问卷 400 份，四种情境（严重程度高—积极响应、严重程度低—积极响应、严重程度高—消极响应、严重程度低—消极响应）各 100 份，将未完成作答、连续勾选相同选项、大面积空白的问卷视为无效问卷剔除后，收回有效问卷 337 份，其中情境一 87 份、情境二 80 份、情境三 84 份、情境四 86 份。

5.6 检验方法

本研究的主要目的是探索突发事件对城市形象的影响路径与作用大小，验证公众风险感知在影响路径中的中介作用，以及政府响应策略的调节作用。主要分析工具包括相关性分析、线性回归分析、中介效应检验以及条件过程分析等。

对于风险事件与城市形象之间的相关关系，本研究先将两个变量所对应的量表题项的平均分作为风险事件大小与城市形象高低的度量，再使用线性回归分析，找到风险事件对城市形象的直接影响和作用大小。对中介效应和调节效应的检验，分别采用中介效应检验方法和调节效应检验方法来完成。

5.6.1 中介效应检验方法

将自变量定义为 X，因变量定义为 Y，中介变量定义为 M，则三者之间的关系如图 5-4 所示。X 对 Y 的影响通过两条路径实现：一条是 $X \to Y$，即 X 对 Y 的直接作用，另一条是 $X \to M \to Y$，即 X 对 Y 的间接作用。由上可知，M 是 X 对 Y 传导路径中的中介变量。

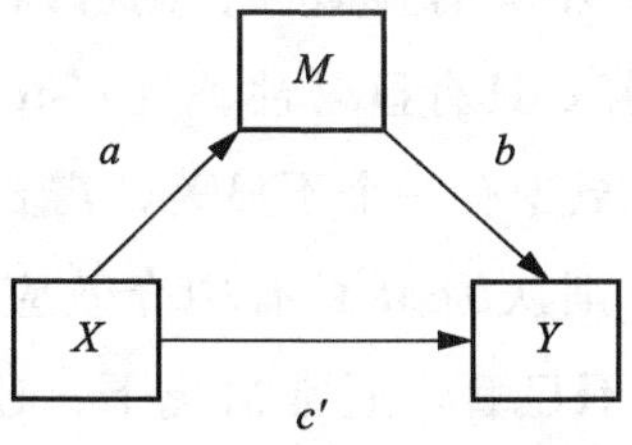

图 5-4　中介效应模型图

为了验证中介变量 M 在作用路径中是否存在中介作用，需要开展相关的中介效应检验来完成。目前主要包括因果步骤法和 Bootstrap 区间估计两种检验方法。

（1）因果步骤法。Baron 和 Kenny（1986）提出因果步骤法用于检验中介变量在自变量和因变量间的中介作用，① 具体的检验步骤如下：

步骤一：构建自变量 X 和因变量 Y 的回归方程式（5-1），并对回归系数 c 是否具有显著性进行检验。如果 c 显著则进入步骤二，若 c 不显著则停止检验过程。

$$Y=cX+e \tag{5-1}$$

步骤二：将 M 作为因变量，构建自变量 X 和中介变量 M 的回归方程，并对回归系数 a 是否显著进行检验。

$$M=aX+e \tag{5-2}$$

步骤三：把 X 和 M 都视作自变量，Y 为因变量，再次构建三者的回归方程，对回归系数 b 和 c' 是否显著进行检验。

$$Y=c'X+bM+e \tag{5-3}$$

① Baron R M，Kenny D A. The moderator-mediator variable distinction in social psychological research：Conceptual，strategic，and statistical considerations［J］. Journal of Personality and Social Psychology，1986（51）：1173-1182.

步骤四：对回归方程中回归系数的显著性进行分析。如果三个回归方程中的回归系数 c、a 和 b 均通过了显著性检验，则可以认为变量 M 具有显著的中介。可进一步通过系数 c' 的显著性判断中介效应是完全中介还是部分中介：若系数 c' 不具有显著性，则可以认为中介变量 M 的中介效应为完全中介效应；若 c' 具有显著性，且 $c'<c$，则可以认为 M 具有部分中介效应。若 a、b 中至少有一个不显著，需要进一步开展 Sobel 检验。若 Sobel 检验是显著的，则认为 M 具有中介效应；若 Sobel 检验未通过，则可判定 M 的中介效应不显著。通常情况下，还可以利用 ab/c 或 ab/c' 来评价中介效应的效果。上述检验过程可概括如图 5-5 所示。

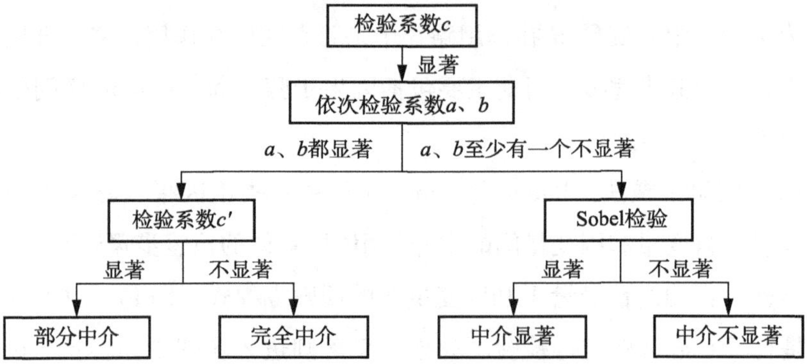

图 5-5　中介效应检验流程图

资料来源：温忠麟，张雷，侯杰泰，刘红云．中介效应检验程序及其应用 [J]. 心理学报，2004 (5)：614-620.

(2) Bootstrap 检验法。在中介效应的检验中，另一个常用方法是 Bootstrap 检验法（温忠麟等，2004①；温忠麟和叶宝娟，2014②），检验流程具体如下：

步骤一：与上述因果步骤法的步骤一相同，先对式（5-1）的系数 c

① 温忠麟，张雷，侯杰泰，刘红云．中介效应检验程序及其应用 [J]. 心理学报，2004 (5)：614-620.

② 温忠麟，叶宝娟．中介效应分析：方法和模型发展 [J]. 心理科学进展，2014，22 (5)：731-745.

进行检验，若系数 c 具有显著性，则按中介效应成立处理，并完成后续检验；若 c 不显著，则停止检验过程。

步骤二：对式（5-2）的系数 a 和式（5-3）的系数 b 进行检验，若其中存在不具有显著性的系数，则转向步骤三；若两个系数均具有显著性，则表示有显著的间接效应，进入步骤四。

步骤三：通过 Bootstrap 法对系数 a、b 的乘积项 ab 进行检验，原假设为 $ab=0$。若乘积项 ab 与 0 存在显著性差异，则认为间接效应显著，进入步骤四；若未通过显著性检验，则认为间接效应不显著，停止检验过程。

步骤四：对式（5-3）的系数 c'进行检验，若系数不具有显著性，则可以认为仅存在中介效应；若系数具有显著性，则进入步骤五。

步骤五：对 ab 和 c'系数进行分析，若系数为同号，则认为中介效应占总效应的比例为 ab/c，为部分中介效应。若两者的系数为异号，则认为中介效应为间接效应与直接效应比值的绝对值 $|ab/c'|$，此时 M 具有遮掩效应。上述检验流程具体如图 5-6 所示。

本研究将分别应用上述的因果步骤法和 Bootstrap 方法，检验在突发事件对城市形象的影响路径中，公众风险感知是否具有中介作用，并回答中介作用是何种类型、中介作用的大小为何等一系列问题，为明晰突发事件对城市形象的影响机制奠定基础。

5.6.2　调节效应检验方法

突发事件对城市形象的作用路径中，除了将受众的风险感知作为中介变量外，还要将政府响应策略作为调节变量，判断其调节作用是否显著。如果变量 X 和变量 Y 存在因果关系，且变量 X 与变量 Y 的关系强弱受到变量 W 的影响，则 W 被称为调节变量。本研究通过构建回归方程对政府响应策略的调节效应进行验证。设 X 为自变量，Y 为因变量，W 为调节变量，调节变量和自变量的交互项为 $X\times W$，分别构建如下两个方程：

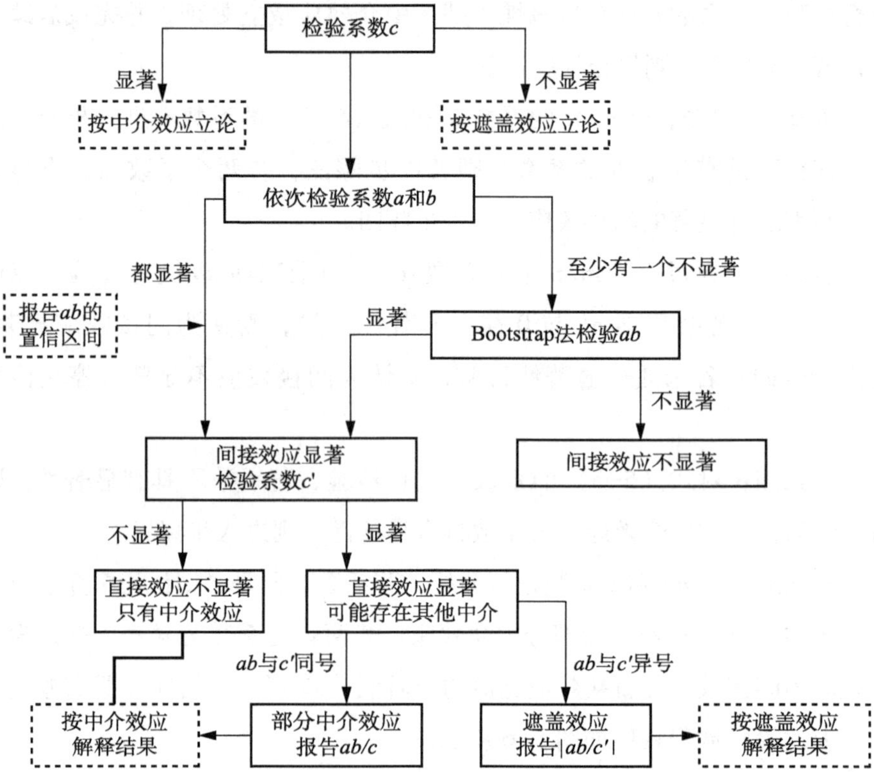

图 5-6 Bootstrap 中介效应检验流程

资料来源：温忠麟，张雷，侯杰泰，刘红云．中介效应检验程序及其应用［J］．心理学报，2004（5）：614-620.

$$Y=a+bX+cW+e \tag{5-4}$$

$$Y=a+bX+cW+c'X\times W+e \tag{5-5}$$

对调节作用是否存在的检验包括两种方式：方法一，对 c' 是否存在显著性进行检验，若通过显著性检验，则表示 W 具有调节效应；方法二，对两次回归方程调整的 R^2 进行检验，若 $\triangle R^2$ 存在显著性，则表示 W 存在调节效应。具体的操作方法可通过构建分层回归模型，分别进行回归系数及判决系数 R^2 的显著性检验；或者利用 Hayes（2012）提出的条件过程分析，利用其编制的 PROCESS 软件，选择恰当的 Model 进行调节作用的验证，当模型中的自变量和调节变量的交互项在回归方程中显著时，即可判断政府的响应策略具有调节作用。

第6章 突发事件对城市形象影响路径的实证分析

6.1 样本构成及描述性统计分析

6.1.1 调查样本构成

在本次调查问卷的人口特征统计中，“性别”特征上，受访者男女比例基本持平，分别为 158 名男性和 179 名女性，女性被采访者占比为 53.1%，性别分布基本合理；从“年龄”分布来看，受访者涵盖各个年龄段，但更多集中在 18~40 岁，该年龄段的受访者一共有 229 人，占调查总数的 2/3；受访者的学历以本科以上学历为主，共有 249 人，占总样本的 74%；约 2/3 的受访者月收入集中在 3000~10000 元。具体的样本构成见表 6-1。

表 6-1 受访者人口统计学特征信息

	人口统计学特征	频数	占比（%）
性别	男	158	46.9
	女	179	53.1
年龄	18 岁以下	19	5.64
	18~30 岁	127	37.69
	30~40 岁	102	30.27
	40~50 岁	49	14.54
	50~60 岁	29	8.61
	60 岁及以上	11	3.26

续表

	人口统计学特征	频数	占比（%）
学历	高中及以下	23	6.82
	大专	65	19.29
	本科	173	51.34
	硕士	56	16.62
	博士	20	5.93
每月可支配收入	3000 元以下	18	5.34
	3000~6000 元	92	27.30
	6000~10000 元	133	39.47
	10000~15000 元	54	16.02
	15000~20000 元	36	10.68
	20000 元及以上	4	1.19

6.1.2 变量的描述性统计分析

本研究所采用的问卷中，用于测量变量的量表均为李克特 7 级量表，利用 SPSS24.0 软件对量表的全部题项进行分析，描述性统计分析结果见表 6-2。

表 6-2 调查问卷量表题项的描述性统计分析

潜变量	问题项	均值	中值	众数	标准差	偏度	峰度	Q1	Q3
突发事件严重程度	*SER*1	5.46	6.00	6	1.464	-0.809	-0.013	4.00	7.00
	*SER*2	4.98	5.00	5	1.498	-0.414	-0.456	4.00	6.00
	*SER*3	5.07	5.00	5	1.460	-0.466	-0.390	4.00	6.00
风险感知	*RIS*1	4.80	5.00	4	1.279	-0.233	-0.198	4.00	6.00
	*RIS*2	4.94	5.00	6	1.459	-0.632	0.094	4.00	6.00
	*RIS*3	4.79	5.00	5	1.466	-0.549	-0.037	4.00	6.00
响应策略	*RES*1	4.07	4.00	6	2.023	-0.094	-1.336	2.00	6.00
	*RES*2	3.95	4.00	5	1.917	-0.057	-1.169	2.00	6.00
	*RES*3	4.12	4.00	4	1.744	-0.192	-0.750	3.00	5.00
城市形象	*IMG*1	3.30	3.00	4	1.174	0.159	0.189	2.50	4.00
	*IMG*2	3.48	4.00	4	1.089	-0.062	0.416	3.00	4.00
	*IMG*3	3.49	4.00	4	1.129	0.083	0.321	3.00	4.00

由表 6-2 可知，问卷调查的数据满足正态分布的基本要求。

6.2　操控检验

利用独立样本 t 检验，本研究首先检验了调查情境操控的有效性。本次调查的情境操控包括突发事件严重程度和响应措施两个方面。首先，按照突发事件严重程度高和低两种情境，将调查样本分为两类，一类是突发事件严重程度高情境下的样本，具体包括情境一和情境三共 171 份调查问卷；另一类是突发事件严重程度低情境下的样本，具体包括情境二和情境四共 166 份问卷。然后对比两类样本对突发事件严重程度三个题项的评分是否存在显著性差异，通过独立样本 t 检验，在突发事件破坏程度、影响范围和不可控性三个题项下，两类样本的感知和评价分别如图 6-1 所示。

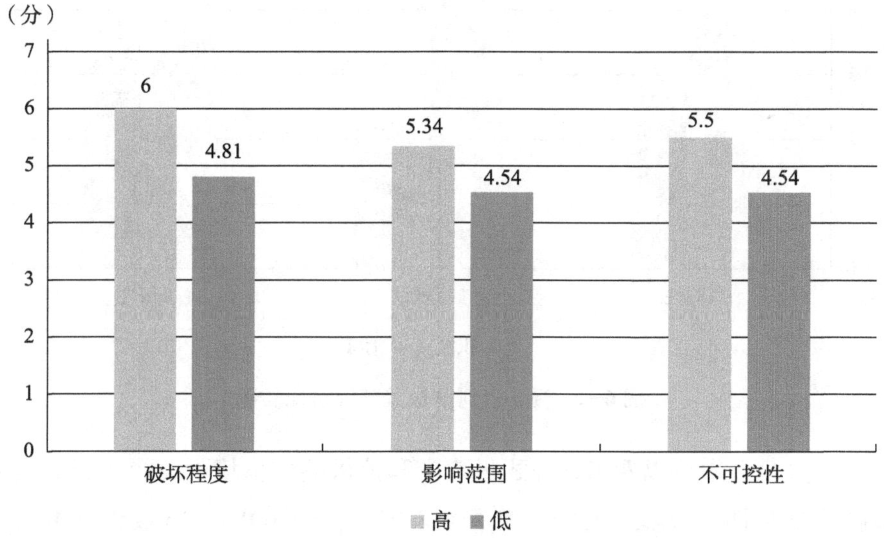

图 6-1　受访者对突发事件严重程度感知图

在突发事件严重程度高和低的情境中，337 名受访者对风险事件破坏程度（$M_{高}=6.00$，$M_{低}=4.81$，$p<0.001$）、影响范围（$M_{高}=5.34$，$M_{低}=$

4.54，$p<0.001$）和不可控性（$M_{高}=5.5$，$M_{低}=4.54$，$p<0.001$）三个方面进行评价，严重程度高情境的均值均明显高于严重程度低情境，这说明面对两种情境，受访者对风险事件严重程度的评价有着显著差异，风险事件情境操控成功。

其次，按照响应策略的程度，将调查样本分为两类，一类是积极响应策略情境的样本，具体包括情境一和情境二共 167 份调查问卷；另一类是消极响应策略情境下的样本，具体包括情境三和情境四共 170 份问卷。然后对比两类样本对响应策略三个题项的评分是否存在显著性差异，利用独立样本 t 检验，对响应策略的及时性、有效性和可信性三个方面进行比较，两类样本的感知和评价分别如图 6-2 所示。

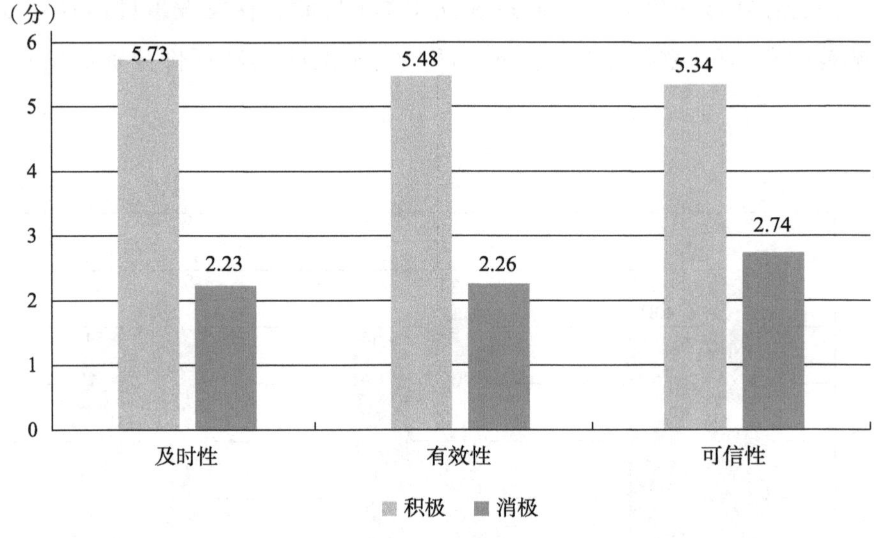

图 6-2　受访者对响应策略评价比较图

从图 6-2 中可以看出，在积极响应和消极响应情境下，受访者对响应措施的及时性（$M_{积极}=5.73$，$M_{消极}=2.23$，$p<0.001$）、有效性（$M_{积极}=5.48$，$M_{消极}=2.26$，$p<0.001$）和可信性（$M_{积极}=5.34$，$M_{消极}=2.74$，$p<0.001$）的评价均存在显著差异，积极响应情境下的评分均显著高于消极响应情境，说明响应策略情境操控成功。

6.3 信度与效度分析

6.3.1 信度分析

本研究利用 SPSS 软件对 337 份调查问卷中所涉及的潜变量量表进行信度分析，并根据信度系数大小对一致性较差的题项进行删减。各个潜变量的 Cronbach's α 信度系数见表 6-3。

表 6-3　量表信度分析

潜变量	题项	校正的项总计相关性	项删除后的 Cronbach's α	Cronbach's α 信度系数
突发事件严重程度	*SER*1	0.522	0.664	0.724
	*SER*2	0.467	0.730	
	*SER*3	0.657	0.497	
风险感知	*RIS*1	0.675	0.902	0.877
	*RIS*2	0.836	0.758	
	*RIS*3	0.792	0.801	
响应策略	*RES*1	0.872	0.918	0.940
	*RES*2	0.920	0.875	
	*RES*3	0.843	0.939	
城市形象	*IMG*1	0.519	0.698	0.735
	*IMG*2	0.605	0.596	
	*IMG*3	0.556	0.653	

从表 6-3 中可以看出，突发事件严重程度、风险感知、响应策略和城市形象四个潜变量的 Cronbach's α 信度系数分别为 0.724、0.877、0.94 和 0.735，数值均大于 0.7，并且在每个潜变量中，删除任意的题项，该潜变量的信度系数都不会得到明显的改善和提升，表明量表具有良好的内部一致性。

6.3.2 效度分析

效度分析指的是各项指标评价变量的准确程度。效度分析包括两部分内容，分别是内容效度和结构效度，其中内容效度指的是调查问卷中测量变量的全面性。在设置变量指标方面，本研究借鉴了目前比较成熟的研究结论，并结合本研究的目标进行了针对性调整，通过预调研，对问卷的结构效度进行了调整和优化，进而构建了本研究问卷调查的相应量表，所以，本研究调查问卷在内容效度方面具有较高的可信度。结构效度则指的是基于相关理论而构建的概念模型在评价目标模型方面的程度，分为聚合效度、收敛效度、区别效度等。

本研究用 AMOS 软件通过验证性因子分析来检验量表的结构效度，拟合指标分别是 χ^2 (54) = 123.927，$\chi^2/df = 2.295 < 3$，CFI = 0.966，IFI = 0.966，NFI = 0.942，RFI = 0.929，RMSEA = 0.062，结果显示模型的拟合状况良好，各个题项的因子载荷见表 6-4。

表 6-4 量表效度分析

因素	题项	因子载荷	组合信度(CR)	平均方差萃取率(AVE)
突发事件严重程度	*SER*1	0.618	0.750	0.511
	*SER*2	0.535		
	*SER*3	0.930		
风险感知	*RIS*1	0.947	0.883	0.717
	*RIS*2	0.866		
	*RIS*3	0.711		
响应策略	*RES*1	0.905	0.942	0.845
	*RES*2	0.979		
	*RES*3	0.870		
城市形象	*IMG*1	0.652	0.752	0.505
	*IMG*2	0.783		
	*IMG*3	0.685		

由表 6-4 知，在所有题项中，除 *SER*2 的因子载荷为 0.535，其余题项的因子载荷均在 0.6 以上，即全部题项的因子载荷都超过了 0.5，而且通过了显著性检验，说明量表具有较好的收敛效度。

表 6-4 中还列举了组合信度（Composite Reliability，CR）、平均方差萃

取率（Average Variance Extracted，AVE）两个指标，可进一步验证量表的收敛效度和聚合效度。Hair 等（2006）提出组合信度 CR 大于 0.7，平均方差萃取率 AVE 大于 0.5 是评估结构效度时可参考的标准。① 由表 6-4 可知，四个因素的组合信度 CR 分别为 0.750、0.883、0.942 和 0.752，均超过了 0.7 的标准界限；平均方差萃取率 AVE 分别为 0.511、0.717、0.845 和 0.505，均大于 0.5。说明研究中的量表具有良好的收敛效度和聚合效度。

进一步，结构效度的检验中，除了收敛效度和聚合效度外，还要考核各个潜变量间是否具有显著的差异性。Fornell 和 Larcker（1981）提出，如果每一个潜变量的平均方差萃取率的平方根均大于该潜变量与其他潜变量间的相关系数，则说明各个潜变量的内涵和实证等方面确实是有所区别的，也就认为该量表具有较好的区别效度②。本研究量表的区别效度检验见表 6-5。

表 6-5　相关系数大小及区别效度检验

潜变量	突发事件严重程度（*SER*）	风险感知（*RIS*）	响应策略（*RES*）	城市形象（*IMG*）
突发事件严重程度（*SER*）	0.715			
风险感知（*RIS*）	0.224***	0.847		
响应策略（*RES*）	−0.077	−0.12**	0.919	
城市形象（*IMG*）	−0.332***	−0.297***	0.204	0.711

注：对角线上的数字为 AVE 的平方根，对角线下方的数字为潜变量的相关系数；***表示 $p<0.01$，**表示 $p<0.05$，*表示 $p<0.1$，下同。

从表 6-5 中可以发现，计算四个因素的平均方差萃取率 AVE 的平方根，分别为 0.715、0.847、0.919 和 0.711，把四个因素的平均方差萃取率 AVE 的平方根与各因素间的相关系数进行比较，可以发现对角线上所有因

① Hair J，Black W，Babin B，Anderson R，Tatham R. Multivariate data analysis（6th ed）[M]. Pearson Prentice Hall，Upper Saddle River，New Jersey，2006.

② Fornell C，Larcker D. Evaluating structural equation models with unobervable variables and measurement error [J]. Journal of Marketing Research，1981，48（3）：39-50.

素的平均方差萃取率 AVE 均大于因素间的相关系数，表明量表具有较好的区别效度。

6.4 差异比较

通常来说，受访者的性别、年龄、学历及工资收入等个体特征会影响受访者对题项的评判。为了探究不同个体特征是否会对问卷中的题项打分有所影响，本研究分别对性别、年龄、学历以及收入等特征因素的影响进行检验。采用独立样本 t 检验和方差分析两种统计分析方法，具体的步骤如下：

首先，针对受访者不同的个体特征，对受访者在四个潜变量 12 个量表题项上的评分进行描述统计分析（descriptive statistics），展现其大致的评分状况。其次，对只有两个属性的个体特征（如性别）采用独立样本 t 检验，比较两个属性间的差异是否显著。对三个以上属性的个体特征采用单因素方差分析（One-way ANOVA），分析量表评分的均值在不同群体间的变化，检验是否存在显著性差异。最后，对存在差异的个体特征，采用多重比较的方法，揭示差异的具体组别。

（1）性别因素。首先从受访者的性别来看，因为性别只有“男”“女”两个属性，因此本研究采用独立样本 t 检验，分析性别在各个变量上的影响是否显著，检验结果见表 6-6。

表 6-6　男、女评价均值及差异比较

潜变量	量表编号	量表题项	男	女	t 统计量	P-Value
突发事件严重程度	*SER*1	破坏程度高	5.42	5.49	-0.401	0.689
	*SER*2	影响范围大	4.86	5.08	-1.343	0.18
	*SER*3	不可控性强	5.03	5.09	-0.373	0.709
风险感知	*RIS*1	紧张	4.65	4.82	-1.34	0.179
	*RIS*2	焦虑	4.91	4.97	-0.369	0.713
	*RIS*3	担忧	4.75	4.83	-0.504	0.614

续表

潜变量	量表编号	量表题项	男	女	t 统计量	P-Value
响应策略	*RES*1	及时的	4.19	3.97	1.004	0.316
	*RES*2	有效的	4.1	3.83	1.329	0.185
	*RES*3	可信的	4.16	4.08	0.394	0.694
城市形象	*IMG*1	社会秩序	3.35	3.26	0.716	0.474
	*IMG*2	基础设施	3.54	3.43	0.887	0.367
	*IMG*3	城市功能	3.51	3.47	0.343	0.732

从表 6-6 中可以看出，性别这一个体特征在 12 个题项上的 P-Value 数值均大于 0.05，说明在 0.05 的显著水平下男性和女性的评价并不存在显著性差异。

（2）年龄因素。本研究继续分析不同年龄段受访者对 12 个题项的评价是否会存在显著差异。因为在问卷设计中，我们将受访者的年龄分成了 6 个不同的年龄段，因此我们采用单因素方差分析来比较不同年龄段的评价是否有差异，即分析年龄特征对变量评价的影响，其方差分析的结果见表 6-7。

表 6-7　不同年龄段评价均值及差异比较

潜变量	量表编号	量表题项	F 统计量	P-Value	事后比较 LSD 法
突发事件严重程度	*SER*1	破坏程度高	3.554	0.015	1>2、3、4、5
	*SER*2	影响范围大	1.953	0.121	
	*SER*3	不可控性强	2.515	0.058	1>2、3、4、5
风险感知	*RIS*1	紧张	0.985	0.400	
	*RIS*2	焦虑	1.657	0.176	
	*RIS*3	担忧	0.767	0.513	
响应策略	*RES*1	及时的	6.681	0.000	2<1、3
	*RES*2	有效的	7.350	0.000	2<1、3
	*RES*3	可信的	6.530	0.000	2<1、3
城市形象	*IMG*1	社会秩序	0.730	0.535	
	*IMG*2	基础设施	0.455	0.714	
	*IMG*3	城市功能	1.030	0.379	

注：1=“18 岁以下”；2=“18~30 岁”；3=“30~40 岁”；4=“40~50 岁”；5=“50~60 岁”；6=“60 岁及以上”。

从年龄特征的单因素方差分析结果可以看出，不同年龄对突发事件严重程度和响应策略的评价存在显著性差异，具体表现为：突发事件严重程度的破坏程度（$F=3.554$，$p<0.05$）、不可控性（$F=2.515$，$p<0.1$）两个维度上存在显著性差异；对相应策略的及时性（$F=6.681$，$p<0.01$）、有效性（$F=7.350$，$p<0.01$）和可信性（$F=6.530$，$p<0.01$）三个题项的评价均存在显著差异。进一步使用事后比较 LSD 法进行分析，结果见表 6-7 最后一列。

由事后比较 LSD 的结果和均值比较图（如图 6-3 所示）可知，在对突发事件严重程度的测量题项破坏程度高和不可控性强的评价上，年龄在“18 岁以下”的群体的评分显著高于其他受访者。分析原因可能是年轻群体的人生阅历较少，对突发事件所带来的损失比较敏感，因此对突发事件的严重程度的评分较高；而年龄大的群体，因为人生阅历相对丰富，经历过和了解到的突发事件比较多，因此对突发事件的严重程度感知和评价会略低。

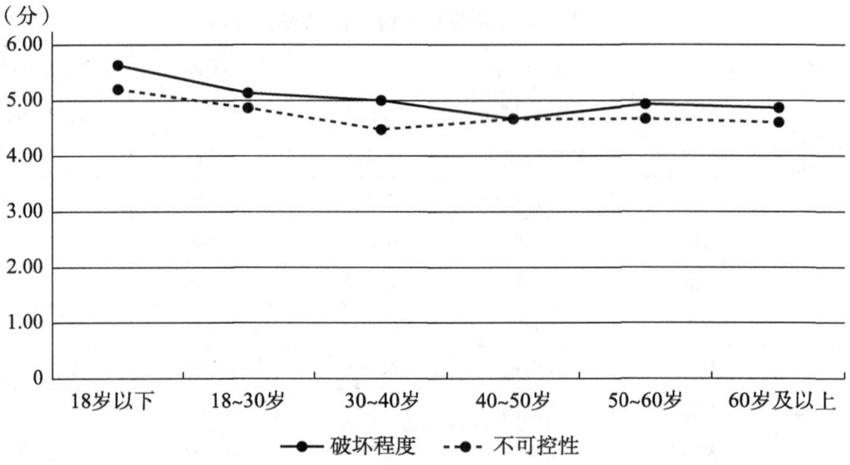

图 6-3 不同年龄段对突发事件严重程度的感知均值图

结合表 6-7 和图 6-4，在响应策略的评价中，年龄段在“18～30 岁”的受访者对响应策略的及时性、有效性和可信性的评价都显著地低于其他年龄段的群体。

综合以上的信息，我们发现年龄段不同，受访者对突发事件严重程度和响应策略的评价存在着显著差异。

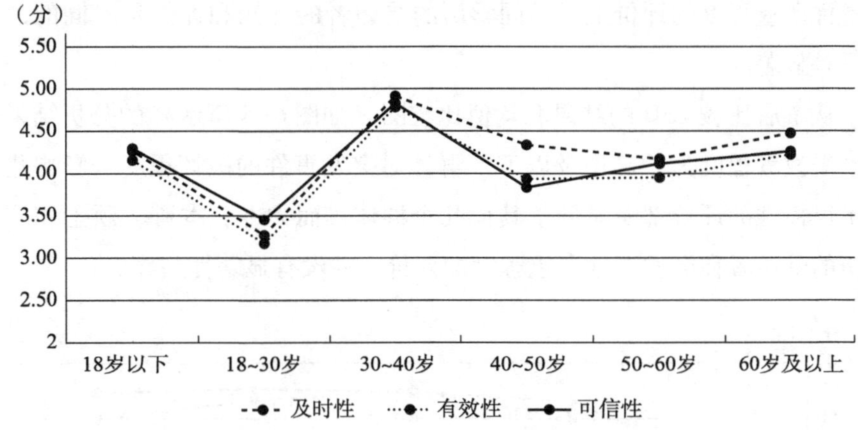

图6-4　不同年龄段对响应策略评价均值图

（3）学历因素。根据学历的高低，可将受访者划分为五个类别，因此我们依然采用单因素方差分析，来比较不同类别受访者的评价是否存在显著性差异，方差分析结果见表6-8。

表6-8　不同学历的评价均值差异比较

潜变量	量表编号	量表题项	F统计量	P-Value	事后比较LSD法
突发事件严重程度	*SER*1	破坏程度高	2.476	0.061	1<2、3、4、5
	*SER*2	影响范围大	5.107	0.002	1<2、3、4、5
	*SER*3	不可控性强	3.117	0.026	1<2、3、4、5
风险感知	*RIS*1	紧张	0.232	0.874	
	*RIS*2	焦虑	1.155	0.327	
	*RIS*3	担忧	0.297	0.827	
响应策略	*RES*1	及时的	0.985	0.400	
	*RES*2	有效的	1.160	0.325	
	*RES*3	可信的	1.186	0.315	
城市形象	*IMG*1	社会秩序	0.171	0.916	
	*IMG*2	基础设施	0.367	0.777	
	*IMG*3	城市功能	0.747	0.525	

注：1="高中及以下"；2="大专"；3="本科"；4="硕士"；5="博士"。

根据单因素方差分析的结果我们发现，不同学历的受访者在响应策略、风险感知和城市形象三个潜变量的评价上不存在显著性差异，但在突发事件严重程度的评价上，不同学历的受访者的感知和评价是不同的，且差异是显著的。

从事后比较 LSD 的结果和均值比较图（如图 6-5 所示）的分析结果来看，受教育程度为“高中及以下”群体对突发事件的破坏程度、影响范围和不可控性的评价都明显低于其他几个群体，而大专、本科、硕士和博士学历的受访者在突发事件严重程度的评价上并没有显著性差异。

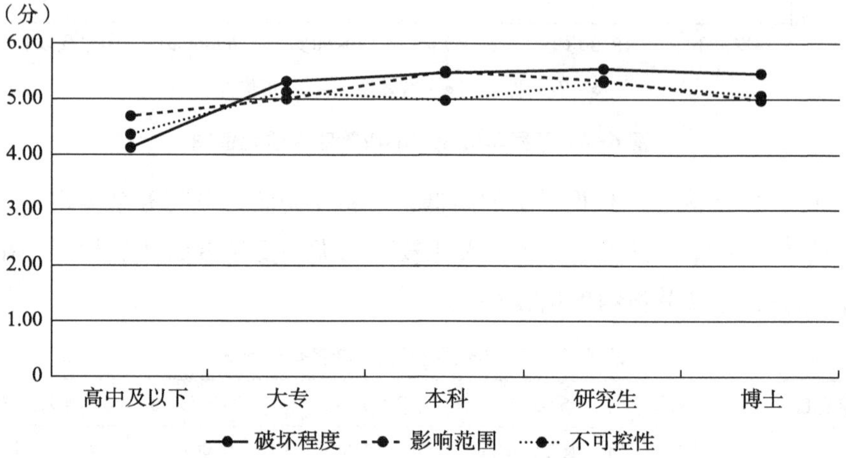

图 6-5　不同学历下均值比较图

（4）收入因素。受访者根据收入的多少一共划分为六个类别，因此我们采用单因素方差分析来比较不同类别受访者的评价是否存在显著性差异，方差分析结果见表 6-9。

表 6-9　不同收入水平下评价均值差异比较

潜变量	量表编号	量表题项	F 统计量	P-Value
突发事件严重程度	*SER*1	破坏程度高	1.250	0.290
	*SER*2	影响范围大	1.244	0.292
	*SER*3	不可控性强	1.400	0.234

续表

潜变量	量表编号	量表题项	F 统计量	P-Value
风险感知	*RIS*1	紧张	0.538	0.708
	*RIS*2	焦虑	0.803	0.524
	*RIS*3	担忧	0.626	0.644
响应策略	*RES*1	及时的	0.811	0.519
	*RES*2	有效的	2.072	0.084
	*RES*3	可信的	2.510	0.042
城市形象	*IMG*1	社会秩序	0.270	0.897
	*IMG*2	基础设施	0.846	0.497
	*IMG*3	城市功能	0.219	0.928

由表 6-9 可以看出，不同收入水平的受访者对突发事件严重程度、风险感知、响应策略和城市形象这四个方面共 12 个题项评价的 P-value 数值都较大，说明不同收入水平的受访者在这 12 个题项上的感知不存在显著差异。

6.5　相关分析

进一步，我们将对突发事件严重程度、风险感知、响应策略与城市形象的相关性进行检验和分析，为四个潜变量回归模型的构建奠定基础。相关分析主要用于评价不同变量之间关系强弱的程度，一般可选择相关系数 r 来表示，其取值区间为［-1，+1］。如果 $r=0$，则表示不同变量之间不具有线性相关性，如果 $|r|=1$ 时，则说明两个变量具有完全相关关系。本研究选择 Amos 软件建立四个潜变量的关系路径图，四个潜变量间的相关系数见表 6-10。

表 6-10　潜变量间的相关性检验

潜变量	突发事件严重程度（*SER*）	风险感知（*RIS*）	响应策略（*RES*）	城市形象（*IMG*）
突发事件严重程（*SER*）	1			
风险感知（*RIS*）	0.224***	1		

续表

潜变量	突发事件严重程度（*SER*）	风险感知（*RIS*）	响应策略（*RES*）	城市形象（*IMG*）
响应策略（*RES*）	-0.077	-0.12**	1	
城市形象（*IMG*）	-0.332***	-0.297***	0.204	1

注：***表示 p<0.01，**表示 p<0.05。

从表 6-10 中可以发现，在 0.01 的显著性水平下，公众对城市形象的感知与突发事件严重程度呈显著负相关（$r=-0.332$，$p<0.01$），与受众风险感知显著负相关（$r=-0.297$，$p<0.01$），与政府的响应策略相关关系不显著（$r=0.204$，$p>0.1$）。公众的风险感知与突发事件严重程度呈显著正相关（$r=0.224$，$p<0.01$）。

6.6 假设的验证

6.6.1 突发事件的直接效应检验

为了验证突发事件对城市形象的影响路径，本研究利用 Process 软件来检验突发事件对城市形象的直接影响。分析中因变量为城市形象，自变量为突发事件严重程度，控制变量为受众的性别、年龄、收入和受教育程度。模型 1 中仅分析了控制变量与因变量的关系，模型 2 中分析了自变量和控制变量共同作用下对因变量的影响，两次回归的结果见表 6-11。

表 6-11 直接作用回归结果

变量类型	变量名称	模型 1（因变量 *IMG*）			模型 2（因变量 *IMG*）		
		β	SE	t	β	SE	t
控制变量	*gender*	-0.080	0.102	-0.782	-0.065	0.098	-0.662
	age	0.099	0.087	1.129	0.040	0.084	0.474
	edu	0.021	0.077	0.277	0.062	0.074	0.840
	salary	-0.032	0.042	-0.755	-0.036	0.040	-0.906
自变量	*SER*				-0.239	0.042	-5.755***

续表

变量类型	变量名称	模型1（因变量 *IMG*）			模型2（因变量 *IMG*）		
		β	SE	t	β	SE	t
常数项	Constant	3.328	0.408	8.149***	4.561	0.445	10.251***
拟合参数	R^2	0.078			0.574		
	F	0.511			7.36**		

注：***表示 p<0.01，*表示 p<0.10，**表示 p<0.05。

从表6-11模型1的结果可以看出，如果仅考虑控制变量，整个回归方程的显著性检验的F统计量仅为0.511，对应的Sig为0.728，说明回归方程并未通过显著性检验。同时观察四个控制变量与因变量的回归结果，模型1中四个回归系数都没有通过显著性检验，因此可知四个控制变量性别、年龄、受教育程度和工资水平与因变量城市形象间的关系都不显著，这一结论也与上文对人口统计特征差异比较的结果相吻合。模型2是在控制了受众的性别、年龄、收入和受教育程度的影响后，加入自变量后的结果。在突发事件严重程度与城市形象关系的分析中，上文H5推测突发事件的严重程度负向影响城市形象。从模型2的结果可以看出，突发事件严重程度与城市形象呈显著负相关关系（β=-0.239，t=-5.755，p<0.01），因此，H5得到验证，突发事件与城市形象之间存在显著的负相关关系，城市形象会随着突发事件严重程度的提高而下降。

6.6.2 风险感知的中介效应检验

本研究进行中介效应检验时，借鉴连帅磊等（2018）的中介效应检验方法，[①] 采用Hayes（2012）[②] 编制的SPSS宏插件Process中的Model 4，其概念图如图6-6所示。

① 连帅磊，刘庆奇，孙晓军，周宗奎．手机成瘾与大学生拖延行为的关系：有调节的中介效应分析［J］．心理发展与教育，2018，34（5）：595-604.

② Hayes A F. PROCESS：A Versatile computational tool for observed variable mediation，moderation，and conditional process modeling，2012［EB/OL］. Retrieved，http：//www.afhayes.com/public/process2012.pdf.

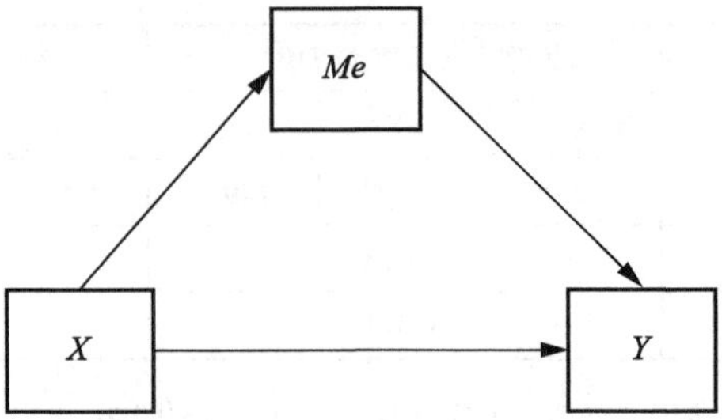

图 6-6　Process 中 Model 4 的概念图

注：*Y*——因变量；*X*——自变量；*Me*——中介变量。

根据前述分析，在控制性别（*gender*）、年龄（*age*）、学历（*edu*）、收入（*salary*）的条件下对风险感知在突发事件严重程度（*SER*）与城市形象（*IMG*）之间关系的中介效应进行检验，模型 3 是以风险感知（*RIS*）为因变量，分析控制变量和自变量对其的影响。模型 4 是以城市形象（*IMG*）为因变量，分析四个控制变量、自变量及中介变量共同作用下的影响大小。具体的回归结果见表 6-12。

表 6-12　公众风险感知的中介效应模型检验

变量类型	变量名称	模型 3（因变量 *RIS*）			模型 4（因变量 *IMG*）		
		β	SE	t	β	SE	t
控制变量	*gender*	0. 043	0. 120	0. 357	−0. 058	0. 096	−0. 601
	age	−0. 105	0. 103	−1. 016	0. 022	0. 082	0. 270
	edu	−0. 075	0. 090	−0. 828	0. 049	0. 072	0. 683
	salary	0. 050	0. 049	1. 028	−0. 028	0. 039	−0. 708
自变量	*SER*	0. 379	0. 051	7. 444***	−0. 176	0. 044	−3. 993***
中介变量	*RIS*				−0. 167	0. 044	−3. 804***
常数项	*Constant*	3. 244	0. 546	5. 946***	5. 104	0. 459	11. 122***
拟合参数	R^2	0. 378			0. 574		
	F	8. 544***			11. 977**		

注：***表示 p<0. 01，**表示 p<0. 05。

本研究的 H8 提出风险感知在突发事件和城市形象中起到中介作用。为了验证此中介作用，先对 H6 和 H7 进行分析。H6 推测突发事件与风险感知呈正相关关系，由模型 3 可知，两者间的回归系数显著为正（β=0.379，t=7.444，p<0.01），H6 得到验证，说明突发事件正向影响公众的风险感知，突发事件越严重，公众风险感知越强烈。H7 推测风险感知与城市形象呈负相关关系，由模型 4 可知，在控制了突发事件的严重程度后，风险感知与城市形象间呈显著负相关（β=-0.176，t=-3.993，p<0.01），H7 得到验证，风险感知负向影响城市形象，即公众感知到的风险越强烈，其对城市形象的评价也就越低。综合 H5、H6 和 H7 的检验结果，即突发事件对城市形象有直接的负向作用、突发事件对风险感知有显著的正向影响、风险感知对城市形象负向的影响是显著的，因此可知风险感知在突发事件对城市形象的影响路径中具有中介作用。

为了进一步探究中介作用的类型和大小，我们比较突发事件对城市形象的直接作用和加入中介变量后的作用大小。由模型 2 可知，突发事件对城市形象有显著负影响（β=-0.239，t=-5.755，p<0.01），由模型 4 可知，加入中介变量风险感知后，突发事件与城市形象依然呈显著负相关（β=-0.176，t=-3.993，p<0.01），说明在风险感知中介变量的共同作用下，突发事件对城市形象的负向影响依然成立。从两个回归模型中回归系数的大小变化可知，在加入风险感知的影响后，突发事件对城市形象的回归系数由模型 2 中的-0.239 变为-0.176，说明其影响作用在变小，两者间的回归系数的绝对值由大变小，说明风险感知在路径中具有部分中介作用，因此，H8 成立。

进一步，采用 Bias-Corrected Bootstrap 蒙特卡洛模拟置信区间估计法对风险感知的中介效应进行检验。利用重复随机抽样的方法在原始数据中（n=337）抽取 5000 个 Bootstrap 样本，生成一个近似抽样分布，估计 95% 的中介效应置信区间。结果表明，以风险感知为中介变量，突发事件严重程度对城市形象的间接效应为 β=-0.0633，p=0.005，CI=[-0.0997，-0.0313]，置信区间不包含 0，说明风险感知的中介效应具有统计意义。进一步，两者之间的直接效应为 β=-0.1756，p=0.00，CI=[-0.2621，-0.0891]，置信区间不包含 0，说明风险感知存在部分中介作用，中介效应大小见表 6-13。

表 6-13　总效应、直接效应及中介效应分解表

	Effect	Boot 标准误	BootCI 下限	BootCI 上限	效应占比（%）
直接效应	-0. 1756	0. 0440	-0. 2621	-0. 0891	72. 86
间接效应	-0. 0633	0. 0175	-0. 0997	-0. 0313	27. 14
总效应	-0. 239	0. 034	-0. 321	-0. 157	100

注：Boot 标准误、BootCI 下限、BootCI 上限是通过 Bootstrap 抽样进行参数估计的标准误差以及 95%置信区间的下限和上限。

从表 6-13 中可以看出，突发事件不仅能直接影响到公众对城市形象的评价，而且可以通过公众风险感知的中介作用影响城市形象。模型中的直接效应系数为-0. 1756，间接效应为-0. 0633，总效应为-0. 239。进一步可知，突发事件对城市形象的影响 72. 86%是直接效应，有 27. 14%是通过中介变量风险感知传导的，因此 H8 得到验证，风险感知在突发事件与城市形象之间存在部分中介作用，突发事件通过风险感知来影响城市形象。

6. 6. 3　响应策略的调节效应检验

对响应策略调节作用的检验，我们采用 Process 软件中的 Model 7 来进行，其概念框架如图 6-7 所示。

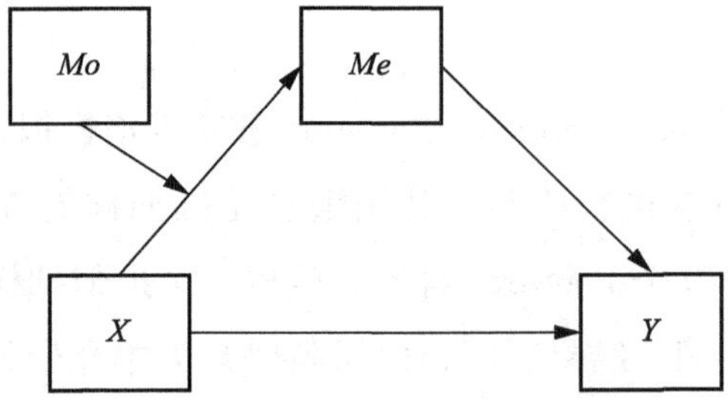

图 6-7　Process 中 Model 7 的概念图

注：*Y*——因变量；*X*——自变量；*Me*——中介变量；*Mo*——调节变量。

从图 6-7 中可以看出，在 Model 7 中调节变量是对作用路径的前半段进行调节，本研究要验证响应策略是否在突发事件对风险感知的影响中存在调节作用，Model 7 中变量的关系符合本研究的初始概念模型。H9 推测响应策略负向调节突发事件与风险感知的关系，即在响应策略消极时，突发事件与风险感知的关系更强，在响应策略积极时，突发事件对风险感知的影响较弱。

在进行调节效应检验的回归分析时，为了减少因素间的多重共线性，本研究通过对突发事件严重程度、响应策略、风险感知和城市形象进行去中心化处理，构建突发事件严重程度与响应策略的交乘项，以风险感知为因变量进行了回归分析，结果如表 6-14 中模型 5 和模型 6 所示。

表 6-14　调节效应回归结果

变量类型	变量名称	模型 5（因变量 *RIS*）			模型 6（因变量 *RIS*）		
		β	SE	t	β	SE	t
控制变量	*gender*	−0.013	0.116	−0.109	−0.015	0.116	−0.131
	age	−0.127	0.099	−1.283	−0.131	0.099	−1.321
	edu	−0.060	0.087	−0.686	−0.058	0.087	−0.663
	salary	0.036	0.047	0.763	0.030	0.047	0.628
自变量	*SER*	0.363	0.049	7.387***	0.600	0.125	4.810***
调节变量	*RES*	−0.169	0.033	−5.167***	0.138	0.152	0.904
交互项	*INT*1（*SER*×*RES*）				−0.057	0.028	−2.064***
常数项	Constant	4.134	0.553	7.474	2.881	0.820	3.514***
拟合参数	R^2	0.248			0.674		
	F	13.7702***			15.2051**		

从模型 6 中可以看出，响应策略对突发事件影响风险感知的调节作用是显著的（$\beta=-0.057$，$t=-2.064$，$p<0.01$），而且回归系数为负，代表了响应策略具有负向调节作用。为了进一步验证调节作用的方向，本研究检验了积极响应策略下（调节变量 *Mo* 的取值高于均值一个标准差 *M*+1SD）和消极响应策略下（调节变量 *Mo* 的取值低于均值一个标准

差 $M-1SD$），突发事件严重程度对风险感知影响的大小，绘制的 Splitplot 如图 6-8 所示。

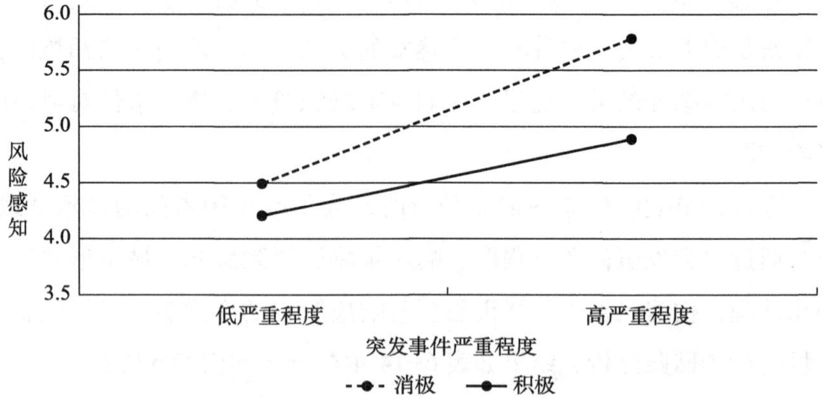

图 6-8　响应策略对突发事件严重程度和风险感知关系的调节效果

由图 6-8 可知，当响应策略消极时，突发事件严重程度对风险感知有显著的正影响；相反，当响应策略积极时，突发事件严重程度对风险感知的正影响效果减弱。因此 H9 得到验证，即响应策略在突发事件严重程度与风险感知的关系中呈负调节作用，换言之，当响应策略消极时，突发事件对风险感知的影响更强烈；反之，当响应策略积极时，突发事件对风险感知的正向影响程度将减弱。

最后，本研究进一步验证响应策略对中介效应的调节作用，检验结果见表 6-15。

表 6-15　调节效应回归结果

变量类型	变量名称	模型 7（因变量 *IMG*）			模型 8（因变量 *IMG*）		
		β	SE	t	β	SE	t
控制变量	*gender*	−0. 031	0. 095	−0. 329	−0. 031	0. 096	−0. 320
	age	0. 038	0. 082	0. 471	0. 040	0. 082	0. 485
	edu	0. 044	0. 072	0. 620	0. 044	0. 072	0. 608
	salary	−0. 021	0. 039	−0. 543	−0. 021	0. 039	−0. 543

续表

变量类型	变量名称	模型 7（因变量 *IMG*）			模型 8（因变量 *IMG*）		
		β	SE	t	β	SE	t
自变量	*SER*	-0.241	0.106	-2.266***	-0.228	0.127	-1.789**
中介变量	*RIS*	-0.127	0.046	-2.798***	-0.151	0.131	-1.153
调节变量	*RES*	0.008	0.126	0.064	-0.005	0.144	-0.037
交互项	*INT*1（*SER*×*RES*）	0.014	0.023	0.612	0.011	0.027	0.414
	*INT*2（*RIS*×*RES*）				0.006	0.029	0.194
常数项	Constant	4.843	0.689	7.032***	4.894	0.737	6.641***
拟合参数	R^2	0.3914			0.674		
	F	13.7702***			11.977***		

从模型 7 的分析结果中发现，交乘项突发事件严重程度×响应策略（*SER*×*RES*）对城市形象影响不显著，表明响应策略对突发事件—城市形象关系并没有调节作用，突发事件对城市形象的影响不会随着响应策略的积极程度而发生显著变化。同理，模型 8 的结果表明，交乘项风险感知×响应策略（*RIS*×*RES*）对城市形象的影响不显著，即响应策略在风险感知—城市形象的关系中没有调节作用。综合上述分析可以看出，响应策略在突发事件和城市形象的直接影响中并不存在调节作用。在突发事件—风险感知—城市形象这一间接路径中，对前半段具有显著的负向调节作用，对后半段没有调节作用。也就是说，响应策略积极时，突发事件对城市形象的负向影响较小，突发事件发生后，若不积极应对或采取消极的应对策略时，会使城市形象受到更大幅度的损害，即采取消极应对策略时，突发事件严重程度与城市形象之间的负向关系更强。

综上所述，本研究的 H9 得到验证，响应策略对突发事件对风险感知的影响存在着显著的负向调节作用，响应策略越消极，突发事件对风险感知的影响越强烈。本研究假设检验结果见表 6-16。

表 6-16 假设检验结果汇总

研究假设	假设结果
H5：突发事件的严重程度负向影响城市形象	成立
H6：突发事件的严重程度正向影响风险感知	成立
H7：风险感知负向影响城市形象	成立
H8：风险感知在突发事件和城市形象中起到中介作用	成立
H9：响应策略负向调节突发事件对风险感知的影响	成立

从表 6-16 的结果可知，研究所提出的五个假设均成立，也验证了突发事件对城市形象具有不可忽视的影响。

第7章 突发事件背景下城市形象的修复策略

突发事件的发生会给城市形象带来显著的负面影响，突发事件发生后急需解答的问题是如何减弱突发事件给城市形象带来的负面影响，如何及时进行止损，如何对受损的城市形象进行挽救和修复，怎样在受众心中恢复或重新建立良好的形象认知等问题。

7.1 国内外突发事件案例及应对

国内外许多城市都发生过由突发事件所引发的城市形象危机，各城市也积极采取了一系列形象修复措施，这些案例可以为突发事件背景下的城市修复策略提供相应的借鉴和参考。

7.1.1 国外突发事件案例及应对措施

7.1.1.1 印度洋海啸事件

（1）事件概况及影响。

2004年12月26日印度洋板块与亚欧板块交界处发生强烈地震。这次地震是1960年智利大地震以及1964年阿拉斯加耶稣受难日地震以来最强的地震，也是1900年以来第二强震，矩震级为9.3级。由强震引发海啸高达10余米，称为印度洋海啸，也称为南亚海啸。海啸波及泰国、马尔代夫、马来西亚等多个国家，给相关国家造成了巨大的人员伤亡和财产损失，对这些国家的经济发展造成巨大冲击。[①] 泰国沿海大量住宿设施以及

① 360百科．印度洋海啸［EB/OL］．https：//baike.so.com/doc/5377560－5613694.html（2018-10）．

旅游资源遭到严重破坏，普吉岛满目疮痍，游客踪影难觅，旺季的酒店入住率不足10%。海啸发生后，几乎所有酒店的预订都被取消了，许多旅游业从业人员失业，其中在灾情较为严重的泰国南部地区，有18万人因此失业。突发的海啸给泰国造成了巨大的经济损失，直接经济损失在3亿~4亿泰铢，旅游类股票下跌，外国游客纷纷出逃。[①] 印度洋上的群岛国家马尔代夫，有200多个小岛可住人且其中有近一半岛屿被开发为度假村，由于海拔太低，海啸使得马尔代夫2/3国土被淹没，马尔代夫面临的不仅是人员伤亡和经济损失，更是生存威胁。[②]

（2）应对措施及效果。

受影响的各国积极采取措施应对此次自然灾害，泰国政府积极进行灾后重建，提供6500万泰铢帮助受灾企业尽快恢复营业，还启动了旅游业恢复振兴计划，投入3000亿泰铢用于灾后旅游业的推广[③]；泰国旅游局积极开展市场营销活动，向中国游客推出一系列优惠政策，承诺向2005年2—5月到泰国的中国游客赠送三重附加保险，包括灾后卫生保险、传染病保险及旅行社责任险；以超低价格拉动需求，泰国酒店房间价格下调50%，推出免费航班等；[④] 泰国积极做好灾后重建工作，2005年1月底，普吉岛的受灾海滩已清理完毕并重新开放，卫生情况已被世界卫生组织评估为合格。马来西亚的酒店为每位入住客人准备好了关于海啸事件的详细资料，并在书桌上留下捐款赈灾呼吁书。马来西亚还邀请一些主要客源国的主流媒体到马来西亚进行实地采访，希望通过媒体向公众传递一个信息：海啸已经过去，马来西亚是安全的。同时为了刺激旅游业的复苏，马来西亚在进行灾后重建的同时也推出了许多特色旅游活动。[⑤]

---

① 李政．印度洋海啸对泰国旅游业的影响［J］．东南亚纵横，2005（3）：51-55.

② 搭上“绝景”末班车　寻找即将消逝的风景［J］．质量探索，2010（Z1）：58.

③ 赵刘，郭胜．国外旅游危机管理及其对我们的启示［J］．城市发展研究，2009，16（10）：134-136.

④ 伍百军．海啸与泰国旅游业［J］．甘肃科技纵横，2007（1）：91+143.

⑤ 毛晓莉．马来西亚旅游危机管理经验借鉴［J］．东南亚纵横，2006（10）：45-50.

7.1.1.2　“9·11”恐怖袭击事件

（1）事件概况及影响。

2001年的“9·11”恐怖袭击事件是发生在美国本土的最为严重的恐怖攻击行动，两架被恐怖分子劫持的民航客机分别撞向美国纽约世界贸易中心一号楼和世界贸易中心二号楼，另一架被劫持的客机撞向位于美国华盛顿的美国国防部五角大楼，五角大楼局部结构损坏并坍塌。联合国发表报告称此次恐怖袭击给美国造成2000亿美元的经济损失，相当于当年生产总值的2%，此次事件给全球经济所造成的损害甚至达到1万亿美元左右。2002年9月11日美国国防部公布了“9·11”恐怖袭击事件的遇难者和失踪者的统计数字，总数为3025人，经过证实删去了一些重复的名字，最终确认的统计数字为2996人。①

“9·11”恐怖袭击事件使得美国游客数量骤减，旅游收入损失严重。恐怖袭击事件对美国入境旅游影响持续26个月，入境游客月损失量高达120万人次，出境游客月损失量为80万人次，累计损失游客1178.2万人次，全美国饭店平均房价下降10%，旅游收入累计损失218.41亿美元且殃及旅游相关行业，美国民航停飞3天，3家航空公司严重亏损宣布倒闭。②

同时，此次恐怖袭击事件还对旅游者心理和行为产生了巨大的影响，世界上许多地区发生了针对西方游客，尤其是美国游客的各种暴力活动，其后的阿富汗战争和伊拉克战争也加深了其负面影响。再加上美国国内经济不景气，公众的恐惧心理很难克服，美国旅游者信心指数下降，消费倾向和行为也发生变化，体现为：人们更愿意选择高速公路旅行，而不愿乘坐飞机；③ 到就近的旅游目的地游览；减少出国旅游，缩短停留时间；访问小城镇或乡村地区，避免大城市或拥挤地区；注意节约；等等。

---

① 360百科．“9·11”事件［EB/OL］．https：//baike.so.com/doc/5363763-5599349.html（2018-07）．

② 孙根年，舒镜镜，马丽君，王洁洁．五大危机事件对美国出入境旅游的影响——基于本底线模型的高分辨率分析［J］．地理科学进展，2010，29（8）：987-996．

③ 袁源，李菁．偶发事件对中国入境旅游业的影响及对策分析［J］．固原师专学报，2006（1）：75-80．

（2）应对措施及效果。

为了消除此次事件的负面影响，美国采取了一系列应对措施：

首先，出台《航空安全和系统稳定法案》。这一法案提供了联邦政府的贷款援助以及对航空公司的补贴，还有一些其他的财政和安全措施。由五个旅游行业组织组成的旅游业恢复联盟提出了六点计划，旨在使美国旅游业恢复至“9・11”事件前的水平。该计划由一系列政策措施组成，包括旅游者和劳动者税收信贷、商业贷款计划、对营业净损失的补助以及政府和私人基金对来美国旅游和国内旅游促销的援助。

其次，出台《航空运输安全法案》。该法案的主要目的在于加强国家的运输安全服务，政府拨款近16亿美元用于机场的安全设备和机场安全设施的研发。

再次，成立旅游业恢复联盟。联盟成员提出六点计划：①为北美地区的旅游者在航空、铁路、汽车、汽车租赁、饭店和汽车旅馆等的开支上提供500美元的税收减免；②将借款计划延伸到小型企业；③为旅游业提供劳动力税收减免；④为市场营销提供更多的政府基金；⑤扩大税收补助，使企业能够弥补“9・11”事件对将来的收入产生的影响；⑥对目前只减免企业50%的娱乐开支税务进行改革，减免100%。

最后，制定经济安全计划和其他措施。美国政府在国防和国土安全方面开支增长总额为860亿美元，且减少企业税收预算80亿美元。①

尽管美国政府做出了积极的应对，但是“9・11”恐怖袭击事件对美国造成的影响巨大，尤其是对旅游业和旅游企业的影响，再加上其后一系列事件的负面影响，美国的旅游业在恐怖袭击事件发生两年后才全面恢复。②

① Blake A, Sinclair M T. Tourism crisis management: US response to September 11 [J]. Annals of Tourism Research, 2003, 30 (4): 813-832.

② Goodrich J N. September 11, 2001 attack on America: A record of the immediate impacts and reactions in the USA travel and tourism industry [J]. Tourism Management, 2002 (23): 573-580.

7.1.1.3 英国口蹄疫

（1）事件概况及影响。

英国是肉类出口大国，年出口肉类高达50亿吨。2001年英国暴发了口蹄疫情，对英国的肉类出口造成了灾难性的打击。口蹄疫传播渠道广泛，具有极强的传染性，引起全欧洲的恐慌。口蹄疫事件横扫整个英国肉业和畜牧业，2000多家农场及畜牧场从此放弃了养殖业，另谋生路，其中近千户破产。[①] 不仅如此，口蹄疫除了严重影响英国的养殖业，也殃及英国经济支柱之一的旅游业。由于口蹄疫的暴发，许多英国民众选择去外国旅游；鉴于海内外媒体对疫情的报道，许多游客对英国乡村和旅游景点的开放情况以及在英国旅游的安全性不太确信。英国旅游业承受着每周1亿英镑的损失，与2000年同期相比，仅乡村地区的旅游收入就减少了75%，一些乡村博物馆、展览馆、公园和其他一些旅游景点陆续关闭。[②] 同时，海外游客数量比2000年下降了9%，减少了240万人次，只有2280万人次，是1994年以来的最低游客人数。

（2）应对措施及效果。

为了恢复城市形象，重振英国的旅游业，英国政府采取了以下措施：

第一，增强公众信心。政府积极将开放的景点的综合情况和详细的注意事项等信息提供给潜在游客，而且这些信息不断更新，同时为经营中的旅游景点提供指导，增强他们的信心，帮助他们将口蹄疫传播带来的风险降到最低程度。第二，资金扶持。政府向旅游业提供了相当数量的资源，旅游业总共获得了超过2亿英镑的扶持。第三，开放主要景点和道路。在口蹄疫暴发的早期，出于谨慎，关闭了许多旅游景点和道路；后期，政府下发了“三点计划”，即开放景点、开放道路和鼓励公众访问景点。第四，重塑形象。政府采取了主动的措施吸引国内外游客。加强信息沟通，纠正

① 东方新闻．口蹄疫恐怖笼罩英伦［EB/OL］．http：//news.eastday.com/epublish/gb/special/class000000017/10/hwz320507.htm（2019-02）．

② 新华社．口蹄疫使英国经济损失严重［EB/OL］．http：//www.china.com.cn/chinese/2001/Mar/26192.htm（2001-03）．

公众的错误印象，尤其是向那些受口蹄疫暴发严重影响的潜在海外游客传递信息。第五，成立专门机构配合措施迅速展开实施。[①] 英国政府采取措施抑制口蹄疫的传染和恢复旅游业，经历了一年多的时间，到 2002 年 6 月，入境旅游才得到恢复。

7.1.1.4 阿拉伯之春

（1）事件概况及影响。

“阿拉伯之春”是阿拉伯世界的一次革命浪潮。2010 年发生在突尼斯的自焚事件是整个“阿拉伯之春”运动的导火索。一些国际评估结果显示，阿拉伯世界发生的“革命”给基础设施造成的损失达到 9000 亿美元，还造成超过 140 万人死亡，1500 多万人沦为难民。内战和军事干预频发，大规模的游行、示威、街头冲突频发，战争、恐怖袭击和暴力冲突等突发事件使西方游客数量急剧下降，严重阻碍了旅游业的发展，整个地区的旅游业受到重创。

（2）应对措施及效果。

为了修复“阿拉伯之春”带来的负面形象，重新吸引游客，埃及在“阿拉伯之春”事件后，一开始采用的是“完全无视”策略，这个方法在中东地区非常流行，目的是假装媒体报道的损害都是轻微的，或者根本没有严重的危机，媒体报道存在夸大之嫌。例如，20 世纪 20 年代，埃及和土耳其的几个城市都先后发生过恐怖袭击事件，但在事件后却对恐怖袭击事件闭口不谈，继续发布大量的旅游广告来吸引游客。[②] 除此以外，还有一个策略是“有限危机”策略，即不会完全忽视突发事件，但向外界传递出突发事件只是局限于某些特定的区域，因此访问该城市的其他区域是安全的。例如，埃及旅游部长告诉 CNN，骚乱和冲突只发生在“一平方公里”以内的

---

① 王良举．旅游危机管理：国外的实践及中国的选择［J］．技术经济，2006（8）：62-65+98.

② Avraham E，Ketter E. Media strategies for marketing places in crises：Improving the image of cities，countries，and tourist destinations［M］. Oxford，England：Butterworth Heinemann，2008.

“开罗市中心”，其他地区是“稳定和安全的”。[①] 以上两种策略统称为“忽视或限定危机”策略，也称为“最小化（或缩小）危机”策略。

7.1.2　国内突发事件案例及应对措施

7.1.2.1　SARS 疫情

（1）事件概况及影响。

2002 年 11 月，SARS 病毒感染首先暴发于中国广东顺德，其后由于其传染性较强，扩散至东南亚乃至全球的 31 个国家和地区，直至 2003 年中期疫情才被逐渐消灭，是一次全球性传染病疫潮。[②] SARS 病毒的突然袭击和快速传染，造成了包括医护人员在内的多名患者死亡，引发了社会的恐慌，也引起了联合国、国际卫生组织和国际媒体的高度关注。

SARS 使中国面临巨大的旅游危机，世界卫生组织宣布中国多个省市属于 SARS 疫情重度地区后，100 多个国家取消了与中国的出入境旅游业务。[③] SARS 对北京旅游业的影响在 400 亿~600 亿元，对全国旅游业的总体影响大约在 1400 亿元，与旅游相关的行业都受到很大的影响。

随着疫情的发展，2003 年 3 月中旬入境旅游人数同比下降 6.5%，近 10 年来首次出现了的入境旅游人数单月下降的现象；4 月入境旅游人数急剧下降，人数同比减少 30%，旅游外汇收入同比减少 49%；5 月入境旅游人数达到低值，比上年同期下降 31.0%；直到 6 月中旬，疫情得到了控制，入境旅游市场才开始逐步回升。出境旅游遭受巨大打击，根据中国外交部网站公布的情况，截至 2003 年 6 月 4 日，全球有 126 个国家对我国居民的入境进行限制；4 月全国出境总人数为 114.6 万人次，比 2002 年同期下降 12%。

---

① Avraham E. Destination image repair during crisis: Attracting tourism during the Arab Spring uprisings [J]. Tourism Management, 2015 (47): 224-232.

② 360 百科 . SARS 事件 [EB/OL]. https://baike.so.com/doc/9276156-9610140.html#9276156-9610140-2.

③ 朱迎波，葛全胜，魏小安，董培南，何连生，彭啸 . SARS 对中国入境旅游人数影响的研究 [J]. 地理研究，2003 (5): 551-559.

国内旅游业损失惨重，国内跨地区旅游停滞。为了减少人员流动，防止疫情扩散，国家除暂时取消了五一节长假外，还严令禁止各地旅游企业组织跨地区的旅游活动，大规模的集会活动被取消，“农家乐”活动也被停止。旅游企业受到冲击严重。劳动和社会保障部课题研究小组 2003 年 6 月 2 日发布的调研结果表明，“非典”可能导致就业岗位减少 127 万个。各旅行社接待业务几乎全面停顿，全年星级饭店出租率下降 4%；同时，自然景区经营企业也损失惨重。①

（2）应对措施及效果。

我国采取了诸多措施积极应对“非典”带来的消极影响：

第一，政府采取强有力的措施控制疫情，对于旅游业，要求暂停前往“非典”疫情发生地区的旅游活动；对旅游接待场所和公共服务设施进行清洁消毒；建立旅游单位“非典”紧急预防站，对游客进行严格的疫情监控，对员工进行“非典”疫情相关知识的培训，提高旅游业及旅游相关行业从业人员的防御和健康意识，进行“非典”疫情症状及预防措施培训等，严防疫情通过旅游途径扩大。

第二，政府制定一系列财政、税收、贴息贷款等优惠政策对旅游业相关企业进行扶持；自 2003 年 5 月到 9 月对民航的旅客运输业务和旅游业免征营业税、城市维护建设税、教育费附加等，返还旅行社的保证金。“非典”疫情在国内得到有效控制之后，国家旅游局向各地旅游局发出了“非典控制和旅游恢复同时抓”的通知。

第三，全国各地积极开展旅游宣传活动，努力促进旅游市场恢复，如上海市引导城区居民去往郊区旅游；在国际市场恢复上，首先启动亚洲的日本、韩国市场，组织部分企业赴海外宣传。

第四，开发旅游新产品，满足人们旅游需求。全国各地旅游部门积极调整和优化产品结构，提供一批适应市场需求的文化旅游、生态旅游、体育旅游、休闲旅游、特色旅游等新产品、新线路。

---

① 曾本祥，R W（Bill）Carter，T De Lacy. 短期事件对旅游的影响：以中国 SARS 危机为例［J］. 桂林旅游高等专科学校学报，2005（2）：30-39.

第五，采取优惠促销手段，刺激人们的消费需求。如江苏省的大部分景区实行了“阳光特惠活动”，对游客实行票价打折。[①]

SARS 对中国旅游业的冲击很大，在疫情得到控制之后，旅游业也恢复较快，但是入境游比国内游花费了更多的时间才得以恢复。

7.1.2.2　拉萨“3·14”事件

（1）事件概况及影响。

2008 年 3 月 14 日，西藏发生严重的打砸烧抢事件，一群不法分子在西藏自治区首府拉萨市区的主要路段实施打砸抢烧，焚烧过往车辆，追打路过群众，冲击商场、电信营业网点和政府机关，给当地人民群众生命财产造成重大损失，使当地的社会秩序受到了严重破坏，13 名无辜群众被烧死或砍死，造成直接财产损失超过 3 亿元。[②] 此次事件对西藏的旅游造成了严重的影响，其影响的周期为 18 个月，即从 2008 年 3 月至 2009 年 8 月。入境客流损失量为 47.14 万人次，入境旅游经济收入损失量为 2.15 亿美元。在事件爆发初期，西藏关闭入境旅游市场，全国共计损失入境游客 115.55 万人次，损失率为 9.29%，西藏损失入境游客 0.35 万人次，损失率达到 98.9%。[③]

（2）应对措施及效果。

为了挽回损失，西藏按照事件发生时间顺序划分出三个时期，分别采取不同措施对旅游业进行恢复。在突发事件爆发期阶段，基于稳定和安全因素考虑，采取限制入境旅游政策。西藏自治区旅游局强化入境旅游管理，恢复“旅藏确认函”三级审批制，实行入境旅游团队在藏旅行期间零报告制度，采取 10 人以上团队配备两名导游人员加强管理。在持续期阶段，暂缓入境游客进藏旅游，并运用财政补贴政策为从事入境旅游行业的

① 王洁平. 城市旅游业危机管理 [J]. 中国城市经济，2008（7）：56-65.

② 辛华文. 拉萨“3·14”事件真相 [M]. 北京：新华出版社，2008.

③ 田祥利. 旅游目的地突发事件对西藏入境旅游影响分析与响应机制研究 [J]. 西藏民族大学学报（哲学社会科学版），2012，33（5）：45-50.

从业人员提供基本生活保障，保护入境旅游业发展基础。① 在后期，采取创新政策响应，强劲发展入境旅游业。主要从以下三个方面进行调整：第一，加大旅游行业税收减免、优惠和奖励力度，旅游行业加快恢复入境旅游业务；第二，调整入境旅游市场促销策略，重点路径依次为东南亚市场、日本市场、欧洲市场，最后是北美市场；第三，充分利用奥运会重大节事，创新入境旅游奖励政策（救市兴旅）。

7.1.2.3 汶川地震

（1）事件概况及影响。

2008 年 5 月 12 日，四川汶川发生 8.0 级特大地震，这次地震共造成 69227 人死亡，374643 人受伤，21923 人失踪，② 是中华人民共和国成立以来破坏力最大的地震，也是唐山大地震后伤亡最严重的一次地震。经国务院批准，自 2009 年起，每年 5 月 12 日为全国“防灾减灾日”。

这次地震不仅造成了人员的伤亡、道路交通设施的严重破坏，更是对四川的各个行业产生了不可磨灭的影响。对旅游业而言，四川旅游的各个景区的核心景观遭到严重破坏，损坏的旅游景区高达 568 个，其直接经济损失累计达到 548.74 亿元。

（2）应对措施及效果。

为了尽快恢复旅游业的发展，四川省旅游局、成都市旅游局、阿坝州旅游局等各级地方旅游局和人民政府与《中国旅游报》、《四川日报》、四川电视台、成都电视台等媒体合作，采取了一系列新闻专题报道、公关活动等措施来帮助游客恢复信心。与此同时，四川省政府提出“震后，四川依然美丽”的宣传口号，暂停推出都江堰、九寨沟、银厂沟等景点，转而将受地震影响相对较小的峨眉山、乐山大佛，以及极具成都生活气息的锦里、宽窄巷子等吸引物作为营销支撑，向客源地展开积极而卓有成效的政

---

① 王前勇，王有云，胡忠明．当前应对疆独、藏独等“三股势力”破坏活动对策探析［J］．北京警察学院学报，2009（6）：50-54.

② 百度百科．5·12 汶川地震［EB/OL］．https://baike.baidu.com/item/2008-05-12/2458042? fr=aladdin.

府和企业营销①。四川省各大景区更是采取了门票打折、免费等措施来响应政府号召和刺激游客需求。通过多方的努力，四川省的旅游业得以快速恢复。图 7-1 显示了 2018 年 5—10 月四川省旅游收入和旅游人次的同比数据。

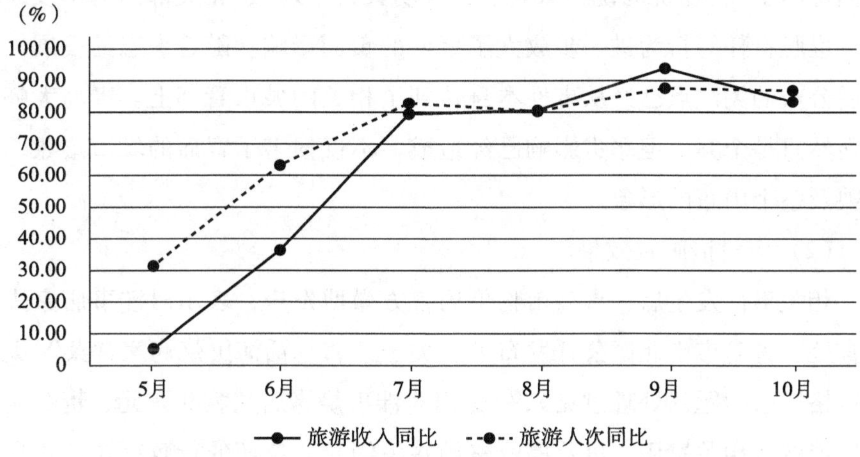

图 7-1　2008 年 5—10 月四川省旅游收入和旅游人次同比

2008 年 5—10 月，四川省各月旅游收入分别为 2007 年同期的 5. 28%、36. 30%、79. 4%、80. 50%、93. 9%、83. 3%，旅游人次分别为 2007 年同期的 31. 33%、63. 19%、82. 79%、80. 23%、87. 6%、86. 9%。可以看出，2008 年 7 月，两组数据均出现了明显的回升，旅游业重新发展起来。②

7. 1. 2. 4　青岛天价虾事件

（1）事件概况及影响。

山东省一直致力于打造“好客山东”的城市形象，“山东欢迎您”的宣传口号也被广为传播，公众耳熟能详，但这个良好的城市形象却因一只要价 38 元的大虾而毁于一旦。2015 年国庆黄金周的第四天，青岛交通广播 FM897 官微发出一条微博：“某网友称：在一家名为‘善德活海鲜烧烤

① 刘睿，李星明．四川旅游震后响应的实证研究［J］．旅游学刊，2009，11（24）：25-29.
② 唐道林．汶川地震对四川旅游业的影响分析和判断［J］．消费导刊，2008（23）：14-16.

家常菜’的大排档吃饭，结账的时候发现大虾不是38元一份，而是38元一只！大家知道这家店在哪里吗?”此条微博发出后，被拥有4300多万粉丝的新浪头条新闻转发，“38元一只虾”的消息瞬间引起了公众的广泛关注。事件爆发后当事人投诉无门，派出所认为“这属于价格方面的问题，我们管不了”，物价局说“太晚了，等明天再处理”，相关部门的不及时回应、推脱责任等行为进一步放大了事件的负面影响。随着事态的发展，两天后公众的关注点已经从事件本身转到了相关的城市管理上。青岛大虾事件显然只是个案，但恶劣影响已经造成，不仅损害了青岛的城市形象，甚至殃及整个山东的形象。

（2）应对措施及效果。

相关事件发生后，青岛市物价局官方微博发声，表示对涉事店家进行了查处，青岛市市北区公开发布了《关于“善德活海鲜烧烤家常菜”大排档价格违法问题的处理意见》,① 做出对涉事烧烤店罚款9万元、责令店家退还消费者相关费用，以及停业整顿并吊销营业执照的行政惩罚。青岛市消保委发布《关于维护消费者合法权益的声明》，对宰客行为做出严厉谴责，并表示将对消费者关心的消费领域开展监督检查，避免此类事件再次发生。青岛市旅游局、青岛市工商行政管理局、青岛市物价局、青岛市公安局联合发布《关于进一步治理规范旅游市场秩序的通告》，并承诺类似事件不再发生，对相关的负责人予以停职并进行劝勉谈话。山东省旅游局邀请受害者作为旅游质量社会监督员，以此形式来补偿受害者遭受的精神损失，并试图通过该做法减少人们对青岛城市的不良印象。② 物价局工作人员就当天未及时积极处理该事件表示道歉。这一系列措施引起公众的广泛关注，如果公众对政府部门的相关纠正措施表示认可和接受，那不仅能弱化对青岛城市形象的负面评价，还会重新形成一个积极、正面的城市形象。

① 张婷婷．城市形象修复的舆论传播策略与机制建设［J］．对外传播，2018（5）：47-49.

② 王宝璐．形象修复理论在城市形象危机传播中的运用——以青岛“天价虾”事件为例［J］．青年记者，2016（3）：76-77.

从上述国内外城市应对突发事件的案例可以看出，当突发事件发生后，会给当地的经济、社会等带来消极的影响，对旅游业产生的阻碍作用尤为明显，各地都采取多种措施来应对突发事件，使之产生的消极影响降到最小。为降低突发事件对旅游的影响，城市会给出优惠福利，如景点门票免费、车费打折等，以此吸引游客前往。除此以外，还推出多种新政策，如加大行业税收减免、优惠和奖励力度、创新激励和奖励政策、利用一些重大节日举办大型体育赛事或国际会议等，以此带动事后地区发展。当涉及群众安全问题的事件发生后，为防止此类事件再次发生，会对群众以及安全部门进行全面的教育和培训，以此提高整体防范意识水平。积极的响应和有效的措施，在一定程度上削弱了突发事件所引发的消极作用，但也有一些地方在对突发事件的回应中，对城市形象修复的理解和使用产生了偏差，不仅没有缓解突发事件触发的公众负面情绪，反而造成了对城市形象的二次伤害。因此，在突发事件情境下，如何修复和提升城市形象是需要进一步解答的问题。

7.2　城市形象修复的相关研究

突发事件后城市形象的修复和重建对于一个城市的发展而言是非常必要的，但又是一个极具挑战性的任务，特别是对一些突发事件频发的城市（Casanueva et al.，2016）① 或不安全的目的地（Liu and Pratt，2017）② 来说。回溯国内外相关文献，以城市形象修复为主题的研究方兴未艾，相关研究可以概括为四个视角：基于旅游城市形象修复的视角、基于政府响应行为和策略的视角、基于危机修复理论应用的视角以及基于新媒体环境下信息传播的视角。

① Casanueva C，Gallego'A，García-S M R. Social network analysis in tourism [J]. Current Issues in Tourism，2016，19（12）：1190-1209.

② Liu A，Pratt S. Tourism's vulnerability and resilience to terrorism [J]. Tourism Management，2017（60）：404-417.

7.2.1 基于旅游城市形象修复的视角

该视角下的城市形象修复相关研究主要以旅游城市形象修复或目的地形象修复为主。以旅游城市为研究对象，选取旅游地发生的“宰客”“黑导游”等社会事件，或旅游城市发生的地震、海啸等自然灾害，重点讨论旅游业相关突发事件对地区旅游业的影响及其修复工作，以期通过形象的提升来弱化危机事件所带来的消极影响，推动当地旅游业发展。

Huang 等（2013）对 2005 年的卡特里娜飓风后的新奥尔良城市形象的修复问题进行了研究，探究游客在经历多次危机（如卡特里娜飓风、英国石油公司漏油事件）后对新奥尔良的印象，挖掘新奥尔良城市形象的影响因素，归纳总结突发事件后城市形象修复的策略和途径。研究指出，虽然新奥尔良经历了不同类型的突发事件，但其精美的旅游图片仍然会吸引回头客和潜在游客，在突发事件发生后，市政府应重点加强其核心旅游产品宣传（如丰富的爵士乐、新奥尔良特色菜，以及著名景点），这些产品在吸引游客方面发挥着至关重要的作用，同时也能改善人们对城市安全、清洁等问题的消极评价。[①] 此外，游客对城市的情感形象对整体印象的影响比认知形象的作用更大，因此新奥尔良的城市宣传应该继续保持和强化游客对新奥尔良的情感依恋，使这个海滨城市成为首选的旅游目的地。Avraham（2015[②]，2016[③]）讨论了中东地区在针对“阿拉伯之春”问题进行形象修复时的地区营销策略，根据中东国家官方发布的广告、新闻采访以及全球旅游新闻网站上的信息，通过内容分析法剖析应对“阿拉伯之春”事件的相应策略，提出了目的地形象修复的分析框架——多阶段地方形象修正模型（multi - step model for altering place image）。Ponjan 和 Thirawat（2016）在研究中模拟了洪水灾害发生后，泰国政府的减税措施对旅游业

---

① Huang Y C, Tseng Y P, Yiap L C. Image recovery of the resurrected seashore city—New Orleans, Louisiana [J]. Journal of Coastal Research, 2013, 29 (2): 430-437.

② Avraham E. Destination image repair during crisis: Attracting tourism during the Arab Spring uprisings [J]. Tourism Management, 2015 (47): 224-232.

③ Avraham E. Destination marketing and image repair during tourism crises: The case of Egypt [J]. Journal of Hospitality and Tourism Management, 2016 (4): 1-8.

的影响，将没有任何税收激励的洪灾与“入境旅游税收优惠洪灾”进行了比较，结果表明，减税可以成为一项有效的短期洪灾补救办法。① 胡宪洋和白凯（2013）基于形象修复理论、针对旅游目的地特性，开发了目的地形象修复策略量表，对西藏和新疆地区游客进行了问卷调研，并且分析了中外游客后续行为的异同。②

7.2.2 基于政府响应行为和策略的视角

国内外对突发事件发生后的风险管理主体的研究相对成熟，分别从与旅游相关的政府部门、旅游企业、旅游组织等角度研究了各类主体在突发事件发生后的角色和责任。但就责任主体而言，国外学者和国内学者的观点稍有不同。国外学者更侧重于研究各类相关组织及企业应该承担的责任和义务，或采取必要的措施来缓解突发事件的发生所产生的消极影响（Paraskeva 和 Arendell，2007③；Jones，2016④）；国内学者则更多地论述政府在突发事件应对过程中的地位和作用（刘睿和李星明，2009），⑤ 这也成为城市形象修复领域的一大重要跨学科研究主题。

作为城市形象修复的重要影响主体，政府管理在地区综合竞争力中扮演的角色越发重要。当突发事件发生、公众信息不充分时，政府相关部门和人员的行为和态度更是直接引导了舆论的走向，政府对突发事件的响应行为和应对策略，在一定程度上影响了城市形象。王苑苑等（2014）以 2012 年伦敦奥运会我国参赛选手被质疑使用兴奋剂事件为例，提出在危机发生时，国内媒体应率先发出声音，国家相关管理部门应及时告知媒体和

---

① Ponjan P, Thirawat N. Impacts of Thailand's tourism tax cut: A CGE analysis [J]. Annals of Tourism Research, 2016 (61): 45-62.

② 胡宪洋，白凯. 旅游目的地形象修复方式量表探讨：中外游客整合对比的视角 [J]. 旅游学刊，2013，28 (9)：73-83.

③ Paraskeva A, Arendell B. A Strategic framework for terrorism prevention and mitigation in tourism destinations [J]. Tourism Management, 2007, 28 (6): 1560-1573.

④ Jones T E. Evolving approaches to volcanic tourism crisis management: An investigation of long-term recovery models at Toya-Usu Geop [J]. Journal of Hospitality and Tourism Management, 2016 (28): 31-40.

⑤ 刘睿，李星明. 四川旅游震后响应的实证研究 [J]. 旅游学刊，2009，11 (24)：25-29.

公众事情处理进展。[①] 朱芸（2011）提出了政府响应策略应该遵循诚实公开、快速反应、广泛参与、居安思危、以人为本、突出重点等六个基本原则。[②] 李华君（2013）提出将政府形象视为城市形象的重要组成部分，并指出形象的修复需要依靠政府自身、公众和媒体，其中媒体是把双刃剑，应当遵循价值重塑—事实修复—对话沟通的修复路径。[③] 袁军和冯尚钺（2013）针对北京暴雨、广西水污染、动车事件、宁波 PX 四种不同类型事件对人民网、新华社、新华网及相关地区政府党政机关报道进行分析，指出政府修复策略效果欠佳，并剖析了其原因。[④] 雷晓艳和张昆（2014）基于情境式危机传播理论，通过内容分析法讨论了在上海“黄浦江死猪”事件中社会化媒体的地位，以及当地政府在事情处理过程中的不当之处及造成的后果。[⑤]

7.2.3 基于危机修复理论应用的视角

近年来，一些研究将危机修复理论应用到城市形象修复的研究中。根据事态的进展，危机管理被划分为四个阶段，即危机前预防阶段（prevention）、危机前准备阶段（preparation）、危机爆发期反应阶段（response）和危机结束期恢复阶段（recovery）。四个阶段也一并构成了危机管理的四个通用模式，与此对应的 PPRR 理论正好对应了危机管理的四个阶段。由于突发事件的发生往往是无法预测的，特别是大部分的突发事件是不可测且不可控的，因此很难做好前两个阶段的预防和准备工作。为降低突发事件带来的负面影响，反应和恢复阶段的各项策略和措施起着不可估量的重

---

① 王苑苑，党芳莉，孙旭．国际体育赛事中的危机公关与国家形象构建——以伦敦奥运会叶诗文和中国羽球女双事件为例［J］．武汉体育学院学报，2014，48（2）：11-16.

② 朱芸．基于公共危机管理视域下我国政府形象塑造研究［D］．南京：南京师范大学，2011.

③ 李华君．网络舆情危机中政府形象修复的影响维度与路径选择［J］．现代传播，2013（5）：69-72.

④ 袁军，冯尚钺．突发性公共事件与政府形象修复策略研究［J］．现代传播，2013（10）：31-51.

⑤ 雷晓艳，张昆．社会化媒体背景下政府形象危机的情境及其修复——以上海“黄浦江死猪”事件为例［J］．湖南师范大学社会科学学报，2014（3）：154-161.

要作用，在突发事件情境中，相关机构或组织应该采取相关的修复措施来保护城市的公共形象，且这个过程不可能一蹴而就，而是要经历一个漫长且复杂的过程（Crompton，1979）。①

基于危机修复理论视角的相关研究近年主要关注班尼特的形象修复理论（Benoit，1997），② 相关的修复策略主要从否认、规避责任、减轻敌意、表达歉意和纠正行为五大方面应对突发事件的消极影响。付业勤等（2016）针对海南旅游舆情事件，利用调查问卷的方法对游客的感知进行调查，并运用形象修复理论设计了海南旅游形象的相关修复策略。③ 王宝璐（2016）利用形象修复理论，对青岛“天价虾”事件后当地政府采取的形象修复策略从否认、规避责任、减轻敌意、纠正行为和表达歉意五个方面进行了剖析，分析比较不同类型形象修复策略的效果和作用。④

7.2.4　基于新媒体环境下信息传播的视角

近年来由于互联网发展，网络舆情备受关注，旅游城市形象和网络舆情往往处于同一研究之中。Lynch（1960）的开创性著作《城市形象》（*The Image of a City*）提出，评估一个城市形象、一个环境形象或描绘一个城市的过程，其实是“观察者和环境之间的双向过程”，这一过程“在不同的观察者之间有着显著的差异”。Lynch（1960）、Kavaratzis 和 Kalandides（2015）认为，信息沟通技术（Information Communication Technologies，ICT）的出现，影响了当代生活的方方面面，包括城市观察者和被观察对象（即城市）。因此，从信息沟通技术来理解一个城市的形象是如何形成的，这对城市形象的修复和重建有着重要的参考意义。

---

① Crompton J L. An assessment of the image of Mexico as a vacation destination and the influence of geographical location upon the image [J]. Journal of Travel Research，1979，17（4）：18-20.

② Benoit W L. Image repair discourse and crisis communication [J]. Public Relations Review，1997，23（2）：177-187.

③ 付业勤，陈雪钧，曹娜．基于游客感知的海南旅游网络舆情危机管理与形象修复研究 [J]．南方论刊，2016（5）：45-48.

④ 王宝璐．形象修复理论在城市形象危机传播中的运用——以青岛“天价虾”事件为例 [J]．青年记者，2016（3）：76-77.

Avraham（2004）认为，一个城市的负面形象、陈规定型观念和与形象有关的危机可以通过媒体战略来扭转，例如哥伦比亚首都通过举办聚光灯活动来重振旅游业。① 城市营销不仅可用于地方推广，还可以用来实现“形象重建”或巩固城市形象（Paddison，1993）。举办重大体育赛事或活动是改善城市负面形象的有效策略，Ceballos 等（2020）② 利用复杂网络分析方法，通过实证分析探索大型赛事对城市形象修复的作用，在突发事件爆发后，通过举办广受关注的大型赛事或时尚活动，能对城市形象重建起到积极的促进作用。刘毅涛和章于炎（2020）运用布诺伊特形象修复理论框架和话语分析方法，参照公共卫生危机、政府组织、中国语境等方面危机传播的特点，从传播学的角度，对新闻发布会和重要媒体采访等情境下的公开话语策略的效果及影响进行评估。③ 在泛众化传播时代，为了避免城市形象被污名化，王博和陈宁睿（2020）借助管理学中“嵌套制”可控性和内在共同体的概念、辩证法的矛盾观对主次矛盾的划分等多学科领域成果，提出嵌套式城市形象修复视角，以主要、次要危机区分，内部、外部结构修复，继承、创新宣传理念等三种主要策略，形成对复合型危机的认识、划分及处置的整合方案，针对性地解决公共卫生事件影响下的城市形象修复问题。④

7.2.5 小结

从上述研究成果来看，城市形象修复的研究对象主要以旅游城市形象或目的地形象为主；突发事件的类型上，学者们关注的重点比较广泛和全面，研究重点既有客观的不可抗力事件，如战争、自然灾害等突发事件，

① Avraham E. Media strategies for improving an unfavorable city image [J]. Cities, 2004, 21 (6): 471-479.

② Ceballos M L, DeFrancisco R L, Osorio M J C. The role of a fashion spotlight event in a process of city image reconstruction [J]. Journal of Destination Marketing & Management, 2020 (17).

③ 刘毅涛，章于炎．形象修复与布诺伊特理论运用：新冠肺炎疫情前期湖北官员的话语策略［J］．新闻大学，2020（11）：83-96+127-128.

④ 王溥，陈宁睿．公共卫生危机下的城市形象修复路径研究——兼论嵌套式形象修复理论的建构［J］．学习与实践，2020（12）：93-101.

也有人为事件，如宰客、暴力冲突等；研究方法上，虽然回归分析、结构方程等方法已普遍应用于旅游目的地形成路径的研究中，但在形象修复中的应用还十分有限，大多研究采用的是案例分析法、内容分析法等定性分析，定量研究、实证分析较少；部分学者开始关注政府在地区形象修复中的关键地位，但多采用文本分析法对相关报道内容进行梳理和分析，没有厘清政府响应策略类型，更缺少相关量化评价。总体而言，研究成果整体呈现“重建设，轻管理；重塑造，轻修复”的特征。①

7.3　形象修复相关理论

形象修复理论能对上述问题做出较好的解答，突发事件发生后形象修复行为能有效地降低损害。② 形象修复理论与声誉管理、恢复营销、危机公关等相关理论有密切的关系。早期研究中使用的是 image restoration（形象复原）一词，但 Brinson 和 Benoit（1999）指出形象复原在语义上更强调纠正不当行为之意，③ 因此在后续的研究中，学者们倾向于使用 image repair 来代替 image restoration（Burns and Bruner，2000），④ 用形象修复（image repair）表示对已经破坏的形象进行校正、挽救和补救的过程，使形象重新被认知与接受。

7.3.1　形象修复理论

第一套系统的、完整的形象修复理论（Image Repair Theory，IRT）是由美国学者 Benoit 于 1997 年首次提出的。⑤ 在形象修复理论中，Benoit 将

① 王溥，陈宁睿．公共卫生危机下的城市形象修复路径研究——兼论嵌套式形象修复理论的建构［J］．学习与实践，2020（12）：93-101.

② 王宝璐．形象修复理论在城市形象危机传播中的运用——以青岛“天价虾”事件为例［J］．青年记者，2016（3）：76-77.

③ Brinson S L，Benoit W L. The tarnished star：Restoring Texaco's damaged public image［J］. Management Communication Quarterly，1999，12（4）：483-510.

④ Burns J，Bruner M S. Revisiting the theory of image restoration strategies［J］. Communication Quarterly，2000，48（1）：27-39.

⑤ Benoit W L. Huge Grant's image restoration discourse：An actor apologizes［J］. Communication Quarterly，1997，45（3）：253-267.

学者们提出的防御策略进行了整合，在“攻击—防御”“刺激—反应”的基础上，提出应对突发事件的五大响应策略，即否认、规避责任、减轻敌意、表达歉意和纠正行为，具体的执行层又可细分为14种细分策略，其理论内容见表7-1。

表7-1　班尼特形象修复理论五大策略（Benoit，1997）

主策略	子策略	主要特征
否认（denial）	直接否认（simple denial）	否认突发事件的发生
	间接否认（shifting blame to another）	将突发事件发生的责任转移给第三方
规避责任（evasion of responsibility）	自卫行为（provocation）	过错或危机是为了应对其他挑衅或侵犯行为
	无力控制（defeasibility）	解释突发事件发生的原因是相关机构缺少相关的信息或能力不足，无法进行有效控制
	事出意外（accidents）	突发事件的发生纯属意外
	本意为善（justified based on motives or intentions）	本意是好的，但后果却相反，好心办坏事
减轻敌意（reducing offensiveness of event）	强化支持（bolstering）	加强公众的积极看法
	最小化消极影响（minimize）	突发事件的影响并不严重
	区别（differentiation）	将突发事件与损害更严重的事件区别开来
	转移（transcendence）	提醒公众还有更重要的事情要做，将其注意力从突发事件上移走
	反击控诉者（attack accuser）	降低控诉者的可信度
	补偿（compensation）	对受害者进行物质或精神上的补偿
纠正行为（corrective action）	承诺解决或预防	承诺将解决突发事件或避免事件的再次发生
表达歉意（mortification）	积极认错、道歉求谅解	公开道歉，表达歉意、悔意，期望获得谅解

资料来源：Benoit W L. Huge Grant's image restoration discourse: An actor apologizes [J]. Communication Quarterly, 1997, 45 (3): 251-267.

以上五大策略有着广泛的应用场景，在突发事件发生后，可采用相关的策略来维护或修复个人、组织、城市、国家遭到损毁或处于危机中的形象。具体而言，前两类策略主要用于免除或减轻责任；第三类和第四类是在需要担责的情形下，处理外界的指责，减少可能受到的批评；第五类则是对错误或风险的悔恨并寻求公众的宽恕与谅解。虽然 Benoit 的 IRT 有着广泛的应用范围，能为突发事件情境下的应对策略提供许多可执行的措施和参考，但其没有对突发事件的类型进行区分，忽略了不同突发事件情境下不同策略间的比较，也缺乏对何种情境下采用何种策略更有效的论证。

7.3.2 情境危机传播理论

不同于形象修复理论仅从应对策略单方面入手，情境危机传播理论（Situational Crisis Communication Theory，SCCT）将事件进行分类，并分析不同情境下的应对策略，因此，该理论侧重于解释突发事件情境、应对策略以及情境与策略的匹配性（Coombs，2006）。①

根据对责任主体的责任归因程度的大小，可将危机划分为三种类型：受害者型危机集群、意外型危机集群和可预防型危机集群，将三种危机集群中责任主体承担的责任程度从小到大进行排序，每种危机集群的解释及具体的危机类型见表 7-2。

表 7-2 SCCT 的突发事件集群划分

危机集群	解释	危机类型	责任程度
受害者型危机集群（victim cluster）	组织在危机中同样被认为是受害者	自然灾害 谣言 职场暴力 产品篡改/恶意攻击	轻微
意外型危机集群（accidental cluster）	危机的发生由意外因素导致，此时危机被认为是组织无意或无法控制的	挑战 技术错误事故 技术错误导致的产品失误	小
可预防型危机集群（preventable cluster）	危机由可控因素导致，且错误产生于组织内部，组织的有意过失直接导致了危机的发生	人为事故 人为导致的产品失误 无伤亡的组织不当行为 违法的组织不当行为 有伤亡的组织不当行为	大

资料来源：蔡礼彬，朱晓彤．基于 SCCT 理论的网络舆情危机后旅游地形象修复策略研究——以“丽江打人毁容”事件为例［J］．旅游导刊，2019，3（1）：21-42.

① Coombs W T. The protective powers of crisis response strategies：Managing reputational assets during a crisis［J］. Journal of Promotion Management，2006，12（3-4）：241-260.

与此同时，按照组织的不同妥协程度，危机事件的应对策略可概括为否认策略、弱化策略、重建策略三个主要策略和一个支撑策略。其中否认策略试图否认突发事件的发生；弱化策略是承认突发事件的发生，但强调突发事件影响范围的有限性或影响程度的有限性，弱化突发事件的负面作用；重建策略是承认突发事件的发生及所造成的消极影响，并采用道歉、补偿等形式获取公众的谅解。除上述三种主要策略外，Coombs 还提出了一个补充策略，具体子策略包括提醒、迎合或诉苦等形式，提醒公众该组织以往的良好表现，使其与现在的负面情境形成鲜明的对比。支撑策略一般不单独使用，而是对三个主要策略的补充和支撑，需要与否认策略、弱化策略或重建策略配合使用。具体的策略及内涵释意见表 7-3。

表 7-3 SCCT 响应策略

类型	策略	子策略	具体内涵	妥协程度
主要策略	否认（deny）	否认 攻击控诉者 推责他人	否认突发事件的发生或将事件发生的责任推卸给他人或其他组织	弱
	弱化（diminish）	辩解 合理性	承认突发事件的发生，但为事件的发生原因做出解释或寻找合理性理由，降低组织为此需承担的责任	中
	重建（rebuild）	补救 道歉	承认突发事件的存在，为事件的发生致歉，并通过多种形式对受害者进行补偿	强
补充策略	支撑策略	提醒 迎合 诉苦	提醒公众组织过往的良好表现或组织声誉，或强调组织自身也是突发事件的受害者，获得公众的同情	—

由表 7-2 和表 7-3 可知，不同突发事件情境中，组织的责任归因从“小”到“大”依次为：受害者型事件集群、意外型事件集群和可预防型事件集群；响应策略中组织的妥协程度从“弱”到“强”依次为：否认策略、弱化策略和重建策略。不同突发事件情境下该采用何种响应策略，主要取决于二者“强弱”关系的一致性，根据 SCCT 理论，责任归因大小与响应策略的妥协程度应该是相同的方向，即责任归因越小，采取响应策略的妥协程度越弱；责任归因越大，采取响应策略的妥协程度越强。不同的突发事件情境下匹配的策略见表 7-4。

表 7–4　突发事件情境与响应策略的匹配关系

责任归因	突发事件情境	历史	响应策略	妥协程度
小	受害者型事件集群	无类似突发事件历史（历史形象呈现中性或正面）	仅提供指示性信息	弱
↓		曾发生过类似突发事件（历史形象呈负面）	弱化策略	↓
	意外型事件集群	无类似突发事件历史（历史形象呈现中性或正面）	弱化策略	
		曾发生过类似突发事件（历史形象呈负面）	重建策略	
大	可预防型事件集群	与过往历史无关	重建策略	强

否认策略可用于应对谣言和挑战性危机，且响应策略的使用要保持一致性，若将否认策略、弱化策略或重建策略混合使用，响应的总体效果将大打折扣①

SCCT 理论搭建了突发事件情境、响应策略以及情境与策略的匹配框架，在研究中多用于企业危机传播管理的对策问题。一些学者也将 SCCT 理论用于政府形象、个人形象的修复，如赖胜强和唐雪梅（2018）通过舆情案例收集，采用内容分析法对政府采用的回应策略进行分析，总结 SCCT 理论下政府回应网络舆情的策略及策略组合。② 一些学者则开始尝试将 SCCT 理论用于目的地形象的修复研究，如蔡礼彬和朱晓彤（2019）通过对旅游网络舆情危机的分析，梳理事件危机情境、政府回应策略、媒体相关报道和公众反应等内容，对 SCCT 理论进行局部优化使之能更好地用于目的地形象的修复。③综上，SCCT 理论能有效解决政府、企业和个人的危机传播问题，对城市形象的修复也有一定的借鉴意义。在 SCCT 理论框架下，城市所面临的突发事件情境、响应策略以及二者的匹配关系有无变化等则需要进一步探索。

①③　蔡礼彬，朱晓彤．基于 SCCT 理论的网络舆情危机后旅游地形象修复策略研究——以"丽江打人毁容"事件为例［J］．旅游导刊，2019，3（1）：21–42.

②　赖胜强，唐雪梅．政府网络舆情回应策略的内容分析［J］．现代情报，2018，38（10）：108–114.

7.3.3 地方形象更改多步骤模型

上述两个理论适用面广，多用于企业形象修复或个人形象修复，在城市形象修复中，响应策略不能完全照搬。尽管试图改变一个城市的负面形象可能面临着许多困难，但世界上不少城市成功地做到了城市形象的修复。Avraham（2004）总结了应对城市负面形象的具体策略，[①] 可以概括为以下几个方面：

（1）忽略突发事件或城市负面形象（ignoring the stereotype or the crisis）：在突发事件发生时，城市可以无视其对城市形象的损害，表现得好像从来没有发生过危机一样，并用新的事件让人们忘记发生了什么。例如西班牙，特别是巴塞罗那，在恐怖袭击之后选择了“一切照旧”的做法，对突发事件避而不谈，忽略及淡化突发事件的影响。

（2）传递相反信息，转移公众的视线（delivering counter-stereotypical messages）：城市可以传递与突发事件和城市负面形象相反的信息，或者发起“反信息攻势”（Kotler et al.，1993）。例如，如果一个城市发生了几起引人注目的犯罪事件，并受到媒体的广泛关注，那么该城市就可以公布其实际犯罪率的数据，这可能比其他规模类似的城市要低得多。如果一个城市被认为是不安全的，可以使用广告，让城市的游客讲述他们在城市的见闻，表达对游览访问过程的喜爱，向外界传递城市安全的信息。

（3）鼓励参观，消除负面印象（encouraging visits to the city and nullifying stereotypes）：“耳听为虚、眼见为实”，为了缩减可能被媒体放大的突发事件的影响范围或严重程度，这一策略旨在说服决策者、舆论领袖和其他人亲自到城市进行参观和游览。在舆论领袖中，新闻媒体无疑是最重要的，在突发事件情境下更是如此。突发事件发生后，可通过媒体人进行常规的游览和走访，通过他们的报道向外界传达“一切如常”的信号，弱化突发事件的影响。除此之外，此策略还用于突发事件频发、高发的地区。

---

① Avraham E. Media strategies for improving an unfavorable city image [J]. Cities, 2004, 21(6): 471-479.

许多城市的陈规定型观念源于其臭名昭著的过去，因此，即使发生积极的变化，不利的意见仍然存在（Strauss，1961）。可以通过会议、展览、旅游、新景点、讲座、新闻发布会等形式来吸引新受众，使外部受众通过“亲眼所见、亲身体验”了解城市的真实状况，避免对城市的认知仅停留在媒体报道或他人口碑中，从而使受众对城市形象的认识更为具体和全面。例如，耶路撒冷和贝尔法斯特市曾因恐怖活动频频发生，使许多游客对其望而却步。为了吸引游客，这些城市经常举行文化活动和节日，通过游客的游览和体验，使游客确认城市是安全的，从而消除人们对恐怖活动的恐惧（Efrati，2002）。

（4）承认突发事件引发的负面形象，并努力改善（acknowledging the negative image）：承认突发事件给城市带来的负面形象，对城市形象的修复给予高度重视和积极响应，向外界承诺会积极行动。具体做法可能通过广告的形式，向公众宣布“城市灰蒙蒙的形象已经消失，现在城市很有吸引力”（Burgess，1982）。这样的口号承认了城市过去的负面形象，在广告和消费者之间创造了一种信任感。有些城市则通过广告或宣传，对外传达出未来计划的愿景，例如“X 的未来是安全的”等口号（Young and Lever，1997）。在以色列雷霍沃斯市发起的宣传活动中也可以找到类似的策略，该市试图用“雷霍沃斯正在砰的一声醒来”的口号来表明城市已经摆脱了多年经济危机的困扰。还有的城市用“新时代”的口号来宣传自己，这表明这个城市已经从过去的问题中摆脱出来了。

（5）解决突发事件可能带来的负面形象（solving the problem that led to the formation of the negative image）：如果一个城市给公众留下的是负面形象，如该城市是充满暴力或不安全的，显然这个城市必须采取有针对性的措施如打击犯罪或暴力活动，才能改变城市负面形象。如迈阿密通过降低城市的犯罪率成功地扭转了不安全的城市形象（Tilson and Stacks，1997）。纽约市市长 Rudolph Giuliani 针对纽约城市高犯罪率的负面城市形象，在全市范围内开展打击犯罪和暴力犯罪者的运动，将该市的犯罪率降低了一半，受众对城市的安全感空前增强。同样，在德国游客遭到恐怖袭击后，埃及政府对伊斯兰激进组织采取强硬态度，消除了他们的形象危机（Efrati，2002；Wahab，1996）。

除上述策略外，对城市负面形象的修复还可以通过举办聚光灯活动，更改城市的名称、标识、口号等城市品牌符号，培养居民的自豪感，提升自我形象等多种策略来实现。

在此基础上，Avraham 和 Ketter（2008）提出了目的地形象修复的分析框架——地方形象更改多步骤模型（multi-step model for altering place image），[①] 分别从来源、信息和受众（SAM：Source，Audience，Message）三个维度，提出了应对突发事件三个媒体策略集，并应用于多个突发事件背景下的地区（城市）形象修复的案例分析。如：Avraham（2015）以中东的“阿拉伯之春”事件为背景，分析中东地区在形象修复过程中所采取的具体策略。研究将理论与实践相结合，采用地方形象更改多步骤模型，对广告、新闻访谈、全球旅游新闻网站进行定性内容分析，剖析事发地区的营销计划、媒体政策、危机传播技巧和广告活动的组成部分，分别从来源、信息、和受众三个维度提出了形象修复的相关策略。具体策略见表 7-5。

表 7-5　地方形象更改多步骤模型的策略及示例

类型	具体策略	具体示例
来源	合作与发展媒体关系（cooperation and developing media relations）	如：接受采访、举行记者招待会、召开新闻发布会、向记者通报事件概况，并对所关注的问题进行解答；组织国际记者之旅
	抱怨、威胁、施加压力和封锁媒体（complaining，threatening，applying pressure and blocking the media）	旨在传达当地的真实情况，而不是一些媒体提供的夸大报道
	新媒体替代传统媒体（finding alternatives to the traditional media）	通过 Internet、Youtube 等传递城市形象；利用网络摄像头展现城市的真实情况，避免媒体的渲染

① Avraham E，Ketter E. Media Strategies for Marketing Places in Crisis：Improving the Image of Cities，Countries，and Tourist Destinations［M］. New York：Elsevier，2008.

续表

类型	具体策略	具体示例
信息	忽略突发事件，传递“一切如常”的信息（ignoring the crisis and conveying the message of“business as usual”）	官方网站、Facebook 等都未提及突发事件，城市的运作一切照旧，仿佛突发事件不曾发生
	减轻、限制或缩小危机的规模（mitigating, limiting or reducing the scale of the crisis） ➢突发事件地理范围的有限性（limiting the geographical scale of the crisis） ➢弱化突发事件的影响，将其视为无关紧要或微不足道的（portraying the crisis as insignificant or marginal） ➢将突发事件陈述为与外国游客无关（framing or presenting the crisis events as irrelevant for foreign tourists）	承认突发事件的发生，但强调其影响范围仅局限在有限的区域，其余地区不受影响；或强调突发事件的影响是微不足道的；或将突发事件陈述为与外国游客无关，入境旅游不会受到任何影响
	承认负面形象（acknowledging the negative image） ➢发送相反的信息（sending an opposite message） ➢确保美好未来和“新时代”的开始（assuring a better future and the beginning of“the new era”）	承认突发事件的发生给城市带来的负面影响，向外传递相反的信息，如通过广告或宣传片传递“埃及是安全”；或表明负面影响是暂时的，未来一定会发生改变，如“我们将向世界证明，埃及在任何时间都是安全和充满乐趣的”；或宣称“新时代”的开始，如“埃及开启了旅游的新纪元”
	举办重大体育赛事或文化事件（hosting spotlight sports and cultural events）	举办国际或国内重大的体育赛事、国际会议或文化活动来吸引游客
	将负债转为资产（由负变正）（spinning liabilities into assets）	将负面事件或负面特质转变为正面吸引点，如黑色旅游
	与问题区域的地理分离（geographic dissociation from problematic areas）	将城市与其他发生暴力事件的地区区分开来，凸显城市的不一样特性
受众	强调与特定受众的相似之处和相关性（emphasis on similarities, resemblances and relevance to specific audiences）	加强特定目标受众群体的联系，如价值观、历史、文化或意识形态
	开发、营销新的目标受众（developing and marketing new niches and target audiences）	开发新市场，发展新的受众群体。如开展过去被忽视的高尔夫游、乡村游或极限旅游，或对安全不太敏感的宗教旅游等

资料来源：根据 Avraham（2015①，2016②）的文章归纳整理。

① Avraham E. Destination image repair during crisis: Attracting tourism during the Arab Spring uprisings [J]. Tourism Management, 2015 (47): 224-232.

② Avraham E. Destination marketing and image repair during tourism crises: The case of Egypt [J]. Journal of Hospitality and Tourism Management, 2016 (4): 1-8.

多步骤模型主要由三个媒体策略集构成，分别是来源、信息和受众（SAM：Source，Audience，Message）。来源策略侧重于影响或取代对目的地负面形象负有责任的报道者或发布方；信息策略试图通过各种手段和方式反驳或修正对目标城市的负面看法或成见；受众策略涉及受众持有的价值观、见解和信念，包括锁定特定的消费者群体，以及新市场的定位、新受众群体的开发等。

地方形象更改多步骤模型为城市形象修复提供了非常有针对性的策略，在城市形象重塑和修复中具有重要的参考意义。遗憾的是，该模型并未区分不同策略的适用场合和情境，因此，对不同情境下城市负面形象修复策略的适用性、有效性是否存在差异等问题需要进行进一步探索。

7.4 突发事件背景下基于 SCCT 的城市形象修复策略

从上述研究成果可以看出，形象修复的相关理论、模型和策略多元且丰富，但在突发情境下探讨城市形象的修复策略，直接套用上述的理论或策略显然是不恰当的，原因在于：①形象修复理论和 SCCT 多数探讨的是企业或个人的形象修复问题，城市形象的修复与企业形象修复、个人形象修复既有共同之处，又有较大的差异。首先，在突发事件情境下，形象受损的主体以城市为代表，包括了群众、政府、媒体乃至国家，[①] 形象受损的覆盖面更广，同时形象受损主体与事件受害者具有同一性，对突发事件进行回应与企业形象修复的要求和侧重点不同。其次，在企业形象修复或个人形象修复中，回应的主体多是涉事主体，但城市形象修复的过程中，对突发事件做出回应的主体不一定是涉事主体，多为政府或突发事件发生地的主管部门。②之前策略更多针对的是传统的大众媒体，在新媒体环境下，受众获取信息的渠道更为多元、便捷，对信息公开的速度、质量要求

① 王溥，陈宁睿．公共卫生危机下的城市形象修复路径研究——兼论嵌套式形象修复理论的建构［J］．学习与实践，2020（12）：93-101.

也更高，传统的回应策略显然不能满足新时代背景下的受众诉求。

综上所述，形象修复领域现有的研究和成果，并不能很好地解决新媒体环境下突发事件对城市形象的影响，以及城市形象修复这一特殊的问题，因此有必要在传统形象修复理论的基础上，基于城市形象的特点，重新对修复策略进行梳理和创新，进一步对突发事件情境下的城市修复策略进行更深入的思考和探索。本研究将以 SCCT 响应策略为基础，对突发事件情境进行划分，归纳政府在城市形象修复中的主要策略类型，并总结事件情境与响应策略的对应匹配关系。

7.4.1　突发事件情境划分

从形象修复相关的理论可以看出，在突发事件发生后，如何减小突发事件造成的负面影响，如何修复、提升城市的形象，目的地政府有多种多样的策略和措施可选择，但不同情境下，策略和措施的效果却有着天壤之别。因此对突发事件采取具体措施之前，首先应该对突发事件的情境进行判断，即对突发事件的类型进行划分。如前所述，基于 SCCT 理论，根据责任主体所承担责任的大小，突发事件被划分为三大集群——受害者型事件集群、意外型事件集群和可预防型事件集群。参照蔡礼彬和朱晓彤（2019）对旅游危机的分类方法，本研究将城市突发事件分为三大集群，见表 7-6。

表 7-6　SCCT 城市突发事件集群划分

危机集群	类型	细分	责任程度
受害者型事件集群	自然灾害	地震、洪水、雪崩、海啸等	小
	流行性疫病	动物流行病（口蹄疫、禽流感等） 人类流行病（埃博拉、SARS）	
	不实信息	媒介误导、谣言传播等	
意外型事件集群	社会灾难	动乱、暴力冲突、战争、恐怖活动等	中
	政治事件	政治局势动荡等	
	经济事件	经济危机、货币贬值	
	公共卫生事件	食物中毒、饮水污染	
	意外事故	重大事故（交通事故、安全事故）	

续表

危机集群	类型	细分	责任程度
可预防型事件集群	社会治安	暴力犯罪、盗窃、消费纠纷、欺诈	大
	资源危机	资源破坏、生态破坏	
	经营管理危机	产品危机、服务质量问题、管理危机等	

资料来源：蔡礼彬，朱晓彤．基于 SCCT 理论的网络舆情危机后旅游地形象修复策略研究——以“丽江打人毁容”事件为例 [J]．旅游导刊，2019，3（1）：21-42.

受害者型事件集群是指责任主体在突发事件中同样被认定为受害者的突发事件，例如地震、海啸、龙卷风等自然灾害，禽流感、埃博拉病毒等公共卫生疫情，这类事件集群责任主体的责任归因较为轻微。意外型事件集群是指突发事件的发生是由意外因素导致的，此时的突发事件是出乎意料或无法控制的，如动乱、暴力冲突、恐怖袭击等社会安全事件，政治局势动态等政治事件，经济危机、金融危机等经济事件，火车脱轨、矿山坍塌等重大事故，此类事件集群下责任主体的责任归因较小。可预防型事件集群是指突发事件是由可控因素导致的，多表现为人为事故，如暴力犯罪、生态环境破坏等，这种事件集群的责任主体承担的责任较大。

7.4.2 响应策略分类

根据 SCCT 理论，响应策略可以划分为 3 个主要策略和 1 个补充策略，一共两个类型。随着修复策略的应用对象从组织、个人变更为城市，这些策略直接照搬复制到城市形象的修复中是不妥的，原因主要有以下三点：①响应主体不同。SCCT 或 IRT 理论中，企业或个人对突发事件的响应主体往往就是涉事主体，但城市中的突发事件，响应主体（如政府）不一定是事发单位，有时只是事发单位的管理部门。②受众范围和要求不同。传统的企业或个人的形象修复，受众范围较小，多为与企业或个人密切接触的群体。而城市形象修复的受众覆盖面更广，受众群体更为广泛。此外，在新的媒体情境下，受众对信息公开程度、信息透明度等方面的要求更高，政府只有采取信息公开策略，才能将事件的全貌展现给受众。③响应的目的不同。企业或个人进行事件响应主要是维护企业、个人的声誉，政府在对突发事件进行回应时，除要减少对形象的负面影响外，更要维护社会的稳定。综上，在新的媒体情境下，面对范围更广、要求更高的受众群体，响应策略必须做出调整和创新。

因此，在 SCCT 理论的基础上，结合 Avraham 所提出的城市负面形象修复策略，本研究对突发事件背景下城市形象修复策略进行了补充，重新划分了修复策略的类型，具体结果见表 7-7。

表 7-7　基于 SCCT 的城市形象修复策略

类型	策略	子策略	具体策略	变化情况
主要策略	否认或无视	否认	否认突发事件的发生	保留
		威慑	对造谣者通过法律途径采取维权措施	保留
		无视	突发事件的发生无关紧要，城市一切如常	新增
	弱化	区隔	与问题区域的地理分离，将城市与其他发生暴力事件的地区区分开来，凸显城市的不一样特性	新增
		有限性	突发事件只是局限于某些特定的区域、人群或影响程度有限	新增
		其中：范围有限	承认突发事件的发生，但强调其影响范围仅局限在有限的区域	新增
		程度有限	强调突发事件的影响是有限的	新增
		群体有限	将突发事件陈述为与外国游客无关，入境旅游不会受到任何的影响	新增
		转移	传递相反信息，转移公众的视线	新增
	重建	道歉	承认突发事件的存在，为事件的发生致歉	保留
		补救	通过多种形式对受害者进行补偿	保留
		修正	采取实际行动解决核心问题，防止事件再次发生	新增
		提升	举办重大体育赛事或文化事件	新增
		另辟蹊径	将负面事件或负面特质转变为正面吸引点，如黑色旅游	新增
基本策略	支撑策略	信息公开	及时、持续公布事件相关信息	新增
		表明态度	表述对事件的重视并表达处理事件的态度和立场	新增
		快速行动	对事件已经做出应对或正在采取措施	新增

由表 7-3 和表 7-7 可知，SCCT 理论中形象修复策略分为主要策略和补充策略两种类型，本研究所提出突发事件情境下城市形象的修复策略，也划分为两个大类，保留了主要策略类别，将 SCCT 理论中的补充策略更改为基本策略，许多 SCCT 具体策略的内涵也随着响应主体的不同发生了变化和更新。具体而言：

第一大类策略为主要策略，包括否认或无视策略、弱化策略和重建策略 3 个大类，11 个子策略。3 个类别策略的变化及具体释意如下：

（1）将 SCCT 中的否认策略拓展为否认或无视策略，子策略中除 SCCT 提及的否认、威慑子策略外，还补充了无视子策略，即突发事件发生后，相关主体并不采取任何的回应或响应措施，仿佛突发事件不曾发生，一切运行如常。

（2）SCCT 中弱化策略主要采用辩解或合理性解释的子策略，但这两种策略用到城市形象的修复中都不太适宜。突发事件发生后，相关部门仅进行辩解或合理性解释的响应，会让公众产生相关部门推诿责任的质疑，可能引发更严重的舆情，对城市形象造成二次伤害。基于此，本研究将 SCCT 中弱化策略中的 2 个子策略替换为区隔、有限性和转移等 3 个子策略：区隔子策略主要是将本地区（城市）与突发事件发生地做出明显的地理区隔，两者不在同一个范围；有限性子策略是强调突发事件的影响只局限于特定的区域、人群或其影响程度是可控有限的，具体包括范围有限、程度有限或群体有限 3 个子策略；转移子策略是通过媒体等渠道，向外传递相反的信息，转移公众的视线。该类弱化策略中 3 个子策略的共同特点是，相关主体都承认突发事件的发生，仅试图通过区隔策略、有限性策略或转移策略，弱化受众对突发事件消极影响感知和评价。

（3）将 SCCT 理论中的重建策略由 2 个子策略拓展为 5 个子策略。在道歉、补救策略的基础上，还补充了修正策略、提升策略和另辟蹊径策略：修正策略是采取实际行动解决核心问题，防止事件再次发生；提升策略是举办重大体育赛事或文化事件；另辟蹊径策略是将负面事件或负面特质转变为正面吸引点，如黑色旅游等。在该类重建策略中，相关主体正视突发事件及其所造成的消极影响，并且采取积极的行动来应对不利影响，使由突发事件造成的城市负面形象得到修复或提升。

第二大类为基本策略，主要包含信息公开策略、表明态度策略和快速行动策略 3 个子策略。传统 SCCT 中的第二类为补充策略，包括提醒策略、迎合策略和诉苦策略 3 个子策略，作为主要策略的补充，在城市形象修复过程中发挥着从属作用。但基于城市形象修复的视角，补充策略的作用地位和 3 个子策略的适用性都发生了变化。城市形象修复视角下，突发事件的作用对象由企业或个人变为城市，响应主体由企业、个人变为政府，因此传统的阐述组织过去优秀的表现或组织声誉、迎合受众的需求或通过诉苦等强调自身也是受害者博取公众同情的策略已不合适。另外，政府对突发事件响应的主要目的之一是要维护社会稳定，增强公众信心，避免谣言的产生。因此在突发事件发生之后，相关部门应该积极响应，主动出击，采取各种策略来灵活处理诉求，彰显城市温度，如：及时、持续公布事件的相关信息；表述对事件的重视并表达处理事件的态度或立场；公布对事件已经做出或正在采取的应对举措等。上述策略可概括为信息公开策略、表明态度策略和快速行动策略 3 个子策略，且这些策略在形象修复中的作用不再是从属作用，而决定了响应的效果。因此，本研究将 SCCT 中的补充策略变更为基本策略，适用于所有情境的突发事件。

7.4.3　事件情境与响应策略的匹配关系

SCCT 理论中提出了响应策略的选择应该与事件的情境相匹配，根据事件情境中责任主体所承担责任的大小，再根据响应策略中责任主体的妥协程度的强弱，将事件情境和响应策略进行匹配，选择恰当的主要策略，以提醒、迎合或诉苦等 3 条子策略作为补充策略。

在城市形象的修复过程中，如上所述，主要策略和基本策略的子策略类别及作用地位都发生了变化和创新，因此其适用情境也发生了变化，对响应策略与突发情境的匹配关系也要做出调整和革新，见表 7-8。

表 7-8　不同突发事件情境与城市形象修复策略匹配关系

责任归因	突发事件情境	具体分类	主要策略			基本策略	修复主动性
			否认、忽视	弱化	重建		
小	受害者型事件集群	信息不实	√			√	弱
↓		其余受害者型事件		√	√	√	↓
	意外型事件集群	范围小、后果轻		√	√	√	
		范围小、后果重			√	√	
		范围大、后果轻			√	√	
		范围大、后果重			√	√	
大	可预防型事件集群	全部事件			√	√	强

对第一类受害者型集群事件，信息不实事件类型，如谣言、媒体不实报道等情况，其匹配的主要策略为第一类否认、忽视策略，其余受害者型事件集群，均采用弱化或重建策略。针对第二类意外型事件集群，将突发事件按事件的影响范围（大 vs 小）和后果的严重程度（严重 vs 轻微）进行区分，可以划分为四种类型，即影响范围小—后果轻微、影响范围小—后果严重、影响范围大—后果轻微、影响范围大—后果严重。对影响范围小—后果轻微的突发事件，可采用弱化或重建策略，其余的三种意外型突发事件，均应采用重建策略。第三类可预防型事件集群，由于责任主体承担的责任归因比较大，此时如果采用否认或弱化策略，容易引发公众的不满，甚至可能引发负面舆论，造成对城市形象的二次伤害，因此对此类事件的响应，应该在基础策略的基础上采用重建策略，通过道歉、补救、纠正或提升等策略来弱化突发事件的负面影响，减小城市形象受损程度。

7.4.4　基础策略响应原则

无论哪种情境下的突发事件集群，在城市形象的修复过程中都应该采用基本策略，且基本策略的适用要合理运用修复原则，把握响应的“3W”即“When——何时说”“What——说什么”和“How——怎么说”，解决好响应时间、响应信度、响应效果等核心问题，尽力缓解突发事件带来的消极影响，以防苦心经营起来的城市形象受损。

（1）“When——何时说”快速反应原则。

随着新媒体的迅猛发展，公众获取信息具有更广泛的渠道和信息源，在面临突发事件时，切忌“遮删堵捂”，而应该满足公众的知情权。部分情况下，突发事件自身的影响范围有限，如果突发事件发生后，相关机构默不作声，真实信息报道和传播出现断层或真空状态，可能引发公众的猜忌和恐慌，在公众不了解事情的真相时，有时会因为谣言的误导而产生更为强烈的风险感知。因此突发事件发生后，相关负责部门需要以开放和客观的心态对待突发事件，迅速做出反应，查清真相并协调好各方关系，遵循“快速反应原则”，立即启动相关新闻处置应急预案，及时、客观地对突发事件进行报道和公开，掌握舆论的主动权，控制舆论的制高点，避免谣言的产生和传播。

此外，突发事件发生后，相关部门应在“第一时间”做出响应、发布信息，即遵循第一时间原则。麦可尔提出了著名的 3T 原则，即“Tell your own tale，Tell it all，Tell it fast”。“第一时间”对突发事件做出响应和应对，可以抢占舆论的主动权，避免、减少谣言的产生。与此同时，对“第一时间”的界定也在进一步地更新和变化。传统媒体情境下普遍遵循的是“黄金 24 小时”原则，即突发事件发生后的 24 小时内，相关机构必须发布权威消息来主导舆论，否则就会丧失事件处置的主动权。但随着新媒体的发展，信息传播速度越来越快，相关机构做出响应的速度也面临着更高的要求，响应原则从“黄金 24 小时”变化为“黄金 4 小时”，再到“钻石 1 小时”，即在突发事件发生后的一小时以内，及时发布信息做出响应，并保留信息沟通的畅通渠道，这样能有效地缓解公众的风险感知，减弱对城市形象的消极评价。以上三个时间概念，都是在强调面对突发事件时做出的响应和处置要迅速、及时，切记不可为掩盖或者互相推诿而错过突发事件处理的关键时间。

我国应急管理的相关机构也对快速反应原则、第一时间原则给予了高度的重视，将响应的时间写入应急预案中。例如，随着突发事件应对工作实践的不断深入，安徽省应急厅表示，安徽省于 2005 年 12 月印发实施的

《安徽省人民政府突发公共事件总体应急预案》已不适应新形势。为此，安徽省2020年出台了新的《安徽省突发事件总体应急预案》（简称新《应急预案》）。新《应急预案》共分总则、组织指挥体系、运行机制等七大部分。在信息发布与舆论引导方面明确要求，特别重大、重大突发事件发生后，事发地人民政府或应急指挥机构要第一时间通过主流媒体向社会发布简要信息，最迟要在5小时内发布权威信息，随后发布初步核实情况、政府应对措施和公众防范措施等信息，最迟应在24小时内举行新闻发布会，并根据事件处置情况做好后续信息发布工作。发生较大、一般突发事件后，要及时发布权威信息，根据处置进展动态发布信息。信息发布形式主要包括通过新闻网站和官方微博、微信等新媒体平台发布信息，以及提供新闻通稿、举行新闻发布会或接受媒体采访等，及时回应社会关切，迅速澄清谣言。①

（2）“What——说什么”相关原则。

无论是哪种情形，突发事件发生后不可避免地会使公众产生不佳的印象，要实现城市形象的修复，受众的感知和评价往往比突发事件本身更为重要。在突发事件发生时，除了快速响应外，班尼特的方法更关注传播信息选择，也就是说，面对突发事件，相关机构向公众传递出什么信息。在突发事件发生后，有些机构谨遵快速响应原则，在公开渠道快速进行官方回应，但回应的内容与事件关联度较小，甚至通过发布其他方面的正面新闻，试图转移和淡化公众对突发事件的负面感知。例如2012年“三亚天价海鲜宰客”事件，在事件发生后，政府官方微博发布的信息是三亚春节期间旅游“零投诉”，这个正面的新闻使公众对之前的“宰客事件”更为关注和不满，不仅使三亚的城市形象受损，也使海南岛的整体形象遭遇到前所未有的危机。无关的回应、相悖信息的发布无形中放大了突发事件所带来的负面影响和消极作用，因此，对突发事件的响应中，相关机构发布的内容应该与事件本身具有高度的相关性，只有公开、透明、清晰地呈现

① 新华社．安徽：重大突发事件最迟5小时内发布权威信息［EB/OL］. http://www.gov.cn/xinwen/2020-09/09/content_5541978.htm（2020-09-09）.

事件的真相，才能将突发事件所引发的负面舆论或谣言降到最低，一些试图打擦边球、顾左右而言他的做法往往适得其反。

相关机构应该通过新闻发布会、官方发布信息等多种形式和渠道，公正客观地报道事件的真相，公开事件的善后处理情况，信息的公开、透明既能让公众了解事情的真相，清楚事件发生的时间、地点、起因、伤亡人数、财产损失等具体问题，也能让公众对突发事件及其影响有更为全面的认识和判断，抑制谣言的传播，及时缓解社会恐慌。真实、准确的发声，具体数字的发布，既可以体现相关机构认真负责的应对能力，还反映出相关部门对事件的重视程度。受众通过公开的信息，能了解城市相关的保障条件和应急处理能力，消除对一些不确定信息的疑虑，有利于城市形象的维护。

（3）“How——怎么说”持续渐进式原则。

众所周知，人们对事物的全面认识和了解是需要一个过程的。对突发事件相关信息的发声和发布，及时、真实、透明地告知公众是缓减突发事件负面影响的首选做法。但由于突发事件的突发性，在突发事件爆发之初，相关机构在第一时间发布的信息很多是碎片化的，可能只包含了突发事件的一些基本要素，如发生的时间、发生的地点及目前情况等，对一些关键的问题如爆发原因、后续影响等尚需时间去调查和探索，因此对突发事件的响应和处理不可能是一次性完成的，而应该是持续性、渐进式的。信息发布形式可以通过多种渠道共同完成，包括通过新闻网站和官方微博、微信等新媒体平台发布信息，以及提供新闻通稿、举行新闻发布会或接受媒体采访等，及时回应社会关切，迅速澄清谣言。同时，还需要通过媒体的连续报道、追踪报道和深度报道展现事件的整个过程、救援进展和发展趋势，用具体信息对社会舆论进行正确和有利的引导，消除负面信息和谣言，消除公众的疑虑。

7.4.5　全方位的响应框架

众所周知，对突发事件的响应措施和应对策略不仅可以减小突发事件的负面效应，而且对城市形象维持和保护至关重要。在应对过程中，除了强调政府的责任与担当外，还应考虑媒体和公众这两个基本要素，即政府、媒体和公众三者是紧密联系在一起的，其共同形成了城市形象塑造、维护的重要维度。

在传统信息传递背景下，突发事件发生后，政府作为信息的发布方，通过媒体的传播，将相关的信息传递给受众，因此，对于公众而言，更多地体现为被动地、消极地获得突发事件的相关信息及事件的进展情况。此时，突发事件信息的传递是一种自上而下的单向传播模式（如图 7-2 所示），媒体在信息发布方和信息接收方中搭建信息传递的桥梁，发挥信息传递的作用。

图 7-2　传统媒介中的信息传递流程

但在现代的“风险社会”和“媒介社会化”的时代背景下，政府、媒体和公众三者的关系发生了变化，突发事件信息的传递不再是自上而下的单向传递，受众对突发事件信息的接受也不再表现为被动接受，政府、媒体和公众三者间的互动性在增强，关系变得更密切。因此，要建立政府、媒体和公众三位一体的响应框架（如图 7-3 所示），对突发事件做出更好的应对，实现对城市形象的维护及提升。

具体而言：①政府与媒体间的关系表现为：一方面，政府通过媒体公布突发事件的相关信息和进展情况，信息及时、透明的公开，能消除公众对突发事件的猜测或恐惧，避免对媒体的责难和对政府的不信任；另一方面，媒体也具有反向传播的作用，发挥舆论反馈的功能，此时媒体犹如政府的眼耳，政府通过媒体听取社会中各种声音，知晓公众在经历突发事件后的感知，了解公众对政府行动举措的评价，为政府进一步的工作提供依据。②政府与公众的关系表现为：政府通过媒体将与突发事件有关的信息

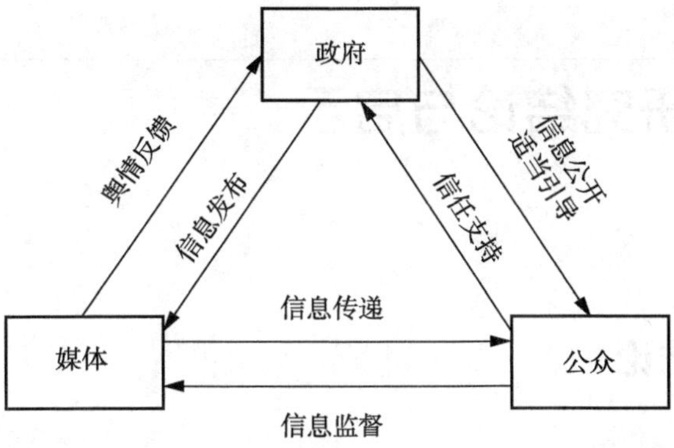

图 7-3　突发事件情境下城市形象修复的三维响应框架

及时、准确地传递给公众，满足公众信息获取的需求，减少公众的猜疑和焦虑，增强公众的信任。同时，对突发事件的应对、城市形象的修复问题，不是政府单方面的事情，需要全社会的积极参与和配合。公众要不造谣、不传谣、不信谣，相信政府，提升城市形象修复的意识，积极配合并主动参与，共同为突发事件的应对贡献力量。③媒体与公众的关系表现为：一方面，从信息传播的路径来看，媒体是媒介，搭建了信息传播的桥梁；公众通过媒体知晓突发事件的详情和最近进展，是信息的接收者。另一方面，公众对媒体还要履行监督权，对不同渠道的媒体信息不能盲目信任，要增强谣言的鉴别能力，不随意转发不实信息，自觉远离网络谣言，坚决斩断谣言的传播链，对影响社会稳定、破坏安定团结的虚假信息要及时检举揭发，构建绿色、健康的信息生态环境。

突发事件情境下，政府、媒体和公众三个主体要相互配合，共同应对突发事件的消极影响，将突发事件对城市形象的负面影响降至最低。

第8章 研究结论与启示

8.1 研究结论

本研究在突发事件的情境下，以城市形象为研究对象，构建了城市形象的测评体系，剖析了突发事件对城市形象的影响路径和作用机制，并探索了突发事件背景下城市形象修复策略。

在城市形象测评体系方面，本研究首先从城市硬环境形象、城市软环境形象、城市功能形象和城市服务形象四个维度构建了城市品牌形象感知指标体系，以结构方程模型为工具，对四个维度与城市品牌形象的关系进行了实证研究。实证结果表明：四个因子对城市品牌形象都有着显著的正向影响；城市软环境形象和城市功能形象对城市品牌形象的影响最明显，进一步优化城市的软环境，完善吃住行游购娱等功能，是提升城市形象的有效措施。

在突发事件的作用路径和影响机制方面，本研究首先围绕突发事件对城市形象影响大小和影响路径进行了剖析，验证了影响路径中受众风险感知的中介效应，并考虑了响应策略的调节作用，通过对 337 名受众的问卷数据进行分析，结果表明：首先，突发事件的发生会显著负向影响公众对城市形象的评价，突发事件越严重，公众对城市形象的评价越低。其次，突发事件对城市形象的影响可分为直接、间接两条路径，一方面突发事件对城市形象有直接显著的负向影响；另一方面突发事件通过受众风险感知来间接影响城市形象的评价，即受众风险感知在突发事件对城市形象的影响中具有部分中介作用。最后，响应策略不同，突发事件对风险感知、城市形象的影响强弱不同。相对于积极的响应策略，响应策略越消极，突发事件对风险感知及城市形象的影响越强，即响应策略在突发事件—风险感知—城市形象的影响路径中的前半段具有负向调节作用，即当突发事件发生后，采取的响应策略越消极，突发事件所引发的受众风险感知越强，对城市形象的评价越差。

在城市形象的修复策略方面，本研究汇总了国内外部分突发事件的案例及应对措施，在形象修复理论、情境危机传播理论和地方形象更改多步骤模型的基础上，提出了突发事件背景下城市形象修复策略。首先，基于 SCCT 的研究框架，将突发事件划分为受害者型事件集群、意外型事件集群和可预防型事件集群。其次，将传统 SCCT 中的补充策略更替为信息公开、表明态度、快速行动等 3 项基本策略，并对主要策略中的部分子策略进行更新和完善，构建了 SCCT 城市形象修复策略；概括总结了事件情境与响应策略的匹配关系，基本策略适用于所有的事件情境，在适用中要遵循快速反应原则、相关原则和持续渐进式原则。最后，本研究搭建了政府、媒体和公众三位一体的全方位响应框架。

8.2 研究贡献和启示

本书的研究贡献和启示如下：

（1）理论贡献。第一，本研究搭建了一个城市形象的测评体系，把城市形象的影响因素分为“城市硬环境形象”“城市软环境形象”“城市功能形象”“城市服务形象”四个维度，对城市形象做出综合全面的认识和评价。第二，本研究构建了一个调节的中介模型，考察响应策略对“突发事件—风险感知—城市形象”这一中介过程的调节作用，进一步明晰了突发事件对城市形象的影响路径和作用机制，支持了以往关于突发事件对城市形象具有负向影响的结果，并在此基础上考察了风险感知在突发事件和城市形象之间的中介效应及响应策略的调节效应，这有助于加深对突发事件与城市形象之间关系的认识，为了解突发事件“如何”以及“何时”影响城市形象这一问题提供了一个新的研究视角。第三，在验证突发事件与城市形象关系的基础上，本研究探讨了风险感知在突发事件与城市形象之间的中介效应。在突发事件对城市形象的负向影响过程中，风险感知具有部分中介的效果。突发事件对城市形象的负向影响中，一部分是通过直接路径传导的，还有一部分是通过受众风险感知变化而间接作用于城市形象的。在此，风险感知起到“桥梁”的作用，突发事件的严重程度越高，受众的风险感知越强烈，其对城市的评价就越差。第四，验证了响应策略对中介路径的调节作用。响应策略对中介过程的前半部分有显著的负向调节效应，与预期一致，即采用积极响应策略和消极响应策略时，突发事件与风险感知的关系模式是不同的。具体而言，突发事件爆发后，若采用的消极的策略，此时突发事件将使受众风险感知更强烈，对城市形象产生更为负面的评价。因此，响应策略的调节作用是存在且显著的。第五，在突发事件情境下，搭建了的城市形象修复策略的框架体系，完善了城市形象的修复策略。

（2）实践启示。第一，重视受众风险感知在突发事件和城市形象影响路径中的“桥梁”作用。对城市安全感的缺乏会使公众对城市形象产生消极、负面的评价，使城市形象一落千丈，因此要尽量避免突发事件的发生，从根源上减轻、减小公众的风险感知，维护好城市的形象。第二，突发事件发生后，无论是不可控的自然事件还是可控的人为事件，相关部门和机构都要积极响应和应对，充分利用互联网技术，做好与公众的沟通，及时、客观公布突发事件相关的信息和应对策略，减小信息不对称性，这将有助于降低突发事件对公众风险感知的影响。第三，做好突发事件应急预案工作，制定并形成一套完善的应急管理方案和保障体系，规范信息传播的渠道和方式、完善安全救援体系等，为应对突发事件做好有效的支撑和保障。

8.3 研究局限和展望

本研究也存在着以下局限和不足：①突发事件的类型有很多，不同类型的突发事件对城市形象、受众心理风险感知的影响是不同的。如自然因素引起的突发事件一般是由自然界中的某些因素综合作用而产生的，这类事件的发生难以抗拒，被认为是非有意的、不可控制的；而人为因素引发的突发事件，往往是由于管理不善，风险管理、预警不到位导致的，因此公众对此类事件难以理解和接受，其对公众心理的负面影响更为严重。在后续的研究中，可进一步探讨不同类型风险事件的影响效果。②本研究对响应策略仅从积极和消极两个维度进行度量，后续可考虑突发事件爆发的时间轴特征，从突发事件发作期、延续期和痊愈期几个时期来进一步分析响应策略对受众感知城市形象的影响情况。③个体因素的影响研究中，本研究仅选择了常见的性别、年龄等人口统计学信息作为控制变量，忽略了受众对目标城市的熟悉度、受众风险偏好水平等因素。受众熟悉程度的高低对其感知城市形象具有显著的影响，受众风险偏好水平的高低对风险感知大小具有显著影响。未来的研究中可进一步从熟悉程度高低、风险偏好水平大小两个角度对受众进行分类，比较不同受众的风险感知及城市形象评价是否存在显著差异等。④对城市形象修复策略本研究仅从理论上进行了补充和完善，对事件类型与策略的匹配度、策略效果等尚需通过进一步的实证分析加以验证。未来研究中可进一步通过实证研究方法，比较不同突发事件情境下响应策略对城市形象的修复效果，验证情境与策略的匹配度等。

参考文献

[1] Adamus-Matuszyńska A, Michnik J, Polok G. A systemic approach to city image building. The case of Katowice city [J]. Sustainability, MDPI, Open Access Journal, 2019, 11 (16): 1-20.

[2] Albaladejo I P, González-Martínez M I, Martínez-García M P. Nonconstant reputation effect in a dynamic tourism demand model for Spain [J]. Tourism Management, 2016 (53): 132-139.

[3] Anholt S. Definitions of place branding: Working towards a resolution [J]. Place Branding and Public Diplomacy, 2010, 6 (1): 1-10.

[4] Anholt S. Places: Identity, image and reputation [M]. Houndmills: Palgrave MacMillan, 2010.

[5] Anholt S. Beyond the nation brand: The role of image and identity in international relations [A] //Brands and branding geographies [M]. Northampton, MA: Edward Elgar Publishing, 2011.

[6] Anholt S. The Anholt-GMI city brands index: How the world sees the world's cities [J]. Place Branding, 2006, 2 (1): 18-31.

[7] Antonioni G, Spadoni G, Cozzani V. A methodology for the quantitative risk assessment of major accidents triggered by seismic events [J]. J Hazardous Materials, 2007 (147): 48-59.

[8] Ashworth G J, Voogd H. Marketing the city: Concepts, processes and dutch applications [J]. Town Planning Review, 1988 (1): 65-79.

[9] Avraham E, Ketter E. Media strategies for marketing places in crisis:

Improving the image of cities, countries, and tourist destinations [M]. New York: Elsevier, 2008.

[10] Avraham E. Destination image repair during crisis: Attracting tourism during the Arab Spring uprisings [J]. Tourism Management, 2015 (47): 224-232.

[11] Avraham E. Destination marketing and image repair during tourism crises: The case of Egypt [J]. Journal of Hospitality and Tourism Management, 2016 (4): 1-8.

[12] Avraham E. Media strategies for improving an unfavorable city image [J]. Cities, 2004, 21 (6): 471-479.

[13] Baloglu S, McCleary K W. A model of destination image formation [J]. Annals of Tourism Marketing, 1999, 26 (4): 868-897.

[14] Baron R M, Kenny D A. The moderator-mediator variable distinction in social psychological research: Conceptual, strategic, and statistical considerations [J]. Journal of Personality and Social Psychology, 1986 (51): 1173-1182.

[15] Barton S L. Crisis in organizations [M]. Cincinnati: Southwestern Publishing Company, 1993: 38.

[16] Beerli A, Martin J D. Tourist's characteristics and the perceived image of tourist destinations: A quantitative analysis— A case study of Lanzarote, Spain [J]. Tourism Management, 2004, 25 (5): 623-636.

[17] Beerli A, McCleary K W. A model of destination image formation [J]. Annals of Tourism Research, 1999, 26 (4): 868-897.

[18] Benoit W L. Huge Grant's image restoration discourse: An actor apologizes [J]. Communication Quarterly, 1997, 45 (3): 253-267.

[19] Benoit W L. Image repair discourse and crisis communication [J]. Public Relations Review, 1997, 23 (2): 177-187.

[20] Blake A, Thea Sinclair M. Tourism crisis management: US response to

September 11 [J]. Annals of Tourism Research, 2003, 30 (4): 813-832.

[21] Boisen M, Terlouw K, van Gorp B. The selective nature of place branding and the layering of spatial identities [J]. Journal of Place Management and Development, 2011, 4 (2): 135-147.

[22] Boon M A, Joseph S M, Dai M. International versus domestic visitors: An examination of destination image perceptions [J]. Journal of Travel Research, 2005, 43 (3): 294-301.

[23] Brandt C, de Mortanges C P. City branding: A brand concept map analysis of a university town [J]. Place Branding and Public Diplomacy, 2011, 7 (1): 50-63.

[24] Braun E, Eshuis J, Klijn E H. The effectiveness of place brand communication [J]. Cities, 2014 (41): 64-70.

[25] Breitsohl J, Garrod B. Assessing tourists' cognitive, emotional and behavioural reactions to an unethical destination incident [J]. Tourism Management, 2016 (54): 209-220.

[26] Brinson S L, Benoit W L. The tarnished star: Restoring Texaco's damaged public image [J]. Management Communication Quarterly, 1999, 12 (4): 483-510.

[27] Burns J, Bruner M S. Revisiting the theory of image restoration strategies [J]. Communication Quarterly, 2000, 48 (1): 27-39.

[28] Cahyanto I, Pennington G L, Thapa B, Srinivasan S, Villegas J, Matyas C, Kiousis S. Predicting information seeking regarding hurricane evacuation in the destination [J]. Tourism Management, 2016 (52): 264-275.

[29] Carles J C-C. Turbulence in Mediterranean tourism [J]. Tourism Management Perspectives, 2017 (22): 27-33.

[30] Casanueva C, Gallego 'A, García-S M R. Social network analysis in tourism [J]. Current Issues in Tourism, 2016, 19 (12): 1190-1209.

[31] Ceballos M L, DeFrancisco R L, Osorio M J C. The role of a fashion

spotlight event in a process of city image reconstruction [J]. Journal of Destination Marketing & Management, 2020 (17).

[32] Chen C C, Lai Y H, Petrick J F. Tourism between divided nations: An examination of stereotyping on destination image [J]. Tourism Management, 2016 (55): 25-36.

[33] Cherfi B, Smith A, Maitland M, Stevenson N. Destination images of Non-visitors [J]. Annals of Tourism Research, 2014 (49): 190-202.

[34] Cho J, Lee J. An integrated model of risk and risk reducing strategies [J]. Journal of Business Research, 2006 (59): 12-120.

[35] Chon K S. The role of destination image in tourism: A review and discussion [J]. Tourism Review, 1990, 45 (2): 2-9.

[36] Coombs W T. The protective powers of crisis response strategies: Managing reputational assets during a crisis [J]. Journal of Promotion Management, 2006, 12 (3-4): 241-260.

[37] Cox B, Zannaras G. Designative perceptions of macro-spaces: Concepts, a methodology and applications [J]. Image & Environment, 1973 (2): 118-130.

[38] Craig C A, Feng S. A temporal and spatial analysis of climate change, weather events, and tourism businesses [J]. Tourism Management, 2018 (67): 351-361.

[39] Cró S, Martins A M. Structural breaks in international tourism demand: Are they caused by crises or disasters? [J]. Tourism Management, 2017 (63): 3-9.

[40] Crompton J L. An assessment of the image of Mexico as a vacation destination and the influence of geographical location upon the image [J]. Journal of Travel Research, 1979, 17 (4): 18-20.

[41] Cunningham S M. The major dimensions of perceived risk [A] // Risk taking and information handling in consumer behavior [M]. Boston: Har-

vard Oniversity Press, 1967: 82-108.

[42] Davies H, Walters M. Do all crisisi have to become disasters? —Risk and risk mitgation [J]. Disaaster Prevention and Management, 1998 (7): 18-22.

[43] Dimanche F, Lepetic A. New Orleans tourism and crime: A case study [J]. Journal of Travel Research, 1999, 38 (1): 19.

[44] Echtner C M, Ritchie J B. The meaning and measurement of destination image [J]. Journal of Tourism Studies, 1991, 2 (2): 2-12.

[45] Erdem T, J Swait. Brand credibility, brand consideration, and choice [J]. Journal of Consumer Research, 2004, 31 (1): 191-198.

[46] Eshuis J, Braun E, Klijn E H. Place marketing as governance strategy: An assessment of obstacles in place marketing and their effects on attracting target groups [J]. Public Administration Review, 2013, 73 (3): 507-516.

[47] Fakeye P C, Crompton J L. Image differences between prospective, fist-time and repeat visitors to the Lower Rio Grande Valley [J]. Journal of Travel Research, 1991, 30 (2): 10-16.

[48] Faulkner B, Vikulov S. Katherine, washed out one day, back on track the next: A post-mortem of a tourism disaster [J]. Tourism Management, 2001, 22 (4): 331-344.

[49] Fornell C, Larcker D. Evaluating structural equation models with unobervable variables and measurement error [J]. Journal of Marketing Research, 1981, 48 (3): 39-50.

[50] Forsythe S M, Shi B. Consumer patronage and risk perceptions in internet shopping [J]. Journal of Business Research, 2003, 56 (11): 867-875.

[51] Foster J B. The crisis of the Earth [J]. Southern Journal of Philosophy, 1997, 8 (2-3): 107-115.

[52] Francisco J P-R, Belén A R-R, Sevilla-Jiménez M, Moreno-Izquierdo L. Unemployment effects of economic crises on hotel and residential tourism destinations: The case of Spain [J]. Tourism Management, 2016

(54): 356-368.

[53] Frisby E. Communicating in a crisis: The British Tourist Authority's response to the foot-and-mouth outbreak and 11th September, 2001 [J]. Journal of Vocation Marketing, 2002, 9 (1): 89-100.

[54] Fu H, Ye H B, Xiang J Z. Reality TV, audience travel intentions, and destinations image [J]. Tourism Management, 2016 (55): 37-48.

[55] Fuch G, Reichel A. Culture differences in tourist destination risk perception: An exploratory study [J]. Tourism Journal, 2004, 52 (1): 21-37.

[56] Gilboa S, Jaffe E D, Vianelli D, Pastore A, Herstein R. A summated rating scale for measuring city image [J]. Cities, 2015 (44): 50-59.

[57] Gilboa E. Searching for a theory of public diplomacy [J]. The ANNALS of the American Academy of Political and Social Science, 2008, 616 (1): 55-77.

[58] Gonzalez H A, Pratt C B. How to management a crisis before or whatever it Hits [J]. Public Relations Quarterly, 1995 (1): 25-29.

[59] Goodrich J N. September 11, 2001 attack on America: A record of the immediate impacts and reactions in the USA travel and tourism industry [J]. Tourism Management, 2002 (23): 573-580.

[60] Gurtner Y. Returning to paradise: Investigating issues of tourism crisis and disaster recovery on the island of Bali [J]. Journal of Hospitality & Tourism Management, 2016 (28): 11-19.

[61] Hair J, Black W, Babin B, Anderson R, Tatham R. Multivariate Data Analysis (6th ed) [M]. Pearson Prentice Hall, Upper Saddle River, New Jersey, 2006.

[62] Hajibaba H, Boztug Y, Dolnicar S. Preventing tourists from canceling in times of crises [J]. Annals of Tourism Research, 2016 (60): 48-62.

[63] Handler I. The impact of the Fukushima disaster on Japan's travel image: An exploratory study on Taiwanese travellers [J]. Journal of Hospitality &

Tourism Management, 2016 (27): 12-17.

[64] Hankinson G. Repertory grid analysis: An application to the measurement of destination images [J]. International Journal of Nonprofit and Voluntary Sector Marketing, 2004, 9 (2): 145-153.

[65] Hao X F, Chris Ryan. Interpretation, film language and tourist destinations: A case study of Hibiscus Town, China [J]. Annals of Tourism Research, 2013 (42): 334-358.

[66] Hayes A F. PROCESS: A Versatile computational tool for observed variable mediation, moderation, and conditional process modeling, 2012 [EB/OL]. Retrieved from http://www.afhayes.com/public/process2012.pdf.

[67] Hermann C F. International crises: Insights from behavioral research [M]. New York: Free Press, 1972.

[68] Herstein R, Jaffe E D, Berger R. The children's city—The transition from a negative to a positive city image [J]. Place Branding and Public Diplomacy, 2008, 4 (1): 76-84.

[69] Huang J, Obracht P A, Kamrowska Z D, Sun Y, Li L. The image of the city on social media: A comparative study using "big data" and "small data" methods in the Tri-City region in Poland [J]. Landscape and Urban Planning, 2021 (206).

[70] Huang Y C, Tseng Y P, Yiap L C. Image recovery of the resurrected seashore city—New orleans, louisiana [J]. Journal of Coastal Research, 2013, 29 (2): 430-437.

[71] Hwang P, Lichtenhal D. Anatomy of organizational crises [J]. Journal of Contigencies and Crisis Management, 2000 (3): 129-140.

[72] Insch A, Florek M. A great place to live, work and play: Conceptualising place satisfaction in the case of a city's residents [J]. Journal of Place Management and Development, 2008, 1 (2): 138-149.

[73] Ivanov S, Idzhylova K, Webster C. Impacts of the entry of the Auton-

omous Republic of Crimea into the Russian Federation on its tourism industry: An exploratory study [J]. Tourism Management, 2016 (54): 162-169.

[74] Ivanov S, Stavrinoudis T A. Impacts of the refugee crisis on the hotel industry: Evidence from four Greek islands [J]. Tourism Management, 2018 (67): 214-223.

[75] Jacoby J, Kaplan L B. The components of perceived risk [C]. Proceedings of the 3rd Annual Convention of the Association for Consumer Research, 1972.

[76] Ji X, Weng W, Fan W. Cellularautomata-based systematic risk analysis approach foremergency response [J]. Risk Analysis, 2008, 28 (5): 1147-1159.

[77] Jiang Y, Ritchie B W. Disaster collaboration in tourism: Motives, impediments and success factors [J]. Journal of Hospitality and Tourism Management, 2017 (31): 70-82.

[78] Jiao J, Holmes M, Griffin G P. Revisiting image of the city in cyberspace: Analysis of spatial Twitter messages during a special event [J]. Journal of Urban Technology Taylor & Francis, 2018 (3) 65-82.

[79] Jones T E. Evolving approaches to volcanic tourism crisis management: An investigation of long-term recovery models at Toya-Usu Geop [J]. Journal of Hospitality and Tourism Management, 2016 (28): 31-40.

[80] Kaneva N. Nation branding: Toward an agenda for critical research [J]. International Journal of Communication, 2011 (5): 117-141.

[81] Kapferer J N. The new strategic brand management: Advanced insights and strategic thinking (5th ed) [M]. London: Kogan Page, 2012.

[82] Kapusciński G, Richards B. News framing effects on destination risk perception [J]. Tourism Management, 2016 (57): 234-244.

[83] Kasperson J X, Kasperson R E. The social contours of risk [M]. London: Earthscan, 2005.

[84] Kasperson R E, Renn O, Slovic P, Brown H S, Emel J. The social

amplification of risk: A conceptual framework [J]. Risk Analysis, 1988 (8): 177-187.

[85] Kavaratzis M. Place branding: A review of trends and conceptual models [J]. The Marketing Review, 2005, 5 (4): 329-342.

[86] Kim H, Richardson S L. Motion picture impacts on destination images [J]. Annals of Tourism Research, 2003, 30 (1): 216-237.

[87] Kim S S, Mckercher B, Lee H. Tracking tourism destination image perception [J]. Annals of Tourism Research, 2009, 36 (4): 715-718.

[88] Kneesel E, Baloglu S, Millar M. Gaming destination images: Implications for branding [J]. Journal of Travel Research, 2010, 49 (1): 68-78.

[89] Koder P, Asplund C, Rein I, Haider D. Marketing places europe [M]. London: Pearson Education Ltd, 1999.

[90] Kotler P, Gertner D. Country as brand product, and beyond: A place marketing and brand management [J]. Journal of Brand Management, 2002, 19 (4): 249-261.

[91] Kotler P, Haider I D. Marketing places: Attracting investment, industry, cities, states, nations [M]. New York: Free Press, 1993.

[92] Koubaa Y, Methamem R B, Fort F. Multidimensional structures of brand and country images and their effects on product evaluation [J]. International Journal of Market Research, 2015, 57 (1): 95-124.

[93] Laaksonen P, Laaksonen M, Borisov P, Halkoaho J. Measuring image of a city: A qualitative approach with case example [J]. Place Branding, 2006, 2 (3): 210-219.

[94] Lerbinger O. The crisis management: Facing risk and responsibility [M]. New Jersey: Lawrence Erlubaum Associates, 1997.

[95] Li C J, Chai Y Q, Yang Y S. Spatio-temporal distribution of flood disasters and analysis of influencing factors in Africa [J]. Nat Hazards, 2016 (82): 721-731.

[96] Liu A, Pratt S. Tourism's vulnerability and resilience to terrorism [J]. Tourism Management, 2017 (60): 404-417.

[97] Liu L, Zhou B, Zhao J. C-IMAGE: City cognitive mapping through geo-tagged photos [J]. GeoJournal, 2016 (81): 817-861.

[98] Logue, James. Dissasters, the enviroment and public health: Improving out response [J]. American Journal of Public Health, 1996, 86 (9): 1207-1210.

[99] Luo Q, Zhai X. "I will never go to Hong Kong again!" How the secondary crisis communication of "Occupy Central" on Weibo shifted to a tourism boycott [J]. Tourism Management, 2017 (62): 159-172.

[100] Lynch K. The image of city [M]. Cambridge: MIT Press, 1960.

[101] Magnusson P, Krishnan V, Westjohn A S, Zdravkovic S. The spillover effects of prototype brand transgressions on country image and related brands [J]. Journal of International Marketing, 2014, 22 (1): 21-38.

[102] Mahon D, Cowan C. Irish consumers' perception of food safety risk in minced beef [J]. British Food Journal, 2004, 106 (4): 301-312.

[103] Manheim B J, Albritton B R. Changing national images: International public relations and media agenda setting [J]. American Political Science Review, 1984, 78 (3): 641-657.

[104] Mansfeld Y, Pizam A. Tourism, security and safety; from theory to practice [M]. Burlington, MA: Butterworth-Heinemann, 2006.

[105] Marcus A A, Goodman R S. Victims and shareholders: The dilemma of presenting corporate policy during a crisis [J]. Academy of Management Journal, 1991 (34): 281-305.

[106] Marshall S. Science, pseudo-science and urban design [J]. Urban Design International, 2012, 17 (4): 257-271.

[107] Mazzocchia M, Montini A. Earthquake Effects on tourism in central Italy [J]. Annals of Tourism Research, 2008, 28 (4): 1031-2046.

[108] McConnell A. Overview: Crisis management, influences, responses and evaluation [J]. Parliamentary Affairs, 2003, 65 (3): 363-367.

[109] Meng X M, Anthony C, Bligh G. Long-run effect of the global financial crisis on Singapore's tourism and the economy [J]. Asian Economic Journal, 2015, 29 (1): 41-60.

[110] Mitchell V W. Factors affecting consumer risk reduction: A review current evidence [J]. Management Research News, 1993 (16): 6-20.

[111] Mumford L. The city in history: Its origins, its transformations, and its prospects [M]. New York: Harcourt, 1968.

[112] Nieves G F, Jose M O. An integrative model of consumers' reluctance to buy foreign products: Do social and environment country images play a role? [J]. Journal of Macromarketing, 2015, 35 (2): 167-186.

[113] Nisco A D, Mainolfi G, Marino V, Napolitano M R. Tourism satisfaction effect on general country image, destination image, and post-visit intentions [J]. Journal of Vacation Marketing, 2015, 21 (4): 305-317.

[114] Novelli M, Burgess L G, Jones A, Ritchie B W. "No Ebola... still doomed" -The Ebola-induced tourism crisis [J]. Annals of Tourism Research, 2018 (70): 76-87.

[115] Okuyama T. Analysis of optimal timing of tourism demand recovery policies from natural disaster using the contingent behavior method [J]. Tourism Management, 2018 (64): 37-54.

[116] Ooi C A, Hooy C W, Som A W. Tourism crises and state level tourism demand in Malaysia [J]. International Journal of Business and Society, 2013, 14 (3): 376-389.

[117] Pappas N, Papatheodorou A. Tourism and the refugee crisis in Greece: Perceptions and decision-making of accommodation providers [J]. Tourism Management, 2017 (63): 31-41.

[118] Paraskeva A, Arendell B. A Strategic framework for terrorism pre-

vention and mitigation in tourism destinations [J]. Tourism Management, 2007, 28 (6): 1560-1573.

[119] Paswan A K, Spears N, Ganesh G. The effects of obtaining one's preferred service brand on consumer satisfaction and brand loyalty [J]. Journal of Services Marketing, 2007, 21 (2): 75-87.

[120] Pendergraft D R, Robertson C V. Simulation of an airport passenger security system [C]. Winter Simulation Conference, 2004: 874-878.

[121] Podoshen J S, Yan G, Andrzejewski S A, Wallin J, Venkatesh V. Dark tourism, abjection and blood: A festival context [J]. Tourism Management, 2018 (64): 346-356.

[122] Ponjan P, Thirawat N. Impacts of Thailand's tourism tax cut: A CGE analysis [J]. Annals of Tourism Research, 2016 (61): 45-62.

[123] Potter E. Branding canada projecting canada's soft power through public diplomacy [M]. Montreal: McGill-Queen's University Press, 2009.

[124] Purwomarwanto Y L, Ramachandran J. Performance of tourism sector with regard to the global crisis—A comparative study between Indonesia, Malaysia and Singapore [J]. The Journal of Developing Areas, 2015, 49 (4): 325-339.

[125] Rittichainuwat B, Nelson R, Rahmafitria F. Applying the perceived probability of risk and bias toward optimism: Implications for travel decisions in the face of natural disasters [J]. Tourism Management, 2018 (66): 221-232.

[126] Roehl W S, Fesenmaier D R. Risk perceptions and pleasure travel: An exploratory analysis [J]. Journal of Travel Research, 1992, 30 (4): 17-26.

[127] Sarman I, Scagnolari S, Rico M. Acceptance of life-threatening hazards among young tourists: A stated choice experiment [J]. Journal of Travel Research, 2015, 1 (14): 979-992.

[128] Sausmarez C. Malaysia's Response on the Asian financial crisis: Implications for tourism and sectoral crisis management [J]. Journal of Travel & Tourism Marketing, 2003, 15 (4): 217-231.

[129] Sevin E. Controlling the message: A strategic approach to nation branding [M]. Saarbruck6en: LAP Lambert Academic Publishing, 2001.

[130] Sevin H E. Understanding cities through city brands: City branding as a social and semantic network [J]. Cities, 2014 (38): 47-56.

[131] Shaked G, Eugene D, Jaffe A, Donata V, Alberto P, Ram H. A summated rating scale for measuring city image [J]. Cities, 2015 (44): 50-59.

[132] Slovic P. The perception of risk [M]. London: Earthscan, 2000.

[133] Slovic P. Perception of risk [J]. Science, 1987 (236): 280-285.

[134] Sönmez S F, Apostolopoulos Y, Tarlow P. Tourism in crisis: Managing the effects of terrorism [J]. Journal of Travel Research, 1999, 38 (1): 13-18.

[135] Stabler M J. The image of destination regions: Theoretical and empirical aspects [A] //Marketing in the tourism industry [M]. NewYork: Croom Helm, 1988.

[136] Stalling R A, Schepart C B. Contrasting local government responses to a tornado disaster in two communities [J]. International Journal of Mass Emergencies and Disasters, 1987, 5 (3): 265-284.

[137] Stern E, Krakover S. The formation of a composite urban image [J]. Geographical Analysis, 1993 (25): 130-146.

[138] Strauss A. The image of the City Lynch K [J]. American Journal of Sociology, 1961, 4 (66): 426-427.

[139] Szondi G. From image management to relationship building: A public relations approach to nation branding [J]. Place Branding and Public Diplomacy, 2010, 6 (4): 333-343.

[140] Szondi G. Public diplomacy and nation branding: Conceptual similarities and differences [M]. United Kingdom: Palgrave Macmillan, 2008.

[141] Tan W K, Wu C E. An investigation of the relationships among destination familiarity destination image and future visit intention [J]. Journal of

Destination Marketing& Management, 2016 (5): 214-236.

[142] Tariq H Haque, M Ohidul Haque. The swine flu and its impacts on tourism in Brunei [J]. Journal of Hospitality and Tourism Managemen, 2018 (38): 92-101.

[143] Tasci A D, Garner C W. Destination image and its functional relationships [J]. Journal of Travel Research, 2007, 45 (5): 413-425.

[144] Tolkach D. A view of Occupy Central impacts on Hong Kong tourism from the other side of the Great Firewall: A rejoinder to Luo & Zhai [J]. Tourism Management, 2018 (67): 307-311.

[145] Tosun C, Dedeoglu B B, Fyall A. Destination services quality, affective image and revisit intention: The moderating role of past experience [J]. Journal of Destination Marketing& Management, 2015 (4): 222-234.

[146] Tyler T R, Lind E A. A relational model of authority in groups [J]. Advances in Experimental Social Psychology, 1992 (25): 115-191.

[147] Uriel R, Michael C T. Coping with crises: The management of disasters, riots and terrorism [M]. Springfield: Charles C Thomas, 1989.

[148] Van Ham P. The rise of the brand state [J]. Foreign Affairs, 2001, 80 (5): 2-8.

[149] Vassilikopolou A, Siomkos G, Chatzipanagiotou K. Product-harm crisis management: Time heals all wounds? [J]. Journal of Retailing and Consumer Services, 2009, 16 (3): 174-180.

[150] Voltes-Dorta A, Rodríguez-Déniz H, Suau-Sanchez P. Passenger recovery after an airport closure at tourist destinations: a case study of palma de mallorca airport [J]. Tourism Management, 2017 (59): 449-466.

[151] Wood C M, Scheer L K. Incorporating perceived risk into models of consumer deal assessment and purchase intent [J]. Advances in Consumer Research, 1996, 23 (1): 399-405.

[152] Wu J. Research on the influence of public art on city image [J].

Journal of Building Construction and Planning Research, 2016, 4 (4): 219-224.

[153] Xue K, Deng Y B, Wang S Y. What factors influence national image in disaster reports? Evidence from China [J]. Qual Quant, 2015 (49): 1257-1265.

[154] Yan B J, Zhang J, Zhang H L, Lu S J, Guo Y R. Investigating the motivation experience relationship in a dark tourism space: A case study of the Beichuan earthquake relics, China [J]. Tourism Management, 2016 (53): 108-121.

[155] Zhang H L, Yang Y, Zheng C, Zhang J. Too dark to revisit? The role of past experiences and intrapersonal constraints [J]. Tourism Management, 2016 (54): 452-464.

[156] 蔡礼彬，朱晓彤．基于 SCCT 理论的网络舆情危机后旅游地形象修复策略研究——以“丽江打人毁容”事件为例 [J]. 旅游导刊，2019，3 (1)：21-42.

[157] 曾本祥，R W (Bill) Carter，T De Lacy. 短期事件对旅游的影响：以中国 SARS 危机为例 [J]. 桂林旅游高等专科学校学报，2005 (2)：30-39.

[158] 查振华．论城市形象的构成 [J]. 城市发展研究，2009 (5)：90-93.

[159] 陈澄波，寿思华．论城市形象与促进经济发展 [M]. 大连：东北财经大学出版社，2001.

[160] 陈柳钦．城市形象的内涵、定位及其有效传播 [J]. 湖南城市学院学报，2011，32 (1)：62-66.

[161] 陈倩．基于受众感知的旅游目的地形象构成要素分析——以北京为例 [J]. 特区经济，2014 (1)：157-161.

[162] 陈奕滨，胡璟，黄暾晓．不确定性规避对游客旅游目的地形象感知的影响研究：以张家界为例 [J]. 旅游科学，2012，26 (3)：42-53.

[163] 陈映．城市形象的媒体建构——概念分析与理论框架 [J]. 新闻界，2009 (5)：103-104.

［164］成观雄，喻晓玲．突发事件对边疆地区入境旅游的影响——以新疆“7·5”事件为例［J］．经济地理，2015，35（5）：204-208.

［165］程金龙，王发曾．旅游形象的影响因素与塑造策略［J］．经济地理，2009，29（10）：1753-1758.

［166］程励．非常规突发事件影响下遗产旅游研究的“后危机”聚焦［J］．旅游学刊，2012，27（6）：3-4.

［167］程鹏飞．旅游前目的地形象对游客感知服务质量的影响——游客专业知识的调节效应［J］．旅游学刊，2018，33（2）：57-66.

［168］翟晓敏，盛昭瀚，何建敏．应急研究综述与展望［J］．系统工程理论与实践，1998（7）：17-24.

［169］董慧娟，顾建华，邹其嘉，杨彦波．论重大突发事件的心理影响及本体应付——以印度洋地震海啸为例［J］．自然灾害学报，2006，15（4）：88-91.

［170］董杰，刘新立，宋璐毅．北京2008年奥运会对突发事件的风险管理［J］．体育与科学，2005，26（1）：30-35.

［171］杜丹．镜像苏州：市民参与和话语重构——对UGC视频和网友评论的文本分析［J］．新闻与传播研究，2016（8）：88-108.

［172］范晨虹，谭宇菲．网络舆情事件对城市形象建构的影响研究［J］．情报杂志，2019，38（12）：114-119.

［173］冯捷蕴．北京旅游目的地形象的感知——中西方旅游者博客的多维话语分析［J］．旅游学刊，2011，26（9）：19-28.

［174］冯四朵，白凯．旅游目的地人为导致类危机属性构成：测量量表开发的视角［J］．旅游学刊，2016，31（8）：90-101.

［175］付业勤，陈雪钧，曹娜．基于游客感知的海南旅游网络舆情危机管理与形象修复研究［J］．南方论刊，2016（5）：45-48.

［176］高海霞．消费者感知风险及行为模式透视［M］．北京：科学出版社，2009.

[177] 高静．旅游目的地形象、定位及品牌化：概念辨析与关系模型［J］．旅游学刊，2009，24（2）：25-29.

[178] 葛岩，赵海，秦裕林，陈长阁，何俊涛，徐剑，卢嘉杰，李晓静．国家、地区媒体形象的数据挖掘——基于认知心理学与计算机自然语言处理技术的视角［J］．学术月刊，2015，47（7）：163-170.

[179] 辜应康，杨杰．基于内隐联结测验的旅游目的地形象偏好测量研究［J］．人文地理，2015，30（1）：117-121.

[180] 关新华，李健仪，谢礼珊．旅游公共服务质量对旅游目的地形象的影响［J］．旅游科学，2015，29（5）：27-38.

[181] 郝国庆．建立和完善我国突发事件应对机制［J］．党政干部论坛，2003（6）：20-22.

[182] 郝胜宇，白长虹．基于顾客感知的城市品牌建设［J］．开放导报，2008，2（1）：62-65.

[183] 胡家镜，万秋，刘悦，Christina G Chi. 负面事件对旅游目的地的影响及应对策略——基于动态视角的实验研究［J］．旅游学刊，2020，35（5）：108-123.

[184] 胡文涛．奥巴马与美国国际形象修复战略［J］．现代国际关系，2010（4）：32-37.

[185] 胡宪洋，白凯．旅游目的地形象修复方式量表探讨：中外游客整合对比的视角［J］．旅游学刊，2013，28（9）：73-83.

[186] 贾跃千，宝贡敏，路文静．基于国籍差异的杭州市入境旅游市场目的地感知形象研究［J］．经济地理，2009，29（3）：510-515.

[187] 江红艳，吉峰，孙配贞，周昆．企业形象对国家形象的溢出效应——基于有调节的中介模型［J］．软科学，2015，29（7）：94-97.

[188] 姜科，程励，李仕明，等．非常规突发事件对旅游城市的文化影响及其重建［J］．管理世界，2009（12）：7-10.

[189] 蒋廉雄，朱辉煌，卢泰宏．区域形象的概念分析及其营销框架

[J]. 中山大学学报（社会科学版），2006（5）：111-116+143.

[190] 赖胜强，唐雪梅. 政府网络舆情回应策略的内容分析 [J]. 现代情报，2018，38（10）：108-114.

[191] 雷晓艳，张昆. 社会化媒体背景下政府形象危机的情境及其修复——以上海“黄浦江死猪”事件为例 [J]. 湖南师范大学社会科学学报，2014（3）：154-161.

[192] 李成勋. 城市品牌定位初探 [J]. 市场经济研究，2003（6）：8-11.

[193] 李飞，马宝龙，林健. 突发事件对零售企业顾客购买行为的影响研究 [J]. 南开管理评论，2010，13（3）：4-11.

[194] 李锋. 目的地旅游危机管理——机制、评估与控制 [M]. 北京：中国经济出版社，2010.

[195] 李华君. 网络舆情危机中政府形象修复的影响维度与路径选择 [J]. 现代传播，2013（5）：69-72.

[196] 李华强，范春梅，贾建民. 突发性灾害中的公众风险感知与应急管理——以 5・12 汶川地震为例 [J]. 管理世界，2009（6）：52-60.

[197] 李华强，范春梅，贾建民，王顺洪，郝辽钢. 突发性灾害中的公众风险感知与应急管理——以 5・12 汶川地震为例 [J]. 管理世界，2009（6）：52-60+187-188.

[198] 李华强. 突发性灾害中的公众风险感知与应急管理 [D]. 西安：西安交通大学，2011.

[199] 李敏，张捷，董雪旺，等. 目的地特殊自然灾害后游客的认知研究——以“5・12”汶川地震后的九寨沟为例 [J]. 地理学报，2011，66（12）：1695-1706.

[200] 李乃文，刘祎，黄敏. 非常规突发事件中个体风险直觉偏差影响因素仿真研究 [J]. 中国安全科学学报，2014，24（5）：9-14.

[201] 李小军. 突发舆情与城市形象研究——以“7・24 合肥高架匝道坍塌事件”为例 [J]. 新闻世界，2012（4）：160-162.

［202］李学敏．城市品牌资产评估体系构建研究［J］．财经理论研究，2015（2）：103-112.

［203］李游，闪四清，李红．面向突发事件的虚拟社区知识共享实证研究［J］．管理评论，2012，24（11）：87-96.

［204］李政．印度洋海啸对泰国旅游业的影响［J］．东南亚纵横，2005（3）：51-55.

［205］李祗辉．大型节事活动对旅游目的地形象影响的实证研究［J］．地域研究与开发，2011，30（2）：110-118.

［206］连帅磊，刘庆奇，孙晓军，周宗奎．手机成瘾与大学生拖延行为的关系：有调节的中介效应分析［J］．心理发展与教育，2018，34（5）：595-604.

［207］林汉川．公关策划学［M］．上海：复旦大学出版社，1994.

［208］刘昌杰．秦皇岛城市品牌感知的影响因素研究［D］．秦皇岛：燕山大学，2010.

［209］刘国华，王国红．旅游目的地形象测量：基于国外文献的研究［J］．旅游学刊，2010，25（6）：83-87.

［210］刘嘉，谢科范．非常规突发事件个体决策行为影响因素研究［J］．软科学，2013，27（3）：50-54.

［211］刘力．旅游目的地形象感知与游客旅游意向——基于影视旅游视角的综合研究［J］．旅游学刊，2013，28（9）：61-72.

［212］刘丽，陆林，陈浩．基于目的地形象理论的旅游危机管理——以中国四川地震为例［J］．旅游学刊，2009，24（10）：26-31.

［213］刘仁．城市品牌视觉形象设计研究［M］．广州：广东世界图书出版公司，2018.

［214］刘睿，李星明．四川旅游震后响应的实证研究［J］．旅游学刊，2009，11（24）：25-29.

［215］刘毅涛，章于炎．形象修复与布诺伊特理论运用：新冠肺炎疫情

前期湖北官员的话语策略［J］. 新闻大学，2020（11）：83-96+127-128.

［216］刘颖．全民全运与城市形象——基于情感与认同的多重中介［J］. 天津体育学院学报，2020，35（1）：23-28.

［217］罗美娟，郑向敏，沈慧娴．解读旅游危机的类型与特征［J］. 昆明大学学报，2008（2）：59-63.

［218］罗叶，鲜文铎，孙丽颖．突发事件下粮食抢购的特征与影响因素分析——基于四川省21个大中城市消费者的问卷调查［J］. 中国农村经济，2011（5）：45-56.

［219］吕兴洋，沈雪瑞，梁佳．在线信息搜索对目的地感知形象演化影响研究［J］. 旅游学刊，2015，30（10）：70-79.

［220］马明．熟悉度对旅游目的地形象影响研究——以泰山为例［J］. 旅游科学，2011，25（2）：30-38.

［221］马庆国，王小毅．非常规突发事件中影响当事人状态的要素分析与数理描述［J］. 管理工程学报，2009，23（3）：126-130.

［222］马向阳，杨颂，汪波．大陆游客涉入度与文化认同对台湾旅游目的地形象的影响［J］. 资源科学，2015，37（12）：2394-2402.

［223］毛晓莉．马来西亚旅游危机管理经验借鉴［J］. 东南亚纵横，2006（10）：45-50.

［224］孟博，刘茂，李清水．风险感知理论模型及影响因子分析［J］. 中国安全科学学报，2010，20（10）：59-66.

［225］倪鹏飞．中国城市竞争力报告——推销：让中国城市沸腾［M］. 北京：社会科学文献出版社，2003.

［226］佘硕．新媒体环境下的食品安全风险交流：理论探讨与实践研究［M］. 武汉：武汉大学出版社，2017.

［227］沈体雁，黄宁，彭长江，徐海涛．中国景区网络形象指数研究——基于互联网内容分析方法［J］. 旅游学刊，2015，30（6）：80-90.

［228］沈正赋．突发事件中报道机制的科学调控［J］. 传媒观察，

2003（4）：53-58.

［229］史小娜．负面网络口碑对大学生购买意愿影响的实证研究［D］．重庆：重庆大学，2012.

［230］孙根年，舒镜镜，马丽君，王洁洁．五大危机事件对美国出入境旅游的影响——基于本底线模型的高分辨率分析［J］．地理科学进展，2010，29（8）：987-996.

［231］孙根年．论旅游危机的生命周期与后评价研究［J］．人文地理，2008，23（1）：7-12.

［232］孙伟，陈晓雷．城市外交视角下长春市城市形象定位——如何将城市外交嵌入城市研究［J］．公共外交季刊，2017（2）：133-138+181-182.

［233］孙莹，杜建刚，李文忠．产品召回中的负面情绪和感知风险对消费者购买意愿的影响——基于汽车产品召回的实证研究［J］．管理评论，2014（2）：104-110.

［234］孙玉环．基于 SARIMA 模型的 SARS 对中国入境旅游收入影响的定量分析［J］．旅游科学，2006，20（1）：18-21.

［235］唐道林．汶川地震对四川旅游业的影响分析和判断［J］．消费导刊，2008（23）：14-16.

［236］唐弘久，张捷．突发危机事件对游客感知可进入性的影响特征——以汶川“5·12”大地震前后九寨沟景区游客为例［J］．地理科学进展，2013，32（2）：251-261.

［237］陶玉国，赵会勇，李永乐．基于结构方程模型的城市旅游形象影响因素测评［J］．人文地理，2010，25（6）：125-130.

［238］田祥利，白凯．旅游目的地突发事件对西藏入境旅游市场规模影响与政策响应［J］．旅游学刊，2013，28（3）：38-46.

［239］田祥利．旅游目的地突发事件对西藏入境旅游影响分析与响应机制研究［J］．西藏民族大学学报（哲学社会科学版），2012，33（5）：45-50.

[240] 汪芳，严琳，熊忻恺，吴必虎．基于游客认知的历史地段城市记忆研究——以北京南锣鼓巷历史地段为例 [J]．地理学报，2012，67 (4)：545-556.

[241] 汪兴东．产品伤害中时间与社交距离对消费者购买决策的影响 [J]．经济与管理，2013 (7)：74-79.

[242] 王宝璐．形象修复理论在城市形象危机传播中的运用——以青岛“天价虾”事件为例 [J]．青年记者，2016 (3)：76-77.

[243] 王洁平．城市旅游业危机管理 [J]．中国城市经济，2008 (7)：56-65.

[244] 王莉．论城市形象的内涵及构成 [J]．长沙大学学报，2011 (6)：44-45.

[245] 王莉．我国城市形象管理研究述评 [J]．城市发展研究，2012，19 (7)：139-141.

[246] 王良举．旅游危机管理：国外的实践及中国的选择 [J]．技术经济，2006 (8)：62-65+98.

[247] 王鹏，庄贵军，张涛．三聚氰胺事件对中国消费者国家形象感知及本土品牌偏好影响的研究 [J]．软科学，2009，23 (11)：69-72.

[248] 王溥，陈宁睿．公共卫生危机下的城市形象修复路径研究——兼论嵌套式形象修复理论的建构 [J]．学习与实践，2020 (12)：93-101.

[249] 王前勇，王有云，胡思明．当前应对疆独、藏独等“三股势力”破坏活动对策探析 [J]．北京警察学院学报，2009 (6)：50-54.

[250] 王庆．环境风险的媒介建构与受众风险感知 [M]．北京：中国传媒大学出版社，2017.

[251] 王苑苑，党芳莉，孙旭．国际体育赛事中的危机公关与国家形象构建——以伦敦奥运会叶诗文和中国羽球女双事件为例 [J]．武汉体育学院学报，2014，48 (2)：11-16.

[252] 王兆峰，刘红．突发事件对旅游产业发展的影响研究 [J]．财

经理论与实践，2012，33（175）：98-103.

［253］魏小安，付磊．旅游业受“非典”影响情况分析及对几个相关问题的解析［J］．旅游学刊，2003，18（4）：14-23.

［254］温忠麟，叶宝娟．中介效应分析：方法和模型发展［J］．心理科学进展，2014，22（5）：731-745.

［255］温忠麟，张雷，侯杰泰，刘红云．中介效应检验程序及其应用［J］．心理学报，2004（5）：614-620.

［256］吴格奇．话语分析视角下的城市形象研究——以杭州为例［M］．南京：东南大学出版社，2019.

［257］吴剑，吴晋峰，吴姗姗，王云弟．初访客与回头客的中国旅游感知形象对比［J］．经济地理，2014，34（7）：157-164.

［258］吴军．突发事件影响下的区域旅游竞争力——以山东省为例［J］．经济地理，2006，26（12）：38-43.

［259］吴小根，杜莹莹．旅游目的地游客感知形象形成机理实证研究——以江苏省南通市为例［J］．地理研究，2011，30（9）：1554-1565.

［260］伍百军．海啸与泰国旅游业［J］．甘肃科技纵横，2007（1）：91+143.

［261］夏学英．论城市形象的旅游导向性［J］．经济地理，2002，22（5）：620-623.

［262］肖亮，赵黎明．互联网传播的台湾旅游目的地形象——基于两岸相关网站的内容分析［J］．旅游学刊，2009，24（3）：75-81.

［263］谢静．可沟通城市指标体系建构：基于上海的研究（上）［J］．新闻与传播研究，2015（7）：5+126.

［264］谢彦君，马天，卫银栋．宣传片、在线评论和游记对目的地形象改变的实证研究——以大学生对台湾旅游形象认知变化为例［J］．北京第二外国语学院学报，2014（1）：77-84.

［265］辛华文．拉萨“3·14”事件真相［M］．北京：新华出版

社，2008.

［266］徐根兴．论城市公关与城市形象［J］．兰州大学学报（社会科学版），1995（2）：80-83.

［267］徐和建．国际传播建构北京城市形象的思考［J］．对外传播，2020（2）：68-70.

［268］徐剑，沈郊．城市形象的媒体识别——中国城市形象发展40年［M］．上海：上海交通大学出版社，2018.

［269］徐文海，邓颖颖，皮君．基于竞争力评价的旅游目的地形象提升研究——以海南国际旅游岛为例［J］．中南财经政法大学学报，2014（3）：59-65.

［270］徐小波，赵磊，刘滨谊，吴必虎，钟栎娜．中国旅游城市形象感知特征与分异［J］．地理研究，2015，34（7）：1367-1379.

［271］薛澜．危机管理［M］．北京：清华大学出版社，2003.

［272］杨洸，陈怀林．传媒接触对本地城市形象的影响——珠海受众调查结果分析［J］．新闻与传播研究，2005（3）：66-75+95.

［273］杨国萍，韩瑞．国内城市形象研究趋势与展望［J］．传媒论坛，2020，3（17）：169-170.

［274］杨杰．旅游形象感知行为模型研究——以重庆市民对上海旅游形象感知为例［J］．旅游论坛，2008，1（2）：190-194.

［275］杨梦婷．重大自然灾害事件中的公众安全感影响因素研究［D］．成都：电子科技大学，2015.

［276］杨钦钦，谢朝武．恐袭背景下游客微、宏观旅游安全感知与出游意愿的互动效应研究［J］．旅游学刊，2018，33（5）：68-78.

［277］杨洋，李蔚，李珊．严重自然灾害危机对旅游意愿的影响因素探析［J］．中大管理研究，2011，6（3）：90-105.

［278］袁辉．重大突发事件及其应急决策研究［J］．安全，1996（2）：1-4+8.

[279] 袁军，冯尚钺．突发性公共事件与政府形象修复策略研究［J］. 现代传播，2013（10）：31-51.

[280] 袁源，李菁．偶发事件对中国入境旅游业的影响及对策分析［J］. 固原师专学报，2006（1）：75-80.

[281] 张晨，高峻，丁培毅．雾霾天气对潜在海外游客来华意愿的影响——基于目的地形象和风险感知理论［J］. 旅游学刊，2017，32（12）：58-67.

[282] 张春晖，白凯，马耀峰，宋炳华．入境游客视角下中国旅游形象的景区代言［J］. 地理研究，2013，32（5）：921-941.

[283] 张高军，李君轶，张柳．华山风景区旅游形象感知研究——基于游客网络日志的文本分析［J］. 旅游科学，2011，25（4）：87-94.

[284] 张宏梅，陆林，章锦河．感知距离对旅游目的地之形象影响的分析——以五大旅游客源城市游客对苏州周庄旅游形象的感知为例［J］. 人文地理，2006，21（5）：25-30.

[285] 张静儒，陈映臻，曾祺，吴必虎，Alastair M Morrison. 国家视角下的目的地形象模型——基于来华国际游客的实证研究［J］. 旅游学刊，2015，30（3）：13-22.

[286] 张婷婷．城市形象修复的舆论传播策略与机制建设［J］. 对外传播，2018（5）：47-49.

[287] 张一文，齐佳音，方滨兴，李欲晓．非常规突发事件及其社会影响分析——基于引致因素耦合协调度模型［J］. 运筹与管理，2012，21（2）：202-211.

[288] 张燚，张锐．城市品牌论［J］. 管理学报，2006，3（4）：468-476.

[289] 张玉亮．突发事件网络舆情的生成原因与导控策略［J］. 情报杂志，2012，31（4）：54-57.

[290] 赵宝春．非伦理消费情景下感知风险对行为意愿的影响：直接经验的调节作用［J］. 管理评论，2016（2）：116-126.

［291］赵保国，成颖慧．网络团购中消费者购买意愿影响因素研究［J］．中央财经大学学报，2013，1（10）：91-96.

［292］赵来军，程晶晶．基于突变理论的非常规突发事件下个体行为状态研究［J］．中国安全科学学报，2010，20（12）：14-19.

［293］赵刘，郭胜．国外旅游危机管理及其对我们的启示［J］．城市发展研究，2009，16（10）：134-136.

［294］赵鹏宇，冯文勇，张慧，王选娃．世界文化景观遗产型旅游目的地形象感知研究——以五台山为例［J］．中南林业科技大学学报（社会科学版），2015，9（4）：44-49.

［295］赵士林．突发事件与媒体报道［M］．上海：复旦大学出版社，2006.

［296］赵伟鹏，戴元祥．政府公关关系理论与实践［M］．天津：天津人民出版社，2001.

［297］钟岭．企业应对行为对消费者品牌关系断裂影响机理研究——基于可辩解型产品伤害危机［D］．南昌：江西财经大学，2011.

［298］周常春，戴光全．大型活动的形象影响研究——以 99 昆明世博会为例［J］．人文地理，2005，20（2）：38-42.

［299］周金泉．异地展览会推广对城市形象与旅游意愿的影响——以活力澳门推广周为例［J］．世界地理研究，2020，29（2）：428-438.

［300］周忻，徐伟，袁艺．灾害风险感知研究方法与应用综述［J］．灾害学，2012，27（2）：114-118.

［301］朱翠兰，侯志强．基于网络口碑的旅游目的地形象感知——以厦门市为例［J］．热带地理，2013，33（4）：489-495.

［302］朱力．突发事件的概念、要素与类型［J］．南京社会科学，2007（11）：81-88.

［303］朱迎波，葛全胜，魏小安，董培南，何连生，彭唬．SARS 对中国入境旅游人数影响的研究［J］．地理研究，2003（5）：551-559.

[304] 朱芸. 基于公共危机管理视域下我国政府形象塑造研究 [D]. 南京: 南京师范大学, 2011.

[305] 庄德林, 陈信康. 基于顾客视角的城市形象细分 [J]. 城市问题, 2009 (10): 11-16.

[306] 庄鹏涛, 周路平. 北京城市品牌构建的镜鉴与策略分析 [J]. 北京联合大学学报 (人文社会科学版), 2010, 8 (2): 74-79.

[307] 邹红霞, 罗芬, 向晶. 信息涉入差异对旅游目的地行前形象影响分析 [J]. 经济地理, 2010, 30 (8): 1395-1399.

附录 A

问卷一

城市形象影响因素调查问卷

尊敬的女士/先生：

您好！为了能明确城市形象的影响因素有哪些、其各自的作用为何，我们开展了本次问卷调查。本问卷采取完全匿名的方式进行，您在问卷上表达的意见或看法，仅用于相关研究的统计数据分析，每一份问卷都对我们的学术研究结果至关重要，我们将对您个人情况实行严格保密。调查会耽误您 5 分钟左右的时间，请您谅解。衷心感谢您对我们工作的支持！

请您仔细阅读每一道题目及答案，再根据您对每道题目叙述的真实感受，评价下列各项因素在您对城市总体评价中的重要性，在您认为符合的数字标志上打钩或画圈：7——“非常重要”，6——“重要”，5——“比较重要”，4——“一般”，3——“不太重要”，2——“不重要”，1——“非常重要”。

序号	题项	评分
Q1	自然风光	1 2 3 4 5 6 7
Q2	人文景观	1 2 3 4 5 6 7
Q3	历史遗迹	1 2 3 4 5 6 7
Q4	基础设施	1 2 3 4 5 6 7
Q5	城市建设	1 2 3 4 5 6 7
Q6	城市环境	1 2 3 4 5 6 7
Q7	市容市貌	1 2 3 4 5 6 7
Q8	社会秩序	1 2 3 4 5 6 7
Q9	文化氛围	1 2 3 4 5 6 7
Q10	市民素质	1 2 3 4 5 6 7
Q11	治安管理	1 2 3 4 5 6 7

续表

序号	题项	评分
Q12	住宿	1 2 3 4 5 6 7
Q13	餐饮	1 2 3 4 5 6 7
Q14	购物	1 2 3 4 5 6 7
Q15	娱乐活动	1 2 3 4 5 6 7
Q16	交通状况	1 2 3 4 5 6 7
Q17	游览设施	1 2 3 4 5 6 7
Q18	运动设施	1 2 3 4 5 6 7
Q19	服务意识	1 2 3 4 5 6 7
Q20	服务态度	1 2 3 4 5 6 7
Q21	服务水平	1 2 3 4 5 6 7

下面请填写您的个人信息，我们将对您个人情况实行严格保密。

Q22. 您的性别是________。

A. 男　　B. 女

Q23. 您的客源地是________。

A. 国内　　B. 国外

Q24. 您的年龄是________。

A. 18 岁以下　　B. 18~30 岁　　C. 30~40 岁

D. 40~50 岁　　E. 50~60 岁　　F. 60 岁及以上

Q25. 您的个人月收入（税前）为________。

A. 3000 元以下　　B. 3000~6000 元　　C. 6000~10000 元

D. 10000~15000 元　　E. 15000~20000 元　　F. 20000 元及以上

问卷到此结束，请您检查一下是否有漏答的题目。最后，再次衷心感谢您对我们调查的配合与支持！

附录 B

问卷二

以情境一为例突发事件对城市形象的影响调查问卷

尊敬的女士/先生：

您好！我们此次问卷调查的目的是了解突发事件后您对城市形象的感知和评价。本问卷采取完全匿名的方式进行，您在问卷上表达的意见或看法，仅用于相关研究的统计数据分析，每一份问卷都对我们的学术研究结果至关重要，我们将对您个人情况实行严格保密。调查会耽误您 10 分钟左右的时间，请您谅解。衷心感谢您对我们工作的支持！

请认真阅读下面两段文字材料，并根据您的真实感受，对以下各项陈述进行评价，在您认为符合的数字标志上打钩或画圈：7——“非常同意”，6——“同意”，5——“比较同意”，4——“不确定”，3——“不太同意”，2——“不同意”，1——“非常不同意”。

材料一：A 市突发事件相关的新闻报道。

A 市是一国际著名旅游城市，也是最负盛名的文化名城、工业中心，连续 5 年被评为最适宜居住的城市。A 市具有自身特色，古色古香的建筑点缀在城市的现代建筑之间，让这座城市多了几分古典的韵味，多元化的建筑风格和特色的艺术表达，赋予这座城市满满的活力与文艺范儿，独特的电车、时装、美食等，都展现出 A 市个性十足的魅力。

××××年 8 月 17 日晚上 7 点左右，A 市中心商业区附近发生一起爆炸。爆炸已经造成 22 人死亡，上百人受伤，数辆车起火。商业区周围的栏杆在爆炸中被毁，数十辆车被毁，冲击波导致数十米外建筑物的玻璃破碎。

根据材料一，您认为：

序号	题项	评分
Q1	报道中的突发事件破坏程度高	1 2 3 4 5 6 7
Q2	报道中的突发事件影响范围大	1 2 3 4 5 6 7
Q3	报道中的突发事件不可控性强	1 2 3 4 5 6 7

材料二：相关机构响应情况。

A 市政府针对此次事件启动了危机管理预案。相关各方都在第一时间对此事件进行了回应。7 月 15 日，市政府新闻办召开第一次新闻发布会，对案情和相关救援工作的展开进行了传达。同时多部门联动，形成处置工作小组并确定处理机制。A 市市政府办公厅、地震局等机构召开多种形式新闻发布会，事件有重大突破或变化时，都有明确的媒体沟通措施以便实时向公众公开。同时，政府对遇难者家属也进行了妥善安置，并安排医疗保障、心理干预、安保配合。

根据材料二，您认为：

序号	题项	评分
Q4	相关机构的回应是及时的	1 2 3 4 5 6 7
Q5	相关机构的回应是有效的	1 2 3 4 5 6 7
Q6	相关机构的回应是可信的	1 2 3 4 5 6 7

综合材料一和材料二，您认为：

序号	题项	评分
Q7	事件发生后到 A 市会使您紧张	1 2 3 4 5 6 7
Q8	事件发生后到 A 市会使您焦虑	1 2 3 4 5 6 7
Q9	事件发生后到 A 市会使您担忧	1 2 3 4 5 6 7
Q10	A 市的社会秩序不受影响	1 2 3 4 5 6 7
Q11	A 市的基础设施不受影响	1 2 3 4 5 6 7
Q12	A 市的城市功能不受影响	1 2 3 4 5 6 7

下面请填写您的个人信息，我们将对您个人情况实行严格保密。

Q13. 您的性别是________。

A. 男　　B. 女

Q14. 您的受教育程度是________。

A. 高中及以下　　B. 大专　　C. 本科

D. 硕士　　E. 博士

Q15. 您的年龄是________。

A. 18岁以下　　B. 18~30岁　　C. 30~40岁

D. 40~50岁　　E. 50~60岁　　F. 60岁及以上

Q16. 您的个人月收入（税前）为________。

A. 3000元以下　　B. 3000~6000元　　C. 6000~10000元

D. 10000~15000元　　E. 15000~20000元　　F. 20000元及以上

问卷到此结束，请您检查一下是否有漏答的题目。最后，再次衷心感谢您对我们调查的配合与支持！